Concrete Metaphysics
具体形上学

On Human Action and
Practical Wisdom

人类行动与
实践智慧

杨国荣 / 著

图书在版编目(CIP)数据

人类行动与实践智慧/杨国荣著. —北京:北京大学出版社,2020.7
(具体形上学)
ISBN 978-7-301-31341-1

Ⅰ.①人… Ⅱ.①杨… Ⅲ.①哲学—研究 Ⅳ.①B

中国版本图书馆 CIP 数据核字(2020)第 106694 号

书　　　名	人类行动与实践智慧 RENLEI XINGDONG YU SHIJIAN ZHIHUI
著作责任者	杨国荣　著
责 任 编 辑	魏冬峰
标 准 书 号	ISBN 978-7-301-31341-1
出 版 发 行	北京大学出版社
地　　　址	北京市海淀区成府路 205 号　100871
网　　　址	http://www.pup.cn　新浪微博:@北京大学出版社
电 子 信 箱	weidf02@sina.com
电　　　话	邮购部 010-62752015　发行部 010-62750672 编辑部 010-62750673
印 刷 者	北京中科印刷有限公司
经 销 者	新华书店
	965 毫米×1300 毫米　16 开本　19.75 印张　235 千字 2020 年 7 月第 1 版　2020 年 7 月第 1 次印刷
定　　　价	99.00 元

未经许可,不得以任何方式复制或抄袭本书之部分或全部内容。
版权所有,侵权必究
举报电话: 010-62752024　电子信箱: fd@pup.pku.edu.cn
图书如有印装质量问题,请与出版部联系,电话: 010-62756370

具体形上学·引言

近代以来,尤其是步入20世纪以后,随着对形而上学的质疑、责难、拒斥,哲学似乎越来越趋向于专业化、职业化,哲学家相应地愈益成为"专家",哲学的各个领域之间,也渐渐界限分明甚或横亘壁垒,哲学本身在相当程度上由"道"流而为"技"、由智慧之思走向技术性的知识,由此导致的是哲学的知识化与智慧的遗忘。重新关注形上学,意味着向智慧的回归。

作为存在的理论,形而上学以世界之"在"与人的存在为思与辨的对象。当然,理解存在并不意味着离开人之"在"去构造超验的世界图景,对存在的把握无法离开人自身之"在"。人自身的这种存在,应当理解为广义的知、行过程,后者以成物(认识世界与改变世界)和成己(认识人自身与成就人自身)为历史内容,内在于这一过程的人自身之"在",也相应地既呈现个体之维,又展开为社会历史领域中的"共在",这种"共在"并不是如海德格尔所说的沉沦,而是人的现实存在形态。

从哲学史上看,康德每每致力于划界:现象与自在之物、感性、知性与理性、理论理性与实践理性,以及真、善、美之间,都存在不同形态的界限。尽管他似乎也试图对不同领域作某种沟通,但在其哲学中,划界无疑表现为更主导的方面。广而言之,在近代以来诸种科学分支所提供的不同科学图景以及认识论、伦理学、美学、逻辑学、方法论、价值论等相异领域的分化中,一方面,存在本身被分解为不同的形态,另一方面,把握存在的视域、方式也呈现出不同的学科边界和哲学分野,从而,存在本身与把握存在的方式都趋向于分化与分离。尽管科学的分门别类同时推进了对不同对象更深入的认识,哲学的多重领域也深化了对相关问题的理解,然而,由此形成的界限,无疑亦蕴含了"道术将为天下裂"之虞。

如何扬弃"道术之裂"、再现存在本身的统一并沟通哲学的不同领域或分支?这似乎是当代哲学的发展所无法回避的问题。就内在的逻辑关系而言,存在的问题在哲学领域中具有本源性:从真善美的追求,到认识论、伦理学、美学、逻辑学、方法论、价值论等不同哲学分支,都在不同的意义上涉及并需要考察存在的问题,这也是以存在为指向的形而上学所以必要的缘由之一。当然,作为对存在的一般看法,形而上学本身又可以区分为抽象的形态与具体的形态。抽象形态的形而上学往往或者注重对存在始基(原子、气等质料)的还原、以观念为存在的本原,预设终极的大全,或者致力于在语言或逻辑的层面作"本体论的承诺";以上进路的共同趋向是疏离于现实存在。走出形而上学的抽象形态,意味着从思辨的构造或形式的推绎转向现实的世界。在其现实性上,世界本身是具体的:真实的存在同时也是具体的存在。作为存在的理论,形而上学的本来使命,便在于敞开和澄明存在的这种具体性。这是一个不断达到和回归具体的过程,它在避免分离存在的同时,也要求消除抽象思辨对存在的掩蔽。这种具体性的指向,在某种意义上构成了哲学的本质。在近代哲学中,相对于康德之侧重于划界,黑格尔似乎更多地注意到了具体之维。然而,黑格尔在总体上表现出"以心(精神)观之"的取向,对现实的存在以及现实的知、行过程,往往未能真切地加以把握,这种终始于观念的基本哲学格局,使黑格尔对具体性的理解无法摆脱思辨性,其哲学也相应地难以达到现实层面的具体性。以现实世界的承诺和知、行过程的历史展开为前提,面向具体包含多重向度:它既以形上与形下的沟通为内容,又肯定世界之"在"与人自身存在过程的联系;既以多样性的整合拒斥抽象的同一,又要求将存在的整体性理解为事与理、本与末、体与用的融合;既注重这个世界的统一性,又确认存在的时间性与过程性。相对于超验存在的思辨构造,具体的形而上学更多地指向意义的世界。在这里,达到形而上学的具体形态(具体形态的存在理论)与回归具体的存在(具体形态的存在本身),本质上表现为一个统一的过程。

可以看到,一方面,在成物(认识世界与变革世界)与成己(认识人自身与成就人自身)的过程中,存在本身展示了其多重向度和意蕴,而认识、审美、道德的本体论之维的敞开,则在赋予真、善、美的统一以形而上根据的同时,又使存在本身的具体性、真实性不断得到确证;另一方面,以真实的存在为指向,哲学各个领域之间的界限也不断被跨越:作为把握世界的相关进路与视域,本体论、价值论、认识论、伦理学、方法论等更多地呈现互融、互渗的一面。这里既可以看到存在本身的统一性,也不难注意到把握存在的方式之间的统一性。与不同领域的知识首先涉及特定对象不同,哲学以求其"通"为其内在指向。哲学层面中的求其"通",既指超越知识对存在的分离,回归存在的统一性、整体性、具体性,也指把握存在的视域、方式之间的统一。通过再现存在的统一性和具体性、联结把握存在的不同视域和方式,形而上学的具体形态或"具体形上学"同时也体现了哲学作为智慧之思的深沉内涵。

在上述理解中,"具体形上学"一方面扬弃了形而上学的抽象形态,另一方面又与各种形式的"后形而上学"保持了距离。在抽象的形态下,形而上学往往或者给人提供思辨的满足(从柏拉图的理念到胡塞尔的纯粹意识,都在不同意义上表现了这一点),或者与终极的关切相联系而使人获得某种超验的慰藉。相对于此,"后形而上学"的各种趋向在消解不同形式的超验存在或拒斥思辨构造的同时,又常常自限于对象世界或观念世界的某一方面:在实证主义那里,现象——经验被视为存在的本然内容;对分析哲学而言,语言——逻辑构成了主要对象;按"基础本体论"(海德格尔)的看法,"此在"即真实的存在;在解释学中,文本被赋予了某种优先性;从批判理论出发,文化、技术等则成为首要的关注之点,如此等等。中国哲学曾区分"道"与"器":"形而上者谓之道,形而下者谓之器。"(《易传·系辞上》)"道"既是存在的原理,又体现了存在的整体性、全面性;"器"相对于道而言,则主要是指一个一个特定的对象。作为特定之物,"器"总是彼此各有界限,从而,在"器"的层面,世界更多地呈现为相互限定的形态。从"道"与"器"的关系看,在肯定"道"不离"器"的同时,又应当由"器"走向"道",后者意味着越出事物之间的界限,达到对世界的具体理解。如果说,形而上学的抽象形态趋向于离器言道,"后形而上学"的内在特点在于离道言器,那么,"具体形上学"则表现为对以上思维进路的双重超越。

在"道"逐渐隐退的时代,"技"往往成为主要的关注之点。就哲学的领域而言,与特定进路相联系的技术化也每每成为一种趋向,无论是语言分析,抑或现象学还原,都表明了这一点,而在各种形式的应用哲学中,以上特点得到了更进一步的体现。"技"意味着以特定的方式解决某一领域或某一方面的问题,其中蕴含着专门化与分化,哲学之域的上述趋向同时折射了更广意义上世界的分离和视域的分化。在科学领域、生活世界、理想之境等分别中,不仅对象之间判然有际,而且不同的世界图景(进入理解之域的世界)也界限分明。存在的相分总是伴随着视域的分野,后者在事实与价值、自在与自为、当然与实然等对峙中得到了具体的展现。科学领域中事实的优先性,往往掩蔽了价值的关切,生活世界的本然性,常常导致"自在"(安于本然)与"自为"(走向当然)的张力,对理想之境的终极追求,则每每引向超越的对象并由此疏离现实的存在,等等。如何在事实的观照中渗入价值的关切、在"自在"的生活中承诺"自为"的存在、在当然的追求中确认实然的前提?质言之,如何由"技"进于"道"、从单向度或分离的视域转换为"以道观之"?这里无疑涉及具有普遍内涵的规范性观念,而从实质的层面看,"具体形上学"便包含着如上规范意义:以"道"的隐退、"技"的突显为背景,确认存在的具体性意味着走向视界的融合、回归统一的世界。

概略而言,以历史考察与哲学沉思的交融为前提,"具体形上学"既基于中国哲学的历史发展,又以世界哲学背景下的多重哲学智慧为其理论之源,其内在的旨趣在于从本体论、道德哲学、意义理论、实践智慧等层面阐释人与人的世界。与抽象形态的形而上学或"后形而上学"的进路不同,"具体形上学"以存在问题的本源性、道德的形上向度、成己与成物的历史过程、人类行动与实践智慧为指向,通过考察存在之维在真、善、美以及认识、价值、道德、自由等诸种哲学问题中的多样体现,以敞开与澄明人的存在与世界之在。

人既是存在的追问者,又是特定的存在者。从价值的层面看,人的存在与道德难以分离:人既以道德为自身的存在方式,又是道德实践的主体。在这一领域中,存在的具体性首先也与人相联系。作为现实的存在,人在自然(天性)、社会等维度上都包含着多方面的发展潜能,仅仅确认、关注存在的某一或某些方面,往往容易导向人的片面性和抽象性。道德意义上的人格完美、行为正当,最终落实于人自身存在的完善,而这种完善首先便在于扬弃存在的片面性、抽象性,实现其多方面的发展潜能。道德当然并不是人的存在的全部内容,但它所追求的善,却始终以达到存在的具体性、全面性为内容;而道德本身则从一个方面为走向这种理想之境提供了担保。在这里,道德意义上的善与人自身存在的完善呈现出内在的统一性,二者的实质内容,则是作为潜能多方面发展的真实、具体的存在。上述关系表明,善的追求与达到存在的具体性无法截然分离。

进而言之,道德理想的实现过程,关涉"应该做什么""应该成就什么"及"应该如何生活"。行为之善,往往以合乎一般的道德规范为条件。规范既体现了一定的道德理想,又可以看作是道德义务的形式化:义务以伦理关系为源,后者具有某种本体论的意义。正是这种表现为伦理关系的社会本体,构成了伦理义务的根据。伦理关系所规定的义务,以具体的道德自我为承担者;道德自我同时也可以看作是道德实践的主体,在道德领域中,"我"的存在是道德行为所以可能的必要条件;德性的完善和人生过程的展开也以"我"为出发点;对道德现象的理解,显然不能略去道德自我。自我作为具体的存在,固然包含多方面的规定,但从道德的视域看,其内在的特征更多地体现于德性。德性不同于超验的理念,也有别于单纯的个性,它在某种意义上联结了道德理念与个体品格、普遍法则与特定自我,并使二者的统一成为可能。德性在某种意义上可以看作是道德实践的精神本体,它同时也为行为的正当提供了内在的根据。德性作为道德自我的规定,具有自觉的品格;出于德性的行为,也不同于自发的冲动。德性与德行的这种自觉向度,离不开道德认识。善的知识如何可能?在这里,首先应当把道德认识的主体理解为整个的人,而非片面的理智化身。从过程的角度看,道德认识既涉及事实的认知,又包含着价值的评价;既奠基于感性经验,又导源于自我体验;既借助于直觉的形式,又离不开逻辑思维。道德认识的以上过程同时涉及语言的运用。广而言之,从规范的确认到行为的权衡、选择,从自我的道德反省到公共的道德评价,等等,道德与语言都相涉而又相融。言说的内容在实践过程中不断向人格和德性凝化,后者从"说"与"在"的统一上,展示了道德言说与自我完善的一致性。

作为历史过程中的社会现象,道德既有形式的规定,也包含实质的内容。如果说,普遍规范、言说方式较多地关涉形式之维,那么,价值、伦理关系、德性的道德意义则更多地体现于实质的方面。形式与实质的统一,本身又从一个更为普遍的层面,为达到善的境界提供了前提。以追求存在的完善为指向,道德内在地包含形上之维,后者并不是一种超验的、抽象的规定,而是内在于伦理和义务、德性和规范、知善和行善、言说和存在、形式和实质的相互关联。这种统一既从伦理之域体现了存在(人的存在)的现实性,又展示了道德形上学本身的具体性。

如前所述,从更广的层面看,人的存在同时展开为一个成己与成物的过程。作为具有本体论意义的"在"世方式,成己与成物可以视为人的基本存在形态:当人作为存在的改变者而内在于这个世界时,成己和成物便开始进入其存在境域。正是这种存在的处境,使人区别于其他的对象。从赞天地之化育,到成就自我,现实世界的生成和人自身的完成,都伴随着人对存在的改变。可以说,离开了成己与成物的过程,人本身便失去了现实的品格,从而难以真实地"在"世。

作为人的基本存在处境,成己与成物包含不同的向度。就其现实性而言,成就人自身与成就世界并非彼此分离。对世界的认识与改变,离不开人自身存在境域的提升;人自身的成就,也无法限定于狭隘的生存过程或精神之域:唯有在认识与变革世界的过程中,成己才可能获得具体而丰富的内容。《中庸》以"合外内之道"解说成己与成物,似乎已有见于此。在成己与成物的如上统一中,一方面,成物过程的外在性得到了克服,另一方面,成己也避免了走向片面的生存过程和内向的自我体验。

以认识世界与认识人自身、变革世界与变革人自身为具体的历史内容,成己与成物的过程同时表现为意义和意义世界的生成过程:无论是世界的敞开和人的自我认识,抑或世界的变革和人自身的成就,都内在地指向意义的呈现和意义世界的生成。人既追问世界的意义,也追寻自身之"在"的意义;既以观念的方式把握世界和自我的意义,又通过实践过程赋予世界以多方面的意义,就此而言,似乎可以将人视为以意义为指向的存在。人对存在的追问,从根本上说也就是对存在意义的追问,这种追问不仅体现于语义或语言哲学的层面,而且更深沉地展开于认识论、本体论、价值论等领域。历史地看,哲学的演进过程中曾出现某些关注重心的变化,这些变化常常被概括为哲学的"转向",而在各种所谓哲学的"转向"之后,总是蕴含着不同的意义关切。从这方面看,"存在意义"确乎构成了哲学的深层问题。

存在的意义问题,本身又植根于成己与成物这一人的基本存在处境。本然的存在不涉及意义的问题,意义的发生与人的存在过程无法分离:在人的知、行领域之外,对象仅仅是本体论上的"有"或"在",这种"有"或"在",尚未呈现具体的"意义"。唯有在成己与成物的历史展开中,本然之物才逐渐进入人的知、行之域,成为人认识与变革的对象,并由此呈现事实、价值等不同方面的意义。通过广义的知与行,人不断化本然之物为人化实在,后者在改变对象世界的同时,又推动着世界走向意义之域。与之相联系的是成就人自身:以内在潜能的发展和价值理想的实现为形式,人既追问和领悟存在的意义,也赋予自身之"在"以多方面的意义。正如成物的过程将世界引入意义之域一样,成己的过程也使人自身成为有意义的存在。概而言之,成己与成物既敞开了世界,又在世界之上打上人的各种印记;意义的生成以成己与成物为现实之源,成己与成物的历史过程则指向不同形式的意义之域或意义世界。

不难注意到,无论从观念的层面看,抑或就实在的形态而言,意义世界都既涉及人之外的对象,又关联着人自身之"在"。与对象世界和人自身之"在"的以上联系,使意义世界同时包含形上之维,而从成己与成物的层面考察意义与意义世界的生成,则意味着扬弃意义世界的抽象形态而赋予它以具体的历史内涵。在这里,形上视域的具体性表现在将意义的发生与人的现实存在处境(首先是广义的知行活动)联系起来,以认识世界与改变世界、认识人自身与改变人自身的历史过程为意义世界生成的现实前提。

成己与成物以人自身的完成与世界的变革为内容,后者具体展开为知与行的互动,从成己与成物的角度理解意义世界的生成,相应地离不开实践之维,而成己与成物的考察,则逻辑地引向实践哲学的研究。成己与成物以意义世界的生成为实质的内容,关于意义世界的研究,在更广的层面又与形上之思相涉,与之相联系,由考察意义世界进而关注实践哲学,同时涉及形上之思与实践哲学的关系。

形上之思在宽泛意义上涉及存在的理论,然而,如前所言,对存在的理解和把握如果离开了人自身的知与行,便难以避免思辨的走向,历史上各种抽象形态的形而上学,便往往呈现为某种思辨哲学。从知行过程出发理解人自身的存在与世界之"在",其进路不同于抽象形态的形上学,而实践哲学则在更为内在的层面表现为对形而上学思辨性的扬弃。同样,对实践过程的理解如果仅仅停留于现象的层面,也无法真切地把握其具体意义。在这里,形上学与实践哲学的内在关联既表现为以实践哲学扬弃对存在把握的思辨性,也展开为以形上之思超越对实践理解的外在性。

人既通过行动、实践而使本然的存在成为现实的世界,也通过行动、实践而成就人自身,二者从不同的层面改变了存在。由此,行动和实践本身也成为人的存在方式。以行动、实践与存在的以上关系为指向,实践哲学展现了其本体论的向度,它既通过人与对象的互动彰显了人自身之"在"的现实品格,又体现了基于人的存在以把握世界之"在"的形上进路。以行动和实践为中介,人的存在与世界之"在"的关联获得了更真切的展现。可以看到,实践的本原性不仅使实践哲学在理解人与世界的过程中具有本原的意义,而且使人的存在与世界之"在"的现实性和具体性获得了内在根据。

与"人类行动"相关的是"实践智慧"。从哲学的层面看,实践本身蕴含深沉的社会历史内涵,智慧则渗入于对世界与人自身的把握,并有其实践的维度。把握世界与认识人自身首先侧重于对世界和人自身的理解和说明,实践则以改变世界和改变人自身为指向,二者的如上关联既可以视为实践对智慧的确证,也可以看作是智慧在实践中的落实。相应于实践与智慧的互融,说明世界和说明人自身与改变世界和改变人自身不再彼此相分:事实上,实践智慧的内在特点,即具体地体现于对说明世界与改变世界、说明人自身与改变人自身的沟通和联结。基于德性与能力的统一,实践智慧以实践主体的存在为本体论前提,内在于实践主体并与主体同"在"。在行动与实践的历史展开中,实践智慧源于实践又制约实践,它在敞开实践的本体论内涵的同时,也突显了人之"在"的实践向度。实践与人之"在"的如上关联,既从一个方面彰显了实践的形而上之维,也进一步展现了存在的具体性。

"具体形上学"的以上视域,在《道论》《伦理与存在——道德哲学研究》《成己与成物——意义世界的生成》《人类行动与实践智慧》诸种著作中得到了不同的体现。《道论》着重从本体论方面阐释具体形上学,《伦理与存在——道德哲学研究》以道德形上学为侧重之点,《成己与成物——意义世界的生成》主要关注于意义领域的形上之维,《人类行动与实践智慧》则在敞开行动及实践形上内涵的同时进一步展示了人的存在与世界之"在"的具体性。以上方面既相互关联,又各有侧重,其共同的旨趣,则是走向真实的存在。当然,从研究的进路看,以上诸种著作主要是从实质的层面展开对相关问题的思考,而并不试图提供一种形式的体系。无论在追问的对象方面,抑或在考察的方式上,具体形上学都具有开放性。

自　序

本书的论域属宽泛意义上的实践哲学。以人的行动和实践为指向,实践哲学本身可以展开为两种路向。其一,基于不同实践领域,对实践活动作多样的考察。道德哲学、政治哲学、法律哲学等,在相当程度上体现了这一进路。其二,跨越特定的实践领域,对行动、实践作元理论层面的(meta-theoretical)研究,关于何为"行"、如何"行"以及实践理性、实践智慧等问题的思与辨,便与此相关。本书的研究大致可归入后者,而其中所涉及的内容又与我前此的思考具有理论上的关联。在数年前出版的《成己与成物——意义世界的生成》一书中,我以成己与成物为视域,对意义及意义世界作了若干考察。就其内涵而言,成己与成物以人自身的完成与世界的变革为题中之义,无论是人自身的提升(成己),抑或本然存在向人化世界的转换(成物),都既涉及知,亦关乎行(实践),从成己与成物的角度理解意义世界的生成,相应地也离不开实践之维。就此而言,本书对行动和实践的研究,可以视为我前此工作的延续。

在中国哲学中,"做人""为人"与"做事""行事"无法相分。从哲学的层面看,"做人""为人"并不仅仅是日常生活中的待人接物,其更深沉的涵义在于成就人自身。"人"并非一开始即取得人之为人的形态,所谓"做人""为人",也就是通过"做""为"——广义的实践活动,使人成为真正的人。在此意义上,"成己"与"做人"具有一致性。同样,"做事""行事"也并不限于日常之举,其所涉之域包括"赞天地之化育""制天命而用之",后者在实质上展开为一个化"天之天"为"人之天"(成物)的过程。就此而言,"成物"与"做事"也具有相通性。"成己"与"做人"、"成物"与"做事"的以上关联,同时使成己与成物的考察逻辑地引向实践哲学的研究。

成己与成物以意义世界的生成为实质的内容,关于意义世界的研究,在更广的层面又与形上之思相涉,事实上,《成己与成物——意义世界的生成》本身便构成了"具体形上学"的内容之一。① 与之相联系,由考察意义世界进而关注实践哲学,同时涉及形上之思与实践哲学的关系。形而上学在宽泛意义上可以视为关于存在的理论,然而,对存在的理解和把握如果离开了人自身的知与行,便难以避免思辨的走向,历史上各种抽象形态的形而上学,往往即同时呈现为某种思辨哲学。从知行过程出发理解人自身的存在与世界之"在",其进路不同于抽象形态的形而上学。与之相联系,实践哲学同时表现为

---

① 2011年,北京大学出版社以"具体形上学"为总名,出版了我的三部相关著作,三书分别为《道论》《伦理与存在——道德哲学研究》《成己与成物——意义世界的生成》。

对形而上学思辨性的扬弃。另一方面,对实践过程的理解如果仅仅停留于现象的层面,同样无法真切地把握其具体意义。在这里,形而上学与实践哲学的内在关联既表现为以实践哲学扬弃对存在把握的思辨性,也展开为以形上之思超越对实践理解的外在性。

广义视域中的实践哲学涉及行动。关于行动,分析哲学系统的行动理论或行动哲学曾给以了较多的考察,本书对行动的研究,与之无疑具有相关性。不过,分析哲学对行动的考察主要侧重于语言的分析,所涉及也常常是人的日常之行,对行动的多方面内涵及其现实内容,"分析的"行动理论往往未能给予充分的关注。以"人类行动"为指向,本书所理解的行动不仅仅限于日常之域,而是包括广义的实践活动;从考察的方式看,本书的研究则首先基于行动的现实形态,而非停留于语言和逻辑的层面。不难注意到,相对于分析哲学视域中行动哲学与语言哲学的内在关联,"人类行动"似乎更多地包含形而上的面向,后者既体现于对更广意义上行动过程的关注,也表现在以现实的存在作为考察行动的具体背景。

与"人类行动"相关的是"实践智慧"。从哲学的层面看,实践较之行动往往呈现更深沉的社会历史内涵,智慧则既渗入于对世界与人自身的把握,也有其实践的维度。把握世界与认识人自身首先侧重于对世界和人自身的理解和说明,实践则以改变世界和改变人自身为指向,二者的如上关联既可以视为实践对智慧的确证,也可以看作是智慧在实践中的落实。与实践与智慧的互融相应,说明世界和说明人自身与改变世界和改变人自身不再彼此相分:事实上,实践智慧的内在特点,即具体地体现于对说明世界与改变世界、说明人自身与改变人自身的沟通和联结。

要而言之,本书以行动和实践为考察对象,但其进路不同于狭义上的行动哲学(行动理论)和抽象形态的实践理论。作为具体的过程,行动和实践包含多重方面,后者既应当从逻辑的层面加以分析,又需要从社会历史之维加以把握,这种分析和把握在基于现实存在的同时,也关联着形而上的视域。对行动和实践的如上考察一方面不同于经验的描述和语言的辨析,另一方面也有别于思辨的推绎:作为广义的实践哲学,这种研究可以看作是"具体的形上学"在行动和实践之域的进一步展开。当然,与前此的工作相近,本书的研究仅仅表现为对实践哲学的阶段性思考,它既未穷尽这一领域的所有方面,也远未终结对相关问题的思与辨。

目 录

1	导 论
31	**第一章　实践哲学视域中的行动**
31	一　"是什么"与"做什么"
37	二　何为行动
42	三　行动的结构
50	四　意向性与规范性
63	五　习行、习性与存在境域
69	**第二章　理由、原因与行动**
70	一　理由与行动
82	二　行动的多重向度
90	三　行动的解释与规范
98	**第三章　意志软弱及其克服**
99	一　意欲、情感与理性
105	二　知行之辩
110	三　意志软弱的形上之维
115	四　我思、我欲、我悦与身心之知

128	第四章	作为实践背景的"势"
129	一	实践过程中的"势"
135	二	人与势的互动
144	三	审时度势:回到实践的现实背景
153	第五章	实践过程中的"几""数""运"
154	一	"几":趋向现实的可能
163	二	"数":必然性与时空关系
170	三	"运"与人之"在"
180	第六章	实践理性及其原则
181	一	广义视域中的实践理性
187	二	实践理性的诸原则
202	三	实践理性与实践过程
213	第七章	实践活动、交往行动与实践过程的合理性
214	一	实践活动与交往行动
227	二	实践过程中的多重关系
238	三	"合理"与"合情"
255	第八章	实践智慧
256	一	解释世界与改变世界:走向融合
267	二	原则的引用和情景的分析
279	三	"合度"与"中道"
284	四	"神而明之,存乎其人"
293	后　记	
295	新版后记	

导　论

人既因"行"而"在",又与"行"同"在"。历史地看,人并不是超验存在的创造物,也不是天地演化的自然结果。以作用于自然为前提,人内在于自然又走出自然,由此形成天人之分。人对自然的如上作用,具体表现为"做"与"为"或多样的实践活动。在"赞天地之化育"的广义之"行"(action or practice)中,人既改变了世界,也成就了自身:作为与自然相合而又相分的存在,人即诞生于这一过程。通过共同的"做""为"("赞天地之化育""制天命而用之")与生活(日"用"常"行"),人不仅使自然意义上的群居共处获得社会的性质(建构了人伦社会关系),而且形成了多方面的能力(包括理性能力)并创造了多样的文明和文化的形态(包括语言),从而成为社会的存在(社会的动物)、理性的存在(理性的动物)或使用语言的存在(语言的动物)。从以上方面看,人无疑因"行"而"在"。

就现实的形态而言,人同时又通过不同形式的"做"与"为"而确证自己的存在。从人类早期的日出而作、日入而息,到现代社会的工作与休闲,人都在多样的"做"与"为"(行)中生存。与不同的社会分工系统相应,人的活动展开于经济、政治、军事、科技、文化等各个领域,其具体的生存形态,也体现于这些不同的"做"与"为"(行)之中。在日用常行中,人的这种生存过程同样表现为一系列的活动。无论是饮食起居,抑或日常交往;不管是实际的操作活动,还是与言说相联系的以言行事,都以不同层面的"行"为其内容,而人本身则无法离开这类广义之"行"。在此意义上,人确乎又与"行"同"在"。

在哲学的论域中,人的"做"和"为"取得了行动或实践的形式。宽泛而言,作为人的活动,行动(action)与实践(practice)都渗入了人的意向和目的,并在不同层面受到普遍规范的制约。不过,二者又可以分别加以考察。在区分的意义上,行动往往侧重于微观层面个体性或单一的活动,实践则更多地涉及宏观层面社会性、系统性的活动。单一的动作(如举手),可以视为行动,但一般不归入实践;变革社会的历史活动,常常被理解为社会实践,而非仅仅以行动指称。当然,二者的这种区分具有相对性。行动可以涉及社会性、系统性的活动,如交往行动;实践也包括单一或个体性的活动。事实上,在不同的哲学家那里,二者的运用也具有交错性。以政治领域的活动而言,亚里士多德将其主要视为"实践",但阿伦特却将这一领域中的活动纳入"行动"之域①。进而言之,"行动"与"实践"固然可以作不同的界定,但区分二者,并不意味着对其加以截然分离。从理论上看,在

---

① 参见〔美〕阿伦特:《人的条件》,竺乾威译,上海人民出版社,1999年。

行动的层面考察人类活动,可以推进对实践过程的具体理解;从实践之维研究人类活动,则有助于把握行动的社会内涵与社会意义。

与行动和实践之分相关的,是行动理论与实践哲学。从形式的层面看,行动理论侧重于对行动的哲学分析,实践哲学则以实践为考察的对象。宽泛而言,实践涉及人类活动的各个方面。伽达默尔便认为"对理论的运用也属于我们的实践"。"但是,这并不是一切。'实践'还有更多的意味。它是一个整体,其中包括了我们的实践事务,我们所有的活动和行为,我们人类全体在这一世界的自我调整——这因而就是说,还包括我们的政治、政治协商以及立法活动。我们的实践——它是我们的生活形式(Lebensform)。"①质言之,实践作为一个整体,包括人存在过程中的一切活动。在此意义上,实践可以包含行动,也正是基于上述理解,伽达默尔肯定,"实践就是行动"②。相应于此,行动理论也可以归入广义的实践哲学。从实践哲学本身看,其关注之点可以指向不同的实践领域,所谓道德哲学、政治哲学、法律哲学,等等,便可视为实践哲学的特定形态,其特点在于考察人类实践生活的不同方面。如果以所论实践问题的类别来划分,则讨论价值、规范等问题的价值理论、规范理论也构成了实践哲学的重要分支③。与以上考察具有不同侧重的,是对行动和实践本身的元理论层面的(meta-theoretical)研究,后者可以视为狭义上的实践哲学。关于实践理性(practical reason)、实践推论(practical reasoning)、实践智慧(practical wisdom)等方面的研究,便属后一意义上的

---

① 〔德〕伽达默尔、杜特:《解释学 美学 实践哲学——伽达默尔与杜特对谈录》,金惠敏译,商务印书馆,2005年,第67—68页。
② 同上书,第74页。
③ 参见〔英〕拉兹:《实践理性与规范》,朱学平译,中国法制出版社,2011年,第3—4页。

实践哲学,这一层面的研究所涉及的是行动或实践的一般特点、行动或实践的合理性品格、行动或实践有效展开的前提及条件、行动或实践过程中意向性与规范性、理由与原因、内在机制与外在背景的关系,等等。本书对行动和实践活动的考察,大致与元理论层面的实践哲学相一致。

历史地看,亚里士多德已开始关注实践的问题。按亚里士多德的理解,知识或思想可以划分为实践的、制作的与理论的三种形态。这里包含二重区分:其一,实践的知识与理论的知识之分;其二,实践活动与制作活动之分。这一视域中的实践,主要以政治、伦理的活动为内容,与之相对的制作则关联着生产性、工艺性、技术性的活动。对亚里士多德而言,实践活动以善为追求目标,而最高的善即幸福。与理论活动旨在达到普遍性知识不同,实践活动更多地展开于具体的情境,后者所指向的善,也唯有通过普遍原则与特殊情境的结合才能实现。亚里士多德对实践的知识与理论的知识、实践活动与制作活动的二重区分,对尔后哲学思想的演进产生了重要影响。

这种影响在康德那里便不难看到。康德将实践理性作为讨论的重要论题,以此区别于纯粹理性或理论理性。与之相联系,康德区分了实践哲学与理论哲学,认为:"实践哲学的对象是行为(conduct),理论哲学的对象是认知(cognition)。"①就其划分理论理性与实践理性、理论哲学与实践哲学而言,其思路与亚里士多德无疑有相近之处。同时,康德所说的实践理性固然首先与道德行为相联系,但在宽泛的层面上,它同时也涉及法律的领域,事实上,在其后期的《道德形而上学》(The Metaphysics of Morals)中,便包括"权利的学说"(the doctrine of right)与"德性的学说"(the doctrine of virtue)两个部分,前

---

① Kant, *Lectures on Ethics*, Hackett Publishing Company, 1963, pp. 1-2.

者的讨论对象,即关乎法律关系和法律行为。不过,与亚里士多德以幸福为善不同,康德更多地将善与承担道德义务联系起来。同时,较之亚里士多德注重普遍原则与特殊情境的沟通,康德在实践理性的领域首先关注的是普遍的规范:对康德而言,道德领域中行为的自由性质使人超越了现象领域中因果必然性的制约,而道德行为的这种自由品格即源于对普遍法则或规范的遵循。以理性的普遍法则来担保行为的自由性质,构成了康德实践哲学的内在趋向。①

康德之后,黑格尔也将实践与善的理念联系起来。不过,较之康德首先从道德的层面考察实践,黑格尔对法律、政治之域给予了更多的关注。在黑格尔看来,"理智的、本质的善行,在它最丰富和最重要的形式下,乃是国家的有理智的普遍善行;与国家的这种普遍行动比较起来,一个个别的人的个别行动根本就显得渺乎其小,微不足道"②。所谓"国家的有理智的普遍善行",更多地与法律、政治层面的行动相关,"个别的人的个别行动"则涉及个体的德行。在个体的德行低于国家的善行这一观念背后,多少包含法律、政治之域的活动

---

① 康德在《判断力批判》中曾批评了如下观念:把"依据自然观念的实践"(what is practical according to natural concept)等同于"依据自由概念的实践"(the practical according to the concept of freedom)。从逻辑上看,这种批评以肯定二者的区分为前提。按其内涵,"自然的概念"与因果法则相关,以此为依据的实践也涉及道德之外的领域。与之相联系,康德区分了"技术实践的"(technical practical)原则与"道德实践的"(moral practical)原则,其中也蕴含着技术层面的实践与道德层面的实践之分野。不过,康德同时强调,与因果的自然概念相关的技术上的实践规则,都只是"技艺规则"(the rules of skill),它们在实践哲学中"没有任何地位",唯有基于自由概念的道德实践法则,才能被归属于与理论哲学相对的实践哲学。(参见 Kant, *Critique of Judgment*, Hafner Publishing Co., 1951, pp.7-9)以上看法表明,尽管康德已注意到实践的不同形态,但对他而言,与实践哲学相关的实践,首先仍是道德实践。事实上,在"实践理性"这一主题下,康德所讨论的主要便是道德领域的实践。

② 〔德〕黑格尔:《精神现象学》上卷,贺麟、王玖兴译,商务印书馆,1983年,第282页。

高于道德行为之意。对黑格尔而言,道德还主要停留于"应当"的层面,法律、政治之域的活动则更多地体现了现实之维。同时,就德行与德性的关系而言,行为者的德行,往往导源于其德性,而行为者是否拥有德性,又取决于各种因素,其间无普遍、确定的担保。与法律相关的行为,则受到普遍规则的制约。以上两个方面规定了法律、政治之域的活动高于个体性的道德行为。相应于从政治、法律等层面理解实践活动,黑格尔赋予实践本身以更广的内涵。按黑格尔的看法,行动或实践包含三个环节,即"目的","目的的实现"或"达取目的的手段","创造出来的现实"①。目的作为观念性的存在,最初呈现主观的性质,对象世界则具有外在性,实践或行动一方面扬弃了目的的主观性,另一方面又克服了对象的"现象"性、"外在"性②。在上述理解中,实践或行动已不限于伦理、政治、法律等领域,而是同时被视为人作用于外部世界的形式。对黑格尔而言,实践具有中介的意义,这种中介性不仅体现于目的与结果之间,而且在更广的意义上表现为对客观性与主观性的沟通,当黑格尔肯定作为实践理念体现的善"是概念自身的总体,是同时在自由统一形式中的客观的东西和主观性"之时③,以上内涵已蕴含于其中。当然,黑格尔同时又将实践活动纳入理念、精神、逻辑之域,在《逻辑学》中,黑格尔便把目的性的活动及目的与手段的关系理解为推论的过程④:"目的通过手段的活动","但这些过程,如它们自身所表明的,是通过自身而回到目的之中。假如最初手段对有待于运用的外在客体的关系,是一种直接的

---

① 〔德〕黑格尔:《精神现象学》上卷,贺麟、王玖兴译,商务印书馆,1983年,第264页。
② 参见〔德〕黑格尔:《逻辑学》下卷,杨一之译,商务印书馆,1976年,第528页。
③ 同上书,第523页。
④ 同上书,第436、437页。

关系,那么,这种关系就更早地表现出自己已经是一个推论,因为目的证明了自身是这种关系的真正的中项和统一"。这些看法固然在某些方面折射了实践的现实过程,但以"推论"表示以上关系,同时也似乎更多地侧重于理念的逻辑运演。从这些方面看,黑格尔对实践的理解无疑仍具有思辨性与抽象性。

马克思对实践作了更深入的考察。与亚里士多德及康德对实践的理解有所不同,马克思首先将实践与劳动、生产过程联系起来。在马克思看来,"整个所谓世界历史不外是人通过人的劳动而诞生的过程,是自然界对人说来的生成过程,所以,关于他通过自身而诞生、关于他的产生过程,他有直观的、无可辩驳的证明。因为人和自然界的实在性,即人对人说来作为自然界的存在以及自然界对人说来作为人的存在,已经变成实践的、可以通过感觉直观的,所以,关于某种异己的存在物、关于凌驾于自然界和人之上的存在物的问题,即包含着对自然界和人的非实在性的承认的问题,在实践上已经成为不可能的了"①。可以看到,在马克思的视域中,实践不再与制作及工艺性的活动相对而限于伦理、政治等领域,相反,制作及工艺性的活动构成了实践的题中之义。以劳动为本原的形式,实践不仅创造了人,而且也造就了属人的世界。与之相联系,实践也不再是黑格尔意义上的理念活动或逻辑的推论,而是首先表现为现实的感性活动,后者包括人与自然之间的物质交换,其本身在呈现社会品格的同时,又展开为一个历史的过程。在以上理解中,实践既旨在改变世界与改变人自身,又构成了实现上述改变的基本形式,而人的改变最终又以人的解放为目标。不难注意到,在马克思的实践观中,劳动被赋予本原的意义,人与自然的互动以及人与人的社会关系均奠基于其上。以改

---

① 〔德〕马克思:《1844年经济学哲学手稿》,人民出版社,1985年,第88页。

变世界、改变人自身以及人的解放为指向,实践活动的历史展开同时又被理解为走向自由之境的过程。①

就中国哲学的历史衍化而言,"行"同样很早便成为其关注的重心之一。中国哲学的早期经典已从不同方面涉及人之"行":《易》(《周易》)源于对人的多样活动("行")的预测、展望,《礼》(《周礼》《仪礼》《礼记》)侧重于对社会生活中不同行为的规范、引导,《书》(《尚书》)以记载历史中的治国实践为其实质的内容。随着思想的演进,知行之辩逐渐成为中国哲学的重要论题。如果以儒家为中国哲学的主流,则从总的趋向看,中国哲学对"行"的考察,主要便与成己和成物的过程相联系。成己在广义上指成就人自身,成物则既涉及社会生活的变迁,也关乎"赞天地之化育"。比较而言,在成己和成物的过程中,社会领域中的政治、伦理等活动具有更为主导的地位。以儒家为主干的中国哲学始终注重礼在社会生活中的作用,依礼而行,被视为人由"野"而"文"的前提。"野"属前文明或前社会的存在形态,"文"则是与之相对的文明化或社会化形态。按中国哲学的理解,正是在循社会规范(礼)而行的过程中,人逐渐从"野"(前文明的形态)走向"文"(文明的形态)。在这里,与礼一致的"行",构成了成为真正意义上的人(由"野"而"文")所以可能的条件。

---

① 历史地看,步入近代以后,对实践的理解已逐渐逸出伦理、政治之域,如培根便区分了"实践方面的不同分支",并将其中的一种形式与"物理学之下"的"机械学"联系起来(参见〔英〕培根:《新工具》,许宝骙译,商务印书馆,1984年,第116—117页),这一视域中的"实践"与培根之前的亚里士多德对实践的理解,无疑有所不同。"物理学之下"的"机械学"涉及科学、技术层面的活动,就此而言,培根似乎已扩展了亚里士多德的实践概念,它在某些方面近于康德曾提及的"技术实践"(参见前文脚注)。不过,尽管培根与后来康德对待"技术实践"的态度和立场不同,但在他那里,以上方面的思想尚未取得明确的形式并充分展开。相形之下,上述马克思的劳动范畴,则在广义上包括与科学、技术相关的活动:劳动展开于生产过程,这一过程在近代以后与科学、技术领域的活动便愈来愈难以相分。

广而言之,在中国哲学看来,社会领域的诸种活动,都表现为人之"行",所谓"事者,为也"①。"为"即人在社会领域所从事的各种行动,人之"为"同时又需要循乎"道"(普遍之则)。按中国哲学的理解,社会生活的各个方面,都离不开人自身之"为"。以传统社会中的亲子、兄弟等关系而言,这种关系在中国哲学(儒学)看来并不是相关对象本然的规定:对缺乏伦理意识者来说,亲(父母)兄等并不具有伦理的意义。同样,离开事亲、事兄等伦理之"为",亲子、兄弟之间也难以形成现实的伦理关系。只有在事亲、事兄等道德实践的展开过程中,具有伦理意义的社会关系才可能建立。进一步看,中国哲学一再肯定日用即道,"日用"即日用常行,包括日常行为,"道"在此则指普遍的价值原则,所谓"日用即道",意味着普遍的社会价值原则(道)即体现于日用常行。这一看法既肯定了日用常行本身应循乎普遍之则(道),又蕴含着确认社会价值原则的落实与日用常行之间的联系。从以上方面看,"行"不仅是成为真正意义上的人之所以可能的条件,而且也是伦理关系以及更广意义上社会生活的形成与展开所以可能的前提。

可以看到,政治、伦理以及广义上的社会生活,构成了中国哲学视域中"行"的主导性内容,在这方面,中国哲学对"行"的理解与亚里士多德以及他之后的西方哲学传统似乎也呈现某种相通性。当然,中国哲学对人之"为"的考察,往往首先与成己(成就人自身)相联系,尽管如前所述,中国哲学也肯定"赞天地之化育""制天命而用之",其中涉及对存在的广义变革,但相对而言,在中国哲学(首先是儒学)中,通过依礼而"行"以成就人自身、通过循道而"为"以建构广义的礼乐生活(社会生活),无疑具有某种优先性。中国哲学,特别是宋明理学中的工夫论,便比较具体地体现了这一趋向。从内容上看,

---

① 《韩非子·喻老》。

中国哲学所说的工夫既涉及知,也关乎行,所谓为学工夫、为善工夫,都与知、行相关;从目标上看,工夫则以成就人自身为指向。这一视域中的工夫同时与本体相涉,后者(与工夫相对的本体)在宽泛意义上可以视为以道德观念为主要内容的精神或意识系统,它构成了工夫展开的内在根据。工夫与本体的这种统一,一方面体现了知与行的相融,从而有别于理论理性与实践理性的分离,另一方面又使体现于日用常行中的工夫过程超越了自发性。在践行工夫的多方面展开中,礼乐生活的建构与人自身的成就表现为同一过程的两个方面。

20世纪以来,一方面,分析哲学、现象学、法兰克福学派等现代西方主要的哲学流派分别以不同形式涉及实践哲学;另一方面,伦理学、政治哲学等受到了多方面的关注,并在20世纪后半叶后逐渐成为显学,后一趋向在当代哲学的衍化中,呈现进一步发展之势。如果说,前者较多地在元理论的层面关涉实践哲学,那么,后者则从不同的领域,体现了实践哲学的某种复兴。

现代哲学中不同的哲学流派对行动与实践的考察,表现出不同的特点。分析哲学对行动的考察,较为集中地体现于其行动理论(theory of action)或行动哲学(philosophy of action)之中。与注重语言的逻辑分析这一哲学进路相一致,分析哲学对行动的考察更多地侧重于形式的层面。在伦理学这一实践哲学的具体领域,分析哲学便以道德概念和语言的逻辑分析为主要内容,由此形成所谓元伦理学(meta-ethics)。分析哲学对行动的考察,在某种意义上也体现了类似的趋向。以语言之域的意义为主要关注之点,分析哲学的行动理论侧重于对涉及行动的语言和概念的辨析和解释,后者所把握的,主要是概念之间的逻辑关系或理想情境之下行动的形式条件,而不是现实的行动过程和实践过程。在分析的行动理论中,人与对象之间、人与人之间在行动中的实际联系往往被悬置,行动的概念结构则被置于主导的地位。①

与分析哲学对行动的理解有所不同,现象学视域中的行动更多地与人的生存过程相联系。在海德格尔那里,人的行动体现于个体的筹划、从共在走向本真之"我"等过程之中,相对于形式层面的逻辑分析,对行动的这种看法无疑包含更实质的内涵。不过,现象学一方面以达到作为严格科学的哲学作为目标,另一方面又从意识的分析入手,试图通过本质还原与先验还原而回到纯粹意识,并由此为哲学提供具有确定性、明证性的基础。以之为背景,现象学在其尔后的衍化中尽管也注意到运用手边的工具进行的操作活动(海德格尔),但从总体上看,源于现象学的思考不仅主要将行动与个体的生存过程联系起来,而且往往以操心、烦、畏等为这一过程的具体内容,后者更多地将行动与内在的意识(心理体验)联系起来。②

---

① 广而言之,从后期维特根斯坦肯定语言的意义在于运用,到奥斯丁讨论如何以语词做事(how to do things with words)或言语行动(speech act),"用"或"做"都与语言难以分离。分析哲学系统中一些晚近的人物虽然将实践提到重要地位,肯定概念、语言的把握离不开实践,但同时,又把实践主要理解为使用概念的活动,并以这种使用概念的实践作为语言意义生成的基础。与之相联系,推论也被视为实践的形式,如布兰顿一方面确认概念的把握和理解与推论的相关性,另一方面又认为,"推论就是某种做(a kind of doing)"。(Robert B. Brandom, *Making It Explicit*, Harvard University Press, 1994, p. 91)尽管布兰顿在此并未以行动或实践本身为讨论的主题,但以上看法却涉及对行动、实践的理解,其内在趋向在于将行动、实践、做首先归入概念活动或与之相关的推论活动。

② 从以上背景看,伽达默尔的解释学有其值得注意之点。伽达默尔在发展其哲学解释学的同时,也对实践给予了较多关注。但在哲学的层面,解释学首先涉及文本的理解。与之相联系,一方面,以文本为中介,解释学亦将语言提到突出地位:在伽达默尔看来,"谁拥有语言,谁就'拥有'世界"(〔德〕伽达默尔:《真理与方法》下卷,洪汉鼎译,上海译文出版社,1999年,第579页)。这种看法在某种意义上表现出与分析哲学相近的趋向。另一方面,哲学解释学在理论上可以追溯到海德格尔,并相应地有其现象学的渊源。与海德格尔的进路一致,理解往往同时被视为人的一种存在形态,并被赋予本体论的意义,而以理解和解释为人的存在形态,则使人的活动难以完全超越观念之域,后者或多或少打上了现象学的印记。当然,在总体上表现出如上趋向的同时,伽达默尔对实践活动的若干具体考察,仍有其值得关注之处。以上现象从一个方面体现了哲学家思想的复杂性。

较之现象学,法兰克福学派对行动、实践的考察,首先以反思马克思的相关理论为前提。在这方面,哈贝马斯的看法具有一定的代表性。如前所述,马克思的实践观以劳动为出发点,哈贝马斯对实践的理解则与之相异。按哈贝马斯的理解,劳动属目的性行动,主要涉及主体与对象的关系,与之相对的是交往行动,后者关乎主体间关系;人的实践不仅需要超越主体性,而且应当走出主体与对象的关系。与之相联系,对哈贝马斯而言,在行动和实践活动方面,应当关注的主要不是生产过程中的劳动,而是生活世界中主体间的交往。

从当代哲学的衍化看,在哈贝马斯之前,阿伦特已区分了劳动与行动。按阿伦特之见,"劳动"的主要目标是维持个体生命的延续,它没有摆脱人类生存的必然性,因此不具有自由的性质。达到"自由"的前提是摆脱物质和生存必然性的束缚,只有公共领域展开的活动,包括政治活动,才具有这种自由的性质。公共领域中区别于劳动的各类活动(首先是政治活动),阿伦特称之为"行动"(action)。人要获得"自由",便应当参与"行动"或政治活动。在进一步分析"行动"的特点时,阿伦特指出:"从现实意义上看,行为、说话、思想这三者的共同点远胜它们各自单独与劳动或工作的共同点,言、行、思本身不生产或带来什么东西,它们像生命本身一样没有结果。"[1]质言之,行动不同于劳动和工作,而与语言、思想一致。如果说,通过对劳动的界说,阿伦特表现了与哈贝马斯相近的取向,那么,对行动与语言及行动与思想的沟通,则在某种意义上分别呼应了分析哲学与现象学。

以上现象表明,如何理解行动与实践依然是一个无法回避的问

---

[1] 〔美〕阿伦特:《人的条件》,竺乾威译,上海人民出版社,1999年,第88页。又,这里的"行为"英文原文为action,即行动,参见 H. Arendt, *Human Condition*, Second Edition, Chicago University Press, 1998, p.95。

题。就实践内涵的理解而言,马克思将劳动视为实践的核心,无疑体现了实践观的历史变革。然而,在尔后的某些教条化诠释中,劳动在实践中的意义往往被过分强化,由此甚而出现将实践主要等同于劳动的趋向,后者在逻辑上容易导致以成就世界(成物)抑制成就人自身(成己)。从这些方面看,区分实践与劳动显然有助于更具体地理解二者的涵义。然而,阿伦特和哈贝马斯对劳动的看法,本身又存在内在的片面性。事实上,劳动既非仅仅涉及主体与对象的关系,也非外在于自由的活动之外。同时,一方面固然不能将劳动视为实践的唯一形式,另一方面也不能简单否定劳动在人类生活中的本原意义。

从行动、实践与语言的关系看,行动与实践较之语言具有更原初的性质。就发生的角度而言,语言的意义既不是对象所固有,也不是人单向赋予,而是在生活、实践过程中生成的。物并非先天地(本然地)作为名的指称对象而存在,名也不是先天地(本然地)以所指称的对象为其意义(语义)。语言的约定俗成性质,已从一个方面体现了语言与人的活动之间的联系。用某种语言符号指称某种对象,是以对象进入人的作用之域为前提的。当然,在语言的进一步发展(包括语义的不断抽象化、复杂化过程)中,语言与人的行动及实践之间的关系,常常不再如最初那样直接,其自身也可能逐渐形成某种自我衍化的系统。但即使在这种情况下,人的行动和实践,包括人与人之间的交往行动和人与对象之间的互动,依然构成了语言意义生成和理解的背景。后期维特根斯坦肯定语言的意义在于运用,后者又与生活形式无法分离,这一看法也有见于此。以上述方面为视域,行动与实践过程显然具有更本原的性质,从而,不能将其还原为语言之间的逻辑关系或概念的结构。分析哲学试图从语言分析入手把握行动过程,无疑有其内在的限度。

以人与物以及人与人的互动为形式,行动与实践难以离开人的意识活动。从广义的意向性到具体的动机、意欲,意识活动渗入行动和实践的各个方面。然而,作为人作用于世界的现实过程,行动及实践又不同于观念性的活动。从宽泛的层面看,行动及实践既改变世界或成就世界,也改变人自身或成就人自身,二者都超越了单纯的观念之域。如果说,对马克思实践观的教条化理解或片面阐释容易导致强化成就世界而忽视成就人自身,那么,以现象学为背景,则往往趋向于关注人自身的生存而将成就世界边缘化。在现象学的视域中,人的生存主要又与个体性的心理体验相联系,尽管现象学的进路也涉及个体间的共在以及对在手边之物的运用等,但就总体而言,它所关注的是个体生存过程中筹划、操心、畏等心理体验,与之相涉的行动、实践,也更多地关联心理、意识过程。对生存过程与行动及实践的如上看法,显然构成了与分析哲学相对的另一重限度。

扬弃对行动、实践的抽象理解,既以肯定行动、实践的现实之维为前提,也需要确认行动、实践本身的优先性。历史地看,从思维形式(包括语言结构)到文化心理,其形成都源于行动和实践的长期反复与延续。同时,也是基于实践,心与言、知与行获得了内在的统一。在现实的过程中,实践的理性与实践的过程也无法分离:以正当性(rightness)、有效性(effectiveness)、有益性(goodness)为指向,实践理性的具体内涵及其现实确证,都本于多样的实践过程。正是在实践的历史展开中,何者为善(有益性)、如何达到善(有效性)、怎样使善的追求合乎规范(正当性)获得了具体内容,实践过程中的内在逻辑,也逐渐凝化为实践的理性。

作为人的基本存在方式,广义之"行"或实践不同于"我行故我在"视域中的"我行"。"我行故我在"与"我思故我在"尽管有"行"与"思"之别,但二者都表现出抽象的趋向:在"我行故我在"的表述中,"我行"与"我思"相近,既被限定在个体之域,又缺乏实质的价值内容而呈现空泛的形式。就现实的形态而言,正如"思"与"所思"无法分离一样,"行"与"所行"也难以相分,后者不仅使"行"从自我走向自我之间(社会共同体),而且使之超越空泛的形式而获得了具体的价值内容。从广义的价值之维看,"行"或"做""为"首先以存在的改变为指向。存在无法创造,但却可以改变,改变存在的过程,也就是通过人的"行"或"做""为"而赋予存在以价值意义的过程,"行"或"做""为"则由此成为人本身的存在方式。在这里,存在的改变与人自身获得真实的存在方式,表现为同一过程的二个方面。具体而言,这一过程以成己与成物为其现实的内容。成己即成就人自身,其中既包括自我的完成,也指向群体价值的实现;成物则意味着通过对世界的作用而成就世界。人的"做"和"为"一方面与人自身的存在相关,另一方面又涉及作为对象的"物"。当人的"做"和"为"尚未作用于其上时,"物"呈现本然或自在的形态。以一定的价值目的与价值理想为指向,人通过广义之"行"变革"物",使之合乎人的合理需要,这一过程一方面克服了目的最初所蕴含的主观性,另一方面也扬弃了"物"的本然性和自在性。在此意义上,"做"和"为"(广义之"行")不仅成就人,而且成就物,人之"在"与物之"在"则由此呈现了内在的统一性。通过成己(成就人自身)与成物(成就"物"或成就世界),"做"和"为"既展现了它在人存在过程中的本原性,也使自身(广义之"行")获得了具体的价值内涵。

当然,如果作进一步的考察,则成己与成物(改变世界与改变人自身)的过程在赋予实践(行)以价值内涵的同时,本身又面临如何可能的问题。在本体论的层面上,这里首先涉及物与人的可改变性。作为本体论的规定,可改变性主要意谓:物与人的存在形态都既非预定,也非命定,二者均包含着面向未来的开放性。物的非预定与非命定为成就世界提供了前提;人的非预定与非命定则使成就人自身成为可能。与物和人的可改变性相联系的,是人具有改变世界与改变人自身的需要或要求,正是基于这种需要或要求,人形成了多方面的目的、理想,并进一步勾画了不同的实践蓝图,由此推动、引导着实践过程的展开。当需要以及基于需要并与现实可能相涉的目的、理想尚未引入时,人与世界之间的关系往往呈现某种价值意义上的冷漠、疏离形态,需要、目的、理想则使人克服了对世界的冷漠和疏离,并进一步引发变革世界的价值要求。就其内涵而言,目的、理想属广义的"当然"或"应该",相对于现实,"当然"意味着某种存在形态应该实现但又尚未实现,它固然基于既成的现实,但又以超越现实为指向。从实践的层面看,与"当然"或"应该"相关的是现实的存在形态,后者既涉及人的能力,也关乎具体的社会背景。以作用于世界和人自身为形式,成己与成物的实践活动离不开人的内在能力。历史地看,人的实践过程与实践能力之间的关系呈现互动性:一方面,人所具有的潜能在实践过程中逐渐形成为现实的能力,另一方面,形成于实践过程的能力又构成了实践过程进一步展开的内在根据。在后一意义上,人不仅有改变世界与改变人自身的需要,而且具有实现这种改变的内在力量。与人的能力相联系的是具体的社会背景,后者包括社会体制、社会规范系统、社会成员之间的历史关联(荀子所谓"明分使群"[①])、表现为器技及工具的文明发展成果,等等;能力的运用总是受到以上诸方面的制约。如果说,物与人的可改变性表现为成己与成物所以可能的本体论前提、基于需要的目的和理想赋予实践过程以内在的推动力,那么,人的能力和具体社会背景则从内在与外在的不同层面构成了实践过程展开所以可能的现实条件。

[①] 荀子:人"力不若牛,走不若马,而牛马为用,何也? 曰:人能群,彼不能群也"(《荀子·王制》)。在此,作为社会联系形式的"群"便被理解为人作用于对象的现实条件。

在哲学史上,康德从道德实践的层面突出了"当然",他之强调道德义务、要求无条件地遵循道德法则、注重目的王国,等等,都以"当然"为主要关注之点。相对于康德,黑格尔表现了不同的思维趋向。如所周知,黑格尔区分了道德与伦理,认为道德仅仅是"应然的观点",并强调,"道德中的应然在伦理的领域中才能达到"①。对黑格尔而言,较之道德,伦理更多地展开于现实生活,其存在形态包括家庭、市民社会、国家等。作为具体的存在形态,"伦理性的东西不像善那样是抽象的,而是强烈地现实的"②。此处之"善"首先与道德上的应当相关,"伦理"则涉及家庭、市民社会、国家,等等,肯定善的抽象性与伦理的现实性,同时意味着将后者放在更为优先的地位。以上看法已多少注意到:正是在家庭、市民社会、国家这类具有现实品格的存在形态中,人学会了如何行动并展开了多方面的实践。从如何理解实践过程这一视域看,这里重要的并不是赋予伦理与道德以不同的意义,而是这种分野之后所蕴含的对"当然"与"现实"的不同侧重:如果不限于道德与伦理的领域而对其加以引申,那么,康德与黑格尔的以上看法所涉及的,乃是实践过程中当然(超越现实)与实然(基于现实)的不同向度。尽管康德与黑格尔对当然与现实的理解都未能完全摆脱抽象性,但二者又以思辨的方式涉及了实践过程既变革现实(超越现实)又合乎现实、既本于理想和规范(当然)又具有现实根据等特点。

从形而上的维度看,以成己与成物(改变世界与改变人自身)为内容的实践过程同时涉及存在的法则(包括历史的必然性)与人的作用之间的关系。实践过程之基于现实,决定了其展开总是受到存在

---

① 〔德〕黑格尔:《法哲学原理》,范扬、张企泰译,商务印书馆,1982年,第112、113页。
② 同上书,第173页。

法则的制约,然而,受制于存在法则,并不意味着完全被决定。与人的知行过程相关的现实世界,不同于本然的存在或自在之物,其形成难以隔绝于人的作用过程。中国哲学所说的"赞天地之化育",已有见于现实世界的生成包含人自身的参与。事实上,在成就世界与成就人自身的过程中,历史的必然趋向本身离不开人的作用:就现实世界的演进而言,人的实践活动构成了其历史发展趋向得以实现的内在环节。

在元理论的层面上,实践哲学首先以行动、实践与存在的关系为关注之点。这里所说的存在不仅涉及世界之"在",而且关乎人自身之"在"。人既通过行动、实践而使本然的存在成为现实的世界,也通过行动、实践而成就人自身,二者从不同的层面改变了存在。以行动、实践与存在的以上关系为指向,实践哲学展现了本体论的向度。行动、实践过程在其本身的展开过程中,进而涉及知与行、心与物、事与理,以及言、意与行为等关系,与之相涉的是何为行、为何行、如何行,以及如何达到实践本身的合理性等问题。这些关系与问题使实践哲学同时与价值论、认识论,以及理论理性与实践理性等领域形成内在的关联。可以看到,实践的本原性既使实践哲学在理解人与世界的过程中具有本原的意义,也赋予实践哲学自身以多方面的内涵。

以人的存在为视域,"是什么"与"做什么"具有内在的一致性。作为社会的存在,人总是包含经济、政治、文化、道德等不同的规定性,人本身则表现为相关领域中的主体。然而,这种存在规定之获得现实的品格,则离不开具体的行动过程。广而言之,人之作为理性的存在(理性的动物)、符号的存在(符号的动物)、制造和运用工具的存在,同样是通过以理性的方式或符号的形式展开的行动、制造和运用工具的活动而得到确证。作为"是什么"(赋予人以类的普遍本质或一定领域中的存在品格)的现实前提,"做什么"(行动)不同于存在过程的外在方面,而是构成了人之"在"的内在规定。

作为人与世界互动的方式,行动的特点在于通过人的活动,使世界和人自身都发生一定的变化,后者同时赋予行动以本体论和价值论的意义。以人和世界的变化为现实的指向,行动既不仅仅限于意念活动,也非仅仅表现为身体的移动。单纯的意念活动仅仅限于个体内在的精神之域,所谓有"心"(意向活动)而无"身"(肢体活动),这种意念活动对外部的存在没有发生实质的影响,从而不同于现实的行动。单一的身体移动或者表现为肢体或身躯在外力的强制之下移动,或者表现为无意识活动,以上移动都没有意识的自觉或自主参与,可以视为有"身"(身体的移动)而无"心"(内在的意向)从而也不构成具有意向性的行动。行动的现实过程,总是包含身与心的互动。

理解行动,同时需要确认行动的基本单位,后者与行动的意义无法分离。判断某一动作是否为行动,往往取决于这种动作是否呈现意义以及呈现何种意义。与行动相关的这种意义,首先与行动者的意向相联系:行动的意义同时为行动者本身所自觉意识。在此意义上,行动的基本单位,也就是意义的基本单位。一定的活动或动作之成为行动,其前提在于它具有为行动者所自觉意识的意义。一种行动的意义诚然包含多种可能的理解,然而,为特定的行动者所自觉意识的意义,则具有相对确定的内涵。

行动同时又具有系统性,行动的基本单位总是归属于一定的行动系统,并构成其中的一个环节。从现实的形态看,行动往往以系统为其存在的具体形态,行动的基本单位唯有置于它所从属的系统中,才具有完整的意义。在非单一的、综合的形态下,行动呈现结构性。从逻辑之维看,行动的结构表现为不同环节、方面之间的内在关联,就时间的层面而言,其结构则展开于动态的过程。在动态的意义上,行动的结构不仅体现于从意欲到评价,从权衡到选择、决定的观念活动,而且渗入于行动者与对象以及行动者之间的现实关系,并以主体与对象、主体与主体(主体间)的互动与统一为形式。

以行动者为主体,行动既内含意向性,又具有规范性。以目的、意愿、理性的明觉等形式表现出来的意向性,使行动区别于单纯位移等现象。相对于意向,规范在宽泛意义上包括价值原则以及体现这种原则的行为规则、技术性规程,等等,其作用首先表现在为行动的评价、引导等提供普遍的准则。行动的发生总是受到价值原则、行为规则等多重形式的制约,后者在赋予行动以规范性的同时,也使之避免了自发性而获得了自觉的品格。作为行动的两重维度,意向性与规范性本身呈现内在的关联。就意向而言,其作用和活动,往往受到规范的制约:从意欲的评价以及行动目标的权衡、选择、决定,到行动过程的调节,意向的作用都与规范的引导、限定相联系。另一方面,规范的作用过程,每每渗入了意向活动。在意向与规范的如上交融中,行动进一步展示了现实的品格。

作为人的存在方式,行动首先有其理由。从理由与行动的关系看,理由可以视为行动的根据:所谓有理由做或有理由去行动,也就是有根据做或有根据去行动。在这一论域中,理由首先与行动的可理解性相联系:没有理由的举动,往往无法理解。作为行动的现实根据,理由并非仅仅以单一的形态呈现,而是展开为一个结构,其中即包含事实以及对事实的认知,也涵摄人的意向、目的,并进一步涉及事实与规范、自我的身份认同与事实之间的联系,自然法则、社会准则与内在承诺之间的互融,等等,上述方面在现实的行动过程中往往呈现更广的相关性。

行动过程中的理由同时与动机、规范等方面相涉。以理由与动机的关系为视域,理由本身可以进一步从内在与外在两个方面加以考察。宽泛而言,理由的内在之维主要与个体的意欲、要求相联系,其外在之维则涉及外部的事实(包括社会的体制)、一般的原则、规范,等等。仅仅具有外在理由并不必然导向行动,然而,基于外部事实或一般规范的理由确实又从外在的方面为行为提供了根据。就现实的过程而言,在单纯基于内在意欲之时,行动诚然可以带有自愿的特点,但每每容易导致非理性的趋向。另一方面,如果行动仅仅以有关普遍规范、原则的理解和认识为依据,则其过程固然合乎理性,但却常常缺乏自愿的品格。理由与内在意欲的联系为行动的自愿趋向提供了某种前提,基于普遍的原则、规范则使理由获得了自觉的内涵。不难注意到,在理由的内在性与外在性之辨背后,更实质的问题是行动过程中理性与非理性、自觉与自愿的关系。

行动既涉及理由,也关乎原因。在行动之域,理由与原因呈现较为复杂的关系。一方面,理由不仅为行动的解释提供了依据,而且也在一定意义上构成了行动的原因,另一方面,原因在引发行动的同时,也为说明、理解行动提供了背景。在更深沉的层面,理由与原因之辨,又关乎行动的解释与行动的规范之间的关系。如果仅仅以理解与解释为指向,则原因或因果性便表现为一种被观察的对象:对已发生之事的解释,总是基于某种旁观的立场。分析哲学关于行动的理由—原因解释模式,主要便涉及因果关系的观察或旁观立场。然而,就行动的现实过程而言,行动者不仅仅是观察者或旁观者,而且同时也是实际的参与者,后者为行动者影响和作用于行动提供了可能:他可以通过自身的知与行,生成某种观念和事件,这种观念和事件又作为原因,进一步影响与制约后续的行动。可以看到,对行动过程中的因果关系的具体把握,离不开观察与参与两重维度。

就行动与原因的关系而言,行动的原因在广义上包括事件原因(event-causation)与主体原因(agent-causation),前者体现于外部事件对行动的影响,后者表现为行动者的意愿、目的、信念等对行动的引发,二者对行动的发生都具有制约作用。作为具体的过程,行动既非仅仅出于外在的事件,也非单纯地源自行动者的内在意念。单向地关注主体原因,往往无法避免任意性;仅仅关注事件原因,则无法把握行动的自主性。在现实的行动过程中,既需要以客观的事件(条件)抑制主体的任意性,也应当以主体原因限定事件的外在性。事件原因与主体原因的互动,既体现了行动过程中因果性与自主性的统一,也使行动过程中的原因超越了逻辑的形式而落实在一个更为具体的层面。

行动的理由和原因,主要侧重于行动发生的根据和根源,在现实的存在过程中,往往还面临某种行动何以不发生的问题,后者所涉及的,便是行动中的意志软弱趋向。从实质的层面看,行动中的"意志软弱"表现为意欲、情感等非理性规定的相对有力与理性意识的相对无力。理性的这种"无力"在行动过程中,往往引向与理性相反的趋向。同时,"意志软弱"过程中意欲、情感的主导与理性的相对隐退,又基于不同的价值取向与价值立场,在具体的行动情景中,意欲、情感是否实际地取得主导地位,往往取决于不同的价值取向与价值立场。进而言之,理性与非理性之辨在形而上的层面又涉及身心关系。"身"所具有的本原性使与之相涉的意欲、情感对人的行为取向与选择具有更切近的影响。感性存在的本原性与意欲、情感的当下性既彼此关联,又相互作用,这种互动不仅可能强化意欲、情感对行为选择的影响,而且从一个方面构成了对理性作用的可能限定。

以行动的内在抑制为趋向,意志软弱不仅涉及意识或观念之域,而且关乎知行之辩。与"行"相对的"知"在广义上包括认知与评价。认知以事实的把握为指向,评价则以价值的确认为内容。意志软弱的表现形式之一在于,行动者虽然在认知与评价的层面达到了自觉的认识,并由此自知应当做什么或应当如何做,但却未能将这种认识付诸实施。在这里,意志软弱与知行之间的分离形成了某种关联,并以"知而不行"为其表现形态。就其逻辑含义而言,"知其当行"属理性之"知",这种"知"是否能够实际地化为"行",则涉及情感的认同、意志的接受。在缺乏情感认同和意志接纳的背景下,以"知而不行"为形式的意志软弱便容易发生。

作为实践过程中的一种现象,意志软弱既在本体论的层面折射了现实存在所内含的多重可能,又在观念之域体现了个体意向、意欲的可变动性。可能趋向及偶然性的存在与内在意向及意欲的可变性相互交融,既赋予行动的选择以某种不确定性,也为行动中出现意志软弱提供了现实的根据;唯有在现实之中包含不同可能及偶然性的前提下,从意向、观念活动到行动的最后落实这一过程中的各种变化(包括作为意志软弱表现形式的未能实施行动),才能实际地发生。可以看到,行动背景所蕴含的各种可能性及偶然性,构成了意志软弱(未能实施已决定之行动)的某种本体论前提。

意志软弱的实际存在,决定了对其无法加以回避。然而,为了达到不同的实践目标,往往又需要在正视意志软弱的同时,又努力克服其可能对实践过程带来消极作用。就其现实的形态而言,行动、实践过程包含"我思""我欲""我悦"。"我思"主要表现为行动主体的理性认知、评价和判断,"我欲"则与行动的选择、决定相联系,与之相关的"我悦"在实践的意义上首先在于情感的认同与接受,这种认同既非导源于外在强制,也非出于内在的勉强;既不同于对理性要求的被动服从,也有别于对意欲冲动的自发顺从。它以普遍的理、义为内容,又包含愉悦之情(悦我心)。当"我思""我欲""我悦"彼此统一时,理性的认知和评价与个体的意欲便开始融入具有乐感(愉悦感)的主体意识,二者之间的张力,也将由此得到某种化解。在此意义上,"我思""我欲""我悦"的统一,为克服以意欲压倒理性为形式的意志软弱，提供了某种内在的根据。意志软弱同时又以知与行的分离（知而不行）为形式，克服这一形态的意志软弱，则需要化口耳之知为身心之知。口耳之知主要停留于语义、观念之域，身心之知则融合于个体的整个存在，体现为身与心、知识与德性、能力与意向等的统一，化口耳之知为身心之知，意味着从言说、论辩等观念活动，转向身心统一的行动过程，由此沟通知与行，克服以知而不行为形式的意志软弱。

　　意志软弱对行动的影响，主要体现于行动发生和展开的内在过程。行动和实践的展开，同时有其更广意义上的现实背景，后者在"势"之中得到了具体的体现。中国哲学对"势"的考察，从不同方面展示了其作为实践背景的意义。在中国传统哲学的视域中，"势"首先与政治实践相联系，并表现为涉及不同政治地位的特定政治格局。在君臣关系构成政治结构的主导形式这一历史形态之下，如何使君主之"势"与君主之位保持在一个适当的层面之上，对于当时政治实践的有效展开至关重要。在突出君主之"势"的背后，是对政治实践具体背景和条件的关注。从更宽泛的层面看，与践行之"位"相涉的"势"，也内在于广义的社会生活，并同时与实践或行动的情境相联系，这种行动情境表现为特定的行动场域。要而言之，"势"呈现为综合形态的实践条件或实践背景，其中既涉及时间，也关乎空间；与行动相关的时间以历史条件为其具体内容，行动的空间则体现于社会结构和社会境域。

　　表现为实践背景和条件的"势"既非本然的存在，也不同于与人无涉的外在力量。无论是表现为社会政治结构中的态势，抑或以特定行动中的情境为形式；不管是体现于社会领域中不同事物之间的关联与互动，还是展现为历史变迁中的趋向，"势"的形成与作用，始终包含人的参与，其意义也形成于实践过程。"势"与人相互作用，以不同方式影响和制约着人的实践活动。一方面,"势"作为客观的背景,呈现为人无法左右的力量,此即所谓"势胜人";另一方面,人又可以以事成"势",乘"势"而为,依"势"制行(以"势"制约人的行动)。

"势"不仅构成了实践活动展开的现实背景,而且为实践活动的理解提供了具体的视域。实践活动与"势"的如上关联,使之无法离开审"时"度"势"。从宽泛的层面看,所谓审"时"度"势",也就是通过把握实践活动的综合背景,以引导实践过程。"势"既涉及特定的行动情景,也体现了现实存在的普遍内容;既基于当下或已然的存在形态,也展现了事物发展的未来趋向;既包含与行动直接相关的方面,也兼涉间接影响行动的因素;既内含必然之理,也渗入了各种形式的偶然性,由此展现为包含多重方面、具有综合性和系统性的现实形态。当我们从"势"的角度考察行动时,同时也意味着回到行动借以展开的现实场域。在这里,关注行动之"势"与面向实践的现实背景构成了同一过程的两个方面。

作为实践活动展开的现实背景,"势"首先涉及社会历史之域。以人与世界的互动为内容,实践活动在形而上的层面进一步表现为人与世界的互动,后者不仅涉及实然,而且关联可能及必然与偶然。与行动和实践相联系的可能、必然与偶然不同于人之外的本然趋向和规定,其存在意义无法与人的实践活动相分离。以人的行动为视域,本体论意义上的可能、必然与偶然分别呈现为"几""数""运"。与人的活动相关的这种"几""数""运",从不同的方面制约着行动和实践过程。

与事物发展的过程相联系,"几"首先表现为物、事演化的初始形态。从更为实质的本体论内涵看,这种存在方式同时关乎可能与现实的关系,以此为背景,"几"可以看作是可能向现实的最初转化或现实化的可能。事物所内含的可能在向现实转化之初固然不同于完成了的现实形态,但却以具体而微的形式,展示了事物的发展趋向,"几"正是作为可能向现实转化的初始形态或现实化的可能,与事物变化过程中的未来趋向形成了内在关联。从实践的层面看,重要的是"见几而作"。从积极的方面看,"见几而作"就在于通过人自身的努力,以推进具有正面价值意义的事物发展趋向。在消极的意义上,"见几而作"则在于防微杜渐,将负面及不利的价值趋向抑制在初起或萌芽状态。

相对于"几","数"既包含必然的趋向,又与一定的时空关系相涉,可以视为必然性在一定时空关系中的体现。"数"所内含的必然趋向与一定时空关系的交融,同时也使与之相关的必然性不同于逻辑意义上的必然。逻辑意义中的必然具有形式化的特点(不涉及实质的内容),此种形式化的规定使之超越特定的时空关系。相形之下,"数"体现的是物理世界中的必然趋向,关乎事物实质的衍化过程。然而,尽管"数"不同于逻辑的必然,但它并非不可把握。从实践的角度看,人可以"极数知来",后者意味着从本原的层面知"数"或明"数",由此预测未来。通过把握"数"以预知未来(极数知来),其实践意义首先在于为行动的选择提供根据。实践过程的展开既涉及理与道,也关乎事与物,前者主要表现为普遍的法则或普遍必然的趋向,后者则内在于一定的时空关系。作为必然性在一定时空关系中的体现,"数"既内含一般意义上的必然趋向,又关涉一定时空中的事与物,"数"的这一特点,使基于"数"的预见同时被赋予具体的内容,并由此对人的实践活动提供引导。

实践活动在现实的展开过程中既有相对确定的一面,也常常面临不确定性,后者在"运"或"时运"之中得到了具体的体现。与"数"的相对确定趋向不同,"运"或"时运"首先与偶然性相联系,它从不同方面影响、制约着实践过程。较之宽泛意义上的偶然性,"运"更直接地与人的活动相关,可以视为体现于人的存在过程及多样活动中的偶然性。相对于"数"所具有的稳定趋向,"运"更多地呈现可变性。这种变动不仅涉及"运"的形成或消失,而且关乎不同性质的"运"之间的转化。在实践过程中,"运"往往呈现为某种"变数",它作为非预期的因素而制约实践过程。如果仅仅着眼于必然趋向而忽略以"运"等形式表现出来的偶然因素,则一旦出现偶然的变数,便往往容易使行动陷于被动之境甚至导致失利。反之,如果充分考虑现实世界及实践过程本身之中可能发生的偶然因素,则可以为应对各种可能的变数预留充分的空间,从而始终保持人在实践过程中的主动性。这样,在实践过程中,既需要"见几而作""极数知来",也应当注重"运",并"慎处时运"。

人的实践过程不仅受到可能、必然、偶然等形上规定的制约,而且内含规范性。在实践的层面,规范性具体涉及做什么、如何做等问题,后者进而关联实践理性。作为理性在实践领域的体现,实践理性以如何按人的理想来改变存在为关切之点。与广义的实践过程相联系,实践理性通过不同于理论理性的方式,展示了人与世界的关系。在理论理性中,问题主要是人的认识如何合乎外部存在,包括如何正确地认识世界或如其所是地把握世界;在实践理性中,问题则更多地呈现为存在如何合乎人的理想和人的合理需要。存在之合乎人的理想和人的合理需要,意味着存在本身的某种改变,这种改变乃是通过人的行动过程和实践活动而实现的。以存在的改变为指向,实践理性所关注的,首先也是人的行动过程和实践活动:通过对行动和实践的引导和规范,使行动和实践所作用的对象合乎人的理想与人的合理需要,构成了实践理性的内在向度。

在形式的层面,实践理性主要表现为正当原则(the principle of rightness),其内涵在于合乎一定的价值原则或实践规范:行动和实践唯有与相关的价值原则或实践规范一致,才具有正当性。在实质的层面,价值理性则表现为有益原则或向善原则(the principle of goodness),其要义在于行动或实践过程合乎行动主体或实践主体的合理需要,这种需要的满足同时意味着价值(善)在实质意义上的实现。行动与实践过程同时涉及手段与方式,就行动和实践过程中的手段、方式而言,实践理性又具体展开为有效原则(the principle of effectiveness),其内在的要求在于合乎实然(事实)与必然(存在的法则):实践活动的有效展开,既基于事(实然),也依乎理(必然)。如果说,正当原则与向善原则主要从价值的形式之维与实质之维体现了理性与实践的关系,那么,有效原则更多地从手段、方式、程序上展示了理性的实践形态。在以上视域中,行动和实践的理性品格,主要便表现为行动和实践过程本身合乎社会规范、体现合理需要、依乎存在法则。以求其善为总的指向,正当原则、向善原则、有效原则彼此相关,从形式与实质的统一、正当与善的交融、目的与方式的互动等方面展示了实践理性的具体内涵。

在实践活动的展开过程中,实践理性渗入并引导着实践过程。以自然之域、社会体制、生活世界为实践活动的不同场域,实践活动呈现为多样的形态。涉及自然之域的实践过程,首先以有效地变革自然为目标;社会体制中展开的实践活动,以体制本身的有效运作及更广意义上社会理想的实现为指向;生活世界中的日用常行,则更多地关乎日常生活的和谐展开。以上活动的最终目的,都指向人的存在:以成功地改变对象为目标的主客体之间的互动(所谓目的性活动),旨在使对象合乎人的需要和理想;体制之域中的实践活动,目标在于通过体制的有效运作,为人的存在提供更好的社会空间;生活世界中主体间的交往,其作用之一则在于通过日常生活的和谐展开,为人与人之间的共在提供更好的背景。当然,存在领域与实践形态的以上区分同时又具有相对性,不同的实践领域以及实践活动固然呈现不同的特点,但并非彼此截然分离。

实践活动的展开同时涉及不同的关系。人与世界的互动首先表现为实践主体对实践对象的作用,与之相关的是主客体关系。以社会领域为背景,实践活动又伴随着实践主体之间的相互关联,后者具体表现为主体间关系。在实践过程中,主体不仅与客体和他人相涉,而且需要面对自我,由此进而发生主体与自我的关系。以上关系呈现多重形态,其交错、互动既构成了实践活动展开的前提,也赋予实践过程以现实的品格。从实践的层面看,主客体关系、主体间关系以及主体与自我的关系所涉及的是实践活动中的客观性、主体间性、主体性。就其现实性而言,实践过程的历史展开既需要对主客体关系、主体间关系以及主体与自我的关系加以适当定位,也离不开对蕴含于其中的客观性、主体性以及主体间性的现实确认。

以现实中的多重关系为具体背景,实践过程本身又面临理性化或合理性的问题。理性化或合理性包含不同内涵,它不仅可以从价值层面或工具(手段)的意义上加以理解,而且也可以从实践过程所涉及的不同关系加以考察。实践过程的合理性或理性化既涉及形式之维,也关乎实质的方面。从实质的层面看,理性化既与"理"相关,也与"情"相涉。在积极的意义上,实践活动的理性化表现为合"情"与合"理",这一论域中的"合"既意味着普遍之理(存在法则与社会规范)与具体情境的交融,也展现为形式层面的理性程序与实质层面的情感沟通、情感关切的统一。理性化的以上内涵与实践理性的原则具有内在的一致性:如果说,实践理性的正当原则主要表现为与"理"(作为当然之则的规范)相合、向善原则作为实质层面的价值取向内在地蕴含合乎"情"(体现价值取向的"人之情")的要求,那么,有效原则则既意味着合"理"(合乎作为必然的普遍法则),也趋向于合"情"(合乎体现实然的"物之情")。

从哲学的视域看,实践过程不仅涉及实践理性以及理性化的问题,而且与宽泛意义上的实践智慧相关。作为智慧的实践体现或智慧在实践之域的具体形态,实践智慧以观念的形式存在于人之中并作用于实践过程,其中既凝结着相应于价值取向的德性,又渗入了关于世界与人自身的知识经验,二者融合于人的现实能力,并呈现内在的规范意义。以成己与成物为指向,实践智慧融合了理论理性与实践理性,体现了说明世界与改变世界的统一。在制约和作用于实践的过程中,实践智慧既渗入了价值的关切,也包含着理性的判断。基于"度"的观念,实践智慧注重度量分界,并由此沟通普遍的理论引导与具体的情境分析。相应于德性与能力的统一,实践智慧以实践主体的存在为本体论前提,内在于实践主体并与主体同"在"。在行动与实践的历史展开中,实践智慧源于实践又制约实践,它在确认人因"行"而在、与"行"同在的同时,又引导实践过程趋向于广义的理性化。

第一章
实践哲学视域中的行动

从日常的生活空间,到经济、政治、文化等领域,行动发生并展开于人存在过程的各个方面。作为人存在的方式,行动本身应当如何理解?行动对世界和人呈现何种意义?当我们从实践哲学的层面考察行动时,以上问题无疑难以回避。

一 "是什么"与"做什么"

行动可以从广义与狭义二个方面加以理解。狭义的行动主要表现为个体的活动或行为,在分析哲学关于行动的理论(theory of action or philosophy of action)

中,行动主要便被理解为个体性的活动或行为;广义的行动则展开为多方面的社会实践,涉及以上所说的政治、经济、文化等领域。行动的以上二重形式并非互不相关:个体性的活动或行为往往内在于社会实践的过程,广义的社会实践则包含个体性的活动。

与人的存在过程的多方面性相联系,行动的现实形态也呈现多样性。首先是日常生活中的行动。作为人的生命生产与再生产的实现形式,日常生活构成了人存在的基本形态,这一领域的行动,一般以日用常行的方式表现出来。从家庭之中的饮食起居,到邻里间的往来;从传统社会中的洒扫应对,到现代社会中的休闲娱乐,日常的行动体现于不同的方面。

对人而言,生命的生产和再生产与生存资源的生产与再生产难以彼此分离,后者(生存资源的生产)涉及更广意义上的劳动过程。日常生活主要以人与人之间的交往为背景,并不以物的变革为直接的指向,劳动与生产活动则更直接地关乎物的变革;在生产和劳动的领域,人的行动既基于人与人之间的相互合作、协调,又以物为直接的作用对象。

生产与劳动作为行动的具体形态,属前文提及的社会实践。广而言之,以社会实践的形式呈现的行动同时展开于社会的不同方面。在经济领域,行动表现于投资、交易、管理等多重环节;在政治、法律领域,行动则与政治主张、法律规范等相联系,并以政党、政府、法律机构等组织与体制的存在为其背景。

相对于经济领域及政治、法律体制中的行动,科学、艺术等领域的活动更多体现了文化创造的品格。作为文化领域的活动,科学研究、艺术创造无疑都涉及观念之维,然而,它们并非仅仅囿于内在的意识之域,以科学而言,即使是理论科学,其活动也涉及科学共同体的交流、论辩,这种交流、论辩总是超乎个体的内在意识而表现为影响和作用于其他个体的行为。同样,艺术的创作也通过各种形式的艺术作品而形之于外,由此对社会产生不同的影响,在这方面,其创作过程也不同于纯粹的观念活动而表现为特定的行动。

科学领域的行动以真为指向,艺术的创作则关乎美,与真和美相联系的是善,后者在道德行为中得到了具体的体现。历史地看,西方哲学传统中的实践,中国古典哲学中的"行",往往首先涉及道德领域中的行为。就道德行为本身而言,其特点之一则在于既表现为个体性的行动,又包含社会实践的内涵。作为德性的外化,道德行为无疑体现了行动者的内在品格,然而,以成己与成人为价值目标,它同时又展现于现实的社会境域,并多方面地作用于社会共同体。

行动既以人为主体,又构成了人的基本存在方式。对人而言,"是什么"与"做什么"往往无法相分。所谓"是什么",既与类的层面人所达到的发展形态相联系,也涉及个体的存在。历史地看,在类的层面,"人"的存在形态总是相应于他们在不同历史时期的"行动"(实践)。运用工具进行的劳动,是人不同于动物的基本行动形式,正是这种特定的"行动",使人走出了自然,成为与自然既相关又相对的特定存在。不同的劳动方式以及与之相应的其他行动(实践),进一步将人在不同发展时期的存在形态区分开来。以石器为主要工具的生产活动,构成了原始时代人类的主要行动方式,这一时期的人类,则相应地处于近乎自然的存在形态。随着历史的演进,人的劳动方式以及其他的行动(实践)方式不断地发生变化,而人类自身的存在方式和存在形态也形成相应的改变。农耕或游牧这一类劳动(行动)方式,赋予人的存在以早期(前现代)的文明形态;基于近代工业的生产活动及与之相应的政治、文化行动,使人的日常存在与非日常存在形态都形成了与农耕时代不同的特点;当代信息技术的发展,则使人的存在方式和存在形态越来越打上信息时代的印记,如此等等。

从个体的视域看,其存在形态也与他们的行动方式相联系:人的存在通过他们的行动而得到具体体现。亚里士多德已有见于此,在谈到为何需要关注行动时,亚里士多德指出:行动"同时决定着行动所产生的品格之性质"①。换言之,人具有何种品格,与他从事何种行动难以分离。伽达默尔也注意到了这一点,在他看来,"人其实是通过他做什么和他怎样行动才成为这样一个已成为如此地、但也是正在如此地以一定方式去行动的人"②。宽泛而言,"是什么"涉及不同的层面,如前文所述,在最一般的意义上,"是什么"涉及人之为人(人不同于其他存在)的本质,与之相关的行动,首先体现为制造与运用工具等活动。"是什么"也关乎人的多样存在形态,这种不同的存在形态,往往通过特定的身份、角色而表现出来,后者并非仅仅由静态的社会关系所赋予,而是与多样的行动方式或行动过程相联系,并形成于这种行动过程。作为社会的存在,人总是包含经济、政治、文化、道德等不同的规定性,人本身则表现为相关领域中的主体。然而,这种存在规定之获得现实的品格,又离不开具体的行动过程:正是在从事经济活动的过程中,人成为经济领域的主体;在参与政治实践的过程中,人成为政治生活的主体;在按道德原则、道德理想而践行的过程中,人成为道德之域的主体。同样,在文化传统的认同和归属方面,个体也是在按一定的传统、习俗而行动的过程中,才作为相关文化共同体中的成员。广而言之,关于人,有理性的存在(理性的动物)、符号的存在(符号的动物)以及制造和运用工具的存在等不同的理解,这些理解从不同的层面确认了人之为人的规定性(制造和

---

① Aristotle, Nicomachean Ethics, 1103b30, *The Basic Works of Aristotle*, Random House, 1941, p. 953.

② 〔德〕伽达默尔:《真理与方法》上卷,洪汉鼎译,上海译文出版社,1999年,第401页。

运用工具涉及人的更内在、更本原的规定性),而人之作为理性的存在(理性的动物)、符号的存在(符号的动物)、制造和运用工具的存在,同样是通过以理性的方式或符号的形式展开的行动、制造和运用工具的活动而得到确证。不难看到,在人的存在过程中,"是什么"与"做什么"具有内在的一致性。

"做什么"与"是什么"之间以上的联系,不同于"以作用为性"。以作用为性中的"作用",更多地表现为缺乏内在根据的外在举动和现象,禅宗对"作用"的理解,便表现了这一点。朱熹曾对此提出了批评。《朱子语类》中有如下记载:"问:'圣门说知性,佛氏亦言知性,有以异乎?'先生笑曰:'也问得好。据公所见如何?试说看。'曰:'据友仁所见及佛氏之说者,此一性,在心所发为意,在目为见,在耳为闻,在口为议论,在手能持,在足运奔,所谓'知性'者,知此而已。'曰:'且据公所见而言。若如此见得,只是个无星之称,无寸之尺。若在圣门,则在心所发为意,须是诚始得;在目虽见,须是明始得;在耳虽闻,须是聪始得;在口谈论及在手在足之类,须是动之以礼始得。天生烝民,有物有则。如公所见及佛氏之说,只有物无则了,所以与圣门有差。况孟子所说知性者,乃是'物格'之谓。'"①见、闻,属感知活动,议论可归入言说行为,能持、运奔则与狭义的行动有更切近的关系。"性"所体现的是人的普遍本质,"则"(礼义等规范)可以视为这种本质的外在体现。佛教(主要是禅宗)以作用为性,意味着将人的一切活动(包括目之能见、耳之能闻的机体功能和所有外在、偶然

---

① (宋)朱熹:《朱子语类》卷一百二十六,《朱子全书》第18册,上海古籍出版社、安徽教育出版社,2002年,第3940页。又,临济宗的(义玄)慧照曾云:"心法无形,通贯十方,在眼曰见,在耳曰闻,在鼻嗅香,在口谈论,在手执捉,在足运奔。本是一精明,分为六和合。一心既无,随处解脱。"(《古尊宿语录》卷四,中华书局,1994年,第58页)其中即涉及朱熹所批评的"作用为性"观念。

之举)都与人之为人的本质(性)联系起来。如朱熹所说,这种看法蕴含着"有物无则",并将使行动偏离人之为人的内在规定。作为成就人(使人成为什么)的现实前提,"做什么"不同于疏离于人之性(本质)的偶然行为或举动:它与"是其所是"之"是"具有内在的联系。正是渗入与体现不同层面的普遍本质和内在规定,使行动获得了造就人(赋予人以类的普遍规定或一定领域中的存在品格、使之成为不同于其他对象的存在或一定领域中的主体)的力量。在这里,"是什么"与"做什么"进一步呈现了内在的相关性:人之达到何种存在形态(是什么),与人展开何种实践活动(做什么)相涉;人的存在形态(是什么)又制约着人进行怎样的行动(做什么)。历史地看,人的存在过程,同时也是"是什么"与"做什么"不断互动的过程。

  作为人存在的方式,人的行动与其他的存在形态一样,本质上表现为一个系统,其中各个环节都处于相互关联之中。在某些方面,动物的活动似乎也呈现与人的行动相近的特点,如其觅食、攻击其他动物或防范其他动物的攻击,等等,便涉及广义的知觉、意念活动。然而,从总体上看,动物的活动具有本能的性质,尽管它们在某些方面表现出近乎人的行动的特点,但其活动从根本上既无法摆脱本能的性质,也难以超越所属物种的限制:"动物只是按照它所属的那个种的尺度和需要来建造。"与之相对,人的行动在总体上展开为一个不同于本能活动的过程,并能"按照任何一个种的尺度来进行生产"[①],后者意味着摆脱物种的限制而具有自由创造的能力。无论是劳动过程,抑或日用常行,都是其走向自由的生活、实践系统的一个方面。正是与整个存在过程的这种关联性,使人的行动即使在日常的层面,

---

[①] 〔德〕马克思:《1844年经济学哲学手稿》,人民出版社,1985年,第53—54页。

也构成了其作为人的存在表征。

人作为现实的存在,不同于既成的对象,而具有生成的性质。从类的层面看,人之走出自然,成为自然的"他者",经历了一个漫长的历史过程,这一过程具体地展开为多方面的实践活动,其中既包括人与自然的互动,也涉及人与人之间的交往活动。就个体而言,当其刚刚来到这个世界之时,他在相当程度上还是一种自然意义上的存在,正是在实际地参与各种社会生活的过程中,个体才逐渐获得社会的品格,成为真正意义上的人,而参与实际的社会生活,则以从事多方面的行动为其题中之义。可以看到,人的现实性品格通过其生成过程而确立,而人的生成过程,则以人在不同历史层面展开的行动为其实质的内容。

二 何为行动

从人的存在境域看,"是什么"和"做什么"的相关性,同时使"何为人"与"何为行动"之间具有了内在的关联。作为人的存在方式,行动本身具有何种品格?这一问题进一步引向了对行动的具体理解。

行动展开于人与世界的关系,其内在的指向在于通过人与世界的互动,使人和世界发生一定的变化。这里所说的变化包含二重涵义:其一,行动作为特定的存在形态,其发生和展开本身也表现为广义存在的变化过程;其二,在作用于世界的过程中,行动同时使人和世界发生了不同形式的变化。在这里,"是什么"与"做什么"之间的相关性从更广的层面得到了展示:人的行动使人和世界发生某种变化,这种变化又进一步制约着人与世界的存在形态(成为什么)。换言之,人与世界之成为什么(发生什么变化),与人的行动(对世界与人自身的作用)无法分离。行动与世界的以上关联既使行动获得了现实的品格,又赋予它以深沉的本体论内涵和价值论意义。

以人和世界的变化为现实的指向,行动既不同于单一的意念活动,也有别于纯粹的身体移动,而是表现为身与心的互动。① 单纯的意念活动仅仅限于精神之域,对外部的存在没有发生实质的影响,从而不同于现实的行动。单一的身体移动可以有不同的情形。一种情形是肢体或身躯被强制性地移动,如在外力的强制之下从某一位置移向另一位置,此时身体虽然移动,但这种移动并非出于个体的意愿,而是外部力量使然。另一种情形是无意识活动,如无意中抬腿或伸臂、不经意间触碰某物,等等。在以上情形之下,身体的移动都没有意识的自觉或自主参与,从而不构成具有意向性的行动。行动过程中身与心的互动,可以通过按开关之例来说明。被按住手、强制地揿下开关,不是行动,因为此时有"身"(身体"被移动")而无"心"(内在的意向);"想"按开关而无相应的肢体活动,也不是行动,因为此时有"心"(内在的意向)而无"身"(肢体活动)。唯有既出于内在意向,又用手按下开关,才是行动,而这一过程便表现为身与心的统一。后期墨家在对人之"为"作界说时,曾指出:"志行,为也。"② 这里的"志"与动机、意向相关,"行"则是与身相涉的活动,对后期墨家而言,"志"与"行"合,才构成人的实际行为或行动("为")。这一看法无疑也已注意到行动过程中身与心的互动。

行动的意义往往超乎行动的主体,并具有不同层面的社会影响。以思想或观念而言,仅仅内在于主体意识过程中的思想或观念,不是行动,因为此时思想或观念并未超出个体及其意识之域。然而,将上

---

① 在中国哲学中,"身"的内涵有广义与狭义之分。广义上的"身"可指作为具体存在的个人,其中包含身与心的统一,如《大学》所说"修身",便涉及这一意义上的"身"。狭义上的"身"则指与"心"相对的躯体。这里所说的"身"是就狭义而言。

② 《墨辩·经说上》。

述思想或观念表达出来,并与他人交流、讨论,则是行动:后者超越了个体的意识之域,进入了人与人之间的理解、沟通过程,并构成了哈贝马斯所谓交往行动(communicative action)的一个方面。同样,以观念、思想影响社会,也是一种行动,通常所谓传播、宣传,即属于这一类行动。广而言之,在思想、观念的引导下展开对世界和人自身的多方面作用,并进一步化观念为现实,则在更内在、更实质的层面展开为行动过程。思想、观念与行动的以上关联,从一个方面体现了行动所具有的社会作用和社会意义。

行动既以身与心的统一为特点,又展示了现实的社会效应和意义。以多样的形式为具体的存在形态,行动同时包含普遍的规定。从行动的普遍性之维看,这里首先涉及行动的基本单位。什么是行动的基本单位?这一问题的实际内涵是:何为有意义的行动?作为一个过程,行动可以区分为不同的系统,其中复合性的行动系统往往包含着若干从属性的行动系统。行动的系统性,意味着行动的可分解性(复合的行动系统可分解为不同的子系统或亚系统)。然而,这种分解又总是有其限度:超过了一定限度,则有意义的行动便不复存在,或者说,"行动"便不再是本来意义上的行动。行动的基本单位,与行动的以上限度,具有内在的联系。

以上事实表明,行动的基本单位,与行动的意义无法分离。判断某一动作是否为行动,往往取决于这种动作是否呈现意义以及呈现何种意义。与行动相关的这种意义,首先与行动者的意向相联系:行动的意义同时为行动者本身所自觉意识。某些动作作为一种现象,也许具有特定意义,但若未为行动者所自觉意识,则不构成行动。例如,不经意间抬起手,如果没有意向的参与而仅仅表现为单纯的肢体活动,便不能被视为行动:尽管从生理学、心理学等角度考察,它或许也有某种意义,但这种生理学、心理学上的意义,主要呈现于外在的观察过程,这种观察层面的意义显然不同于行动的意义,因为它缺乏行动者意向的参与,未为行动者本身所自觉意识。然而,如果以举手来表达发言的意愿,则手的抬起或举起便是行动,因为此时手的抬起不仅呈现为一种意义的符号(与发言相联系)而且同时渗入了行动者的自觉意向(希望发言或要求发言)。这里同样涉及身与心等关系:"心"在此表现为内在的意欲(希望发言)以及信念(相信通过举手可以实现以上意欲),"身"则体现于举手的动作,"身"与"心"的如上统一,同时展现为一种具有符号意义的活动,在行动中这种意义又为行动者所自觉意识。要而言之,没有意义的动作,不构成行动;不具有符号形态的"意义"(单纯的内在观念),也不同于行动:作为意义表达形式的符号,总是有形之于外的一面,而单纯的意识活动则缺乏后一品格;同样,上述意义如果未为行动者所自觉意识,与之相涉的动作也无法被视为行动。

可以看到,行动的基本单位,也就是意义的基本单位。一定的活动或动作之成为行动,其前提在于它具有为行动者所自觉意识的意义。当然,意义的呈现,同时与一定的背景以及理解过程相联系,理解则进一步涉及不同的视域,与之相联系,一种行动,其意义往往包含多种可能的理解。不过,为特定的行动者所自觉意识到的意义,则具有相对确定的内涵。以按电灯的开关而言,从意义理解的层面看,这一活动可以被解释为"按开关""开灯""让房间变亮",等等,其中每一种陈述都有特定的意义。然而,具体的行动者在一定的时间、条件下所自觉意识到的意义又包含确定的内涵,与之相应,对他而言,这种行动也表现为特定的形态:他或者仅仅是按开关,或者操作开灯动作,或者实施让房间变亮的行动。就其包含意义并且这种意义又为行动者所自觉意识而言,这种活动无疑属行动,而它所包含的较广解释空间,则表明同一行动可以获得不同的理解。① 在这里,行动内含意义之维与行动意义的理解具有开放性,表现为相互关联的两个方面,而行动以意义为基本单位与行动意义本身的多样呈现则并行而不悖。

行动的基本单位具有相对独立的意义,这种意义使相关的活动获得行动的性质。然而,如前所述,行动同时又具有系统性,行动的基本单位总是归属于一定的行动系统,并构成其中的一个环节。从现实的形态看,行动大都以系统为其存在的具体形态,行动的基本单位唯有置于它所从属的系统中,才具有完整的意义。以前文提及的举手而言,作为以发言为意向的动作,它无疑构成了一种有意义的行动,然而,这种行动同时又处于更广的行动系统之中:举手发言作为一种有意义的行动,总是与课堂提问、学术会议或更广意义上的公共讨论等行动系统相联系,其具体的意义也唯有基于这些教学、学术、讨论活动,才能形成。进而言之,完整意义上的行动,往往包含不同的环节。以战斗中的射击而言,行动者的欲望是消灭敌人,这同时也构成了其行动的目的;选择适当的位置、对象,在最佳的时间扣动扳机,等等,构成了射击的方式;命中目标或偏离目标,则是其结果。以上几个方面,便构成了战斗中射击行动的相关环节,它们彼此联系,从另一方面赋予行动以综合的形态。这种行动不同于仅仅以扣动扳机为内容的单一性行动,它构成了战斗过程中射击的现实存在形态。可以看到,在逻辑的层面上,行动可以区分为单一的形态与综合的形态,在现实的层面或完整的意义上,行动则首先呈现综合性的特点。

当代的分析哲学曾对行动作了种种的考察,然而,从总体上看,其行动理论或行动哲学(the theory of action or the philosophy of ac-

---

① 戴维森将以上现象称之为对一件事情的不同描述。(参见戴维森:《行动、理由与原因》,载〔美〕戴维森:《真理、意义与方法——戴维森哲学文选》,牟博选编,商务印书馆,2008 年,第 388 页)从逻辑上看,不同描述的背后,便是不同的理解。

tion)关注的主要是具有单一性质的行动,如开枪、开灯、发动汽车,等等,对行动的理解,基本上也限于以上层面。对很多分析哲学的行动理论而言,以上层面的行动似乎便构成了一个完整的系统,他们的进一步讨论,常常主要涉及扣扳机与开枪或杀人的关系、按下开关与开灯的关系、旋转汽车钥匙与发动汽车的关系,等等,在这一类情形中,行动的完整系统都限于相对单一的动作。从这一层面讨论行动,固然有助于在微观的维度理解行动,但从人的实际存在过程看,以上行动已包含某种抽象(将某一行动从更广的行动系统中抽取出来),如果仅仅限于这一视域,无疑容易忽视行动的现实形态,并使相关的讨论流于空泛。以开枪而言,在其现实性上,它往往与狩猎、战斗、刺杀、行刑、射击比赛等行动过程相联系,其具体的意义,也唯有联系这样一些现实的行动系统才能加以把握。这里的意义并不仅仅涉及行动的社会效应,而是关乎行动本身的内在意蕴。离开更广的行动背景谈扣动扳机或开枪等活动,显然难以避免其抽象化。

三 行动的结构

作为具有综合性或系统性的现实存在形态,行动包含着内在的结构。从意欲到评价,从权衡到选择,从做出决定到付诸实施,等等,行动的结构体现于不同的方面。首先是行动意欲的形成。意欲的特点在于包含个体的内在要求,它既可呈现为当下的欲望,也可以表现为相对稳定的意向。当下的欲望通常指向特定时空中的某一对象,相对稳定的意向则以较长时期的目标为其内容。听了某人在学术会议上的发言后立即想表达自己的意见、走出办公室马上想吸烟,等等,这是当下的欲望;希望获得硕士或博士学位、想成为成功的企业家,则是一定时期中相对稳定的意向或具有未来指向的意愿。意欲的形成既与个体的人生经历、知识积累、价值取向等相联系,又涉及具体的存在境遇或情景。在学术会议中听了别人的发言后想发表自己的意见,首先以相关个体具有某种知识背景为前提:这种背景使之对发言人的观点产生了赞同或反对的看法,而特定的存在情景(学术会议),又使其提出自己的观点成为可能,相关的欲望(发表自己的意见)则由此而形成。同样,希望获得博士学位的意向,也既基于相关个体的教育背景、人生追求,又涉及特定的存在境遇(在一定社会环境中,具有博士学位可以为个体改变生存状况提供某种可能)。

这里可以对基于预见及推论的选择与意欲之间的关系作一分析。行动如果基于预见及推论,则这种行动首先便表现为对预见或推论结果的理性认定,例如,若是因为预见到某一行动将会成功而选择该行动,则这种选择的直接依据,即是理性的活动。同样,根据通常他人在某一情况之下会做某事,而自己目前所处情况与之完全类似,由此推出自己也应去做某事,这种行动的选择亦主要出于理性的推论。从直接的形态看,以上的行动选择显然有别于出于意欲的行动。然而,如果作进一步的考察,便不难注意到,即使在上述情形中,意欲在某种意义上仍渗入其间。对成功的预见之成为选择的依据,在逻辑上以成功的可欲性为前提;从相似情境推出应选择相同行动,则或者出于趋同、从众的意向,或者为了避免与众不同可能导致的各种负面评论,等等,这些意念活动中都内在地包含了意欲的内容。质言之,仅仅基于预见及推论的行动选择固然不同于出于意欲的行动,但这种纯粹的形态仅仅是逻辑的抽象,在现实过程中,难以将意欲完全从行动中加以排除。

意欲对行动的作用,往往通过动机而得到体现。这里涉及意欲与动机的关系。意欲可以转化动机,但并非一切意欲都会转化为动机。意欲能否转化为动机,与意欲本身的正当与否相联系,而意欲的正当与否,则关乎意欲的评价。这种评价,首先表现为意欲主体的自我反省:自我总是根据其接受、选择的价值原则或价值规范,对相关的意欲作出反思和评判,以确定其正当与否:合乎一定价值原则或价值规范,则被视为正当,与之不一致,则被视为不正当。所接受的价值原则或价值规范不同,则对意欲性质(正当与否)的判定也相应地有所不同:同一意欲,相对于不同的价值原则,往往呈现不同的性质。从意欲与行为动机的关系看,唯有意欲获得肯定的评价(被确认为正当),才能转化为影响行为的动机。在这里,需要区分意欲的形成与意欲的接受。意欲的形成常常不由自主,但这种意欲被接受为行为的动机,却离不开自我的评价。当然,这种评价不一定以明晰的方式展开,也不一定取得严密的逻辑推论形式,而往往以简缩的思维活动为其形态,表现为当下的、直觉性的反应,并蕴含于自我对意欲的认可、接受或抑制、拒斥过程中。

从逻辑上看,意欲自我评价时所参照的价值原则或价值规范并非仅仅限定于某一种,然而,对一定时空条件下的特定个体来说,其接受、肯定的原则却具有相对确定性。以"想吸烟"这一意欲而言,在逻辑的层面,其评价过程至少可能涉及两条价值原则:即健康的原则与快乐的原则。以健康的原则为评价标准,吸烟的意欲无疑不具有合理性(亦即缺乏价值层面上广义的正当性),但从快乐的原则出发,则吸烟又具有合理性或价值上的正当性,因为它的满足可以给相关个体带来当下的愉悦。当然,尽管在逻辑上存在以不同价值原则为评价标准的可能,但在以上情形中,当事者(相关背景下的行动主体)所确认的,往往是其中的某一条原则(健康的原则或快乐的原则),他对相关意欲(吸烟)的自我评价,也总是以所确认的这一原则为依据。

当代的行动理论对意欲或欲望也给予了相当的关注,然而,在肯定意欲可以引发行动的同时,其中的一些论者往往忽略了意欲的自我评价问题。行动如何发生？分析哲学系统中的行动理论常常以欲望(desire)加信念(belief)的模式加以解释：如果行动者形成了某种欲望，同时又相信通过某种行动可以使这种欲望得到满足，那么，他便会去实施以上行动。从解释的层面看，欲望与信念的结合构成了行动的理由；从过程的层面看，二者的融合则表现为行动的原因。在以上的行动解释模式中，欲望似乎直接或自发地成为行动的动因。这种看法，多少忽视了行动主体对欲望的自我反思和评价。这里可以对弗兰克福特(Harry G. Frankfurt)相关看法作一考察。弗兰克福特曾区分了初阶欲望(first-order desire)与二阶欲望(second-order desire)，前者即通常直接形成的某种欲望，后者则是想形成某种欲望的欲望。例如，毒品上瘾者有吸毒的欲望，这属于初阶欲望，试图形成不吸毒的欲望，这则属于二阶欲望，这种二阶欲望又被称为二阶意欲(second-order volitions)。从逻辑上看，二阶欲望或二阶意欲似乎也涉及对初阶欲望的再考虑，而且，弗兰克福特也肯定，在二阶欲望的形成中涉及人的反思性评价能力。然而，在以上区分中，直接相关的首先是不同层面欲望之间的关系(诸如以后继欲望抑制或取代先前欲望)。对弗兰克福特而言，尽管没有理性的生物不可能成为人，但人之为人的本质却不在于理性而在于意志，与之相联系，二阶意欲的形成主要也不是基于自觉的理性思虑。[①] 可以看到，在有关意欲的如上理解中，对意欲生成与抑制的关注，多少超过了对意欲的价值内涵及其意义的理性考虑，这种首先与欲望更替相涉的二阶意欲与理性对欲望本身之性质的反思，侧重显然有所不同。从根本上说，人的行动不同于动物性本能行为的重要之点，便在于人的欲望往往并不

[①] 参见 Harry G. Frankfurt, "Freedom of the Will and the Concept of a Person," in Harry G. Frankfurt, *The Importance of What We Care About*, Cambridge University Press. 1988, pp. 11-25。

是在未经评价的情况下直接进入动机的层面,略去对欲望的反思与评价,便很难真正将人的行动与动物的行为区分开来。

当然,意欲与动机的关系,往常常呈现复杂的形态。普遍的价值原则或行为准则在为个体所自觉接受后,经过知与行的长期过程,可以逐渐融合于个体的内在意识,成为类似"第二天性"的习惯性观念,由此出发的行动,也每每取得不思而为、不勉而行的形态。如对于现代社会中习惯于遵守交通规则的个体而言,按交通规则而行已经不须考虑:当他看到某种交通信号,便会自然地按相应的规则而行动,此时他似乎不仅无需化意欲为动机,而且动机本身也已隐而不显。然而,即使在这种情况下,意欲与动机也并没有离开理性的意识。这里的特点在于:基于习惯性的观念,理性的意识已直接渗入于动机,意欲、动机与理性的意识则相应地融合为一,从而,动机形成的当下性、直觉性趋向也得到了更突出的展现。

行动的动机内在地包含目的性之维,这种目的同时构成了行动所趋的目标或"先行"到来的行动终点,从而具有未来的指向。帕森斯已注意到这一点,在他看来,"'目的'这个概念总是包含着一个与未来有联系的内容,即与预期的事态联系着"①。目的的实现或目标的达到,意味着形成一定的结果,在行动发生之前,这种结果首先以可能的形态存在。行动可能导致的结果对人将具有何种意义?这里既涉及对行动结果的预见,也关乎对行动目标的权衡、选择。行动所形成的同一结果,往往呈现不同的意义,从价值的层面看,这种意义既可以呈现正面性质,又可以包含负面的性质。是否选择某种行动,以比较、权衡行动结果可能蕴含的不同意义为前提。如果存在不同

---

① 〔美〕帕森斯:《社会行动的结构》,张明德等译,译林出版社,2003年,第827页。

的意欲以及与之相关的动机,则进一步面临不同动机所关涉的不同行动结果,并相应地涉及对这些结果可能蕴含的诸种意义的比较、权衡。权衡的过程既关乎事实层面的认知(把握在一定的背景、条件之下行动可能产生的结果),也指向价值层面的评价(判定相关行动结果对行动者或社会可能具有的正面或负面意义)。后期墨家在对"权"作诠释时,曾指出:"权,非为是也,亦非为非也。权,正也。"① 这里所强调的是行动中的权衡与狭义认知过程中的"别是非"之异,按后期墨家的看法,作为行动的环节,"权"并非仅仅以认知意义上的辨是非为指向,而是首先关乎价值层面的正当性。尽管将权衡与辨是非分离开来有其问题,但其中也有见于行动过程中权衡的价值内蕴。

比较、权衡之后,是选择与决定。选择表示的是对动机以及动机所指向的行动结果的确认,决定则意味着从意欲和动机向行动过渡。这里需要对决定给予特别的关注:从行动的精神趋向看,作出决定表明终结了考虑、彷徨、犹豫;就行动的具体实施而言,决定则表现为行动的观念性启动。向行动迈出更实质性一步的是试图(trying)。试图既与行动的意向相联系,又不同于一般的意向。当一个人知道某事绝对不会成功时,他可能仍会有相关的意向,但却不会试图去做:对于这类事,即使有心为之,也只能停留于观念之域,而不会试图落实于行动。② 相对于观念层面的意欲,试图表现为一种行动的趋向。这

---

① 《墨辩·大取》。

② 在某些情况下,虽然各种事实都显示某种行为不大可能成功,但个体却仍不会放弃行动。如某人在患了不治之症之后,尽管按既有的医学发展水平,这种疾病基本上没有治愈的希望,但他本人及他的亲人都仍会四处寻医,不会轻易放弃。之所以如此,主要便在于患者和他的亲人都并不认为对该病的医治完全无望:出于强烈的求生愿望或基于对亲人的极度关爱,他们依然相信奇迹可能会出现。这种希望意识与知道某事绝对不会成功,显然有所不同,基于以上观念的行动取向,也相应地彼此各异。

一视域中的试图尽管不同于实际的行动,但较之单纯的打算(intend to)或决定,其行动的意向性更强,它在某种意义上可以视为从观念(打算、决定)到行动的一种过渡或中介。①

不过,决定和试图固然意味着由动机引向行动,但动机本身主要通过确认目的而为行动规定方向,亦即确定做什么,与之相关的尚有如何做的问题,后者所涉及的,也就是目的如何实现的问题。在单一性的行动中,做什么与如何做往往具有交错重合的特点,如在举手发言的行动中,以举手的方式表示发言的意向,便既涉及做什么,又展示了行动的方式(如何做)。然而,在综合性或系统性的行动中,情形常常显得较为复杂:确定做什么之后,如何实施这种已确定的行动,具体地涉及行动的方式、手段、程序、不同环节之间的关系,等等。如果说,"做什么"首先关乎价值的取向,那么,"如何做"则更多地涉及理性认知。作为行动结构中的两个方面,"做什么"与"如何做"的相互关联,同时体现了价值关切与理性认知之间的交融。

就行动过程而言,与价值取向相联系的意欲与动机,直接关涉行动的正当性问题。当然,如前所述,行动的这种正当性,又与一定的价值原则相联系:当意欲和动机合乎一定的价值原则时,便具有正当性,反之,则每每被赋予非正当的性质。相形之下,对如何做的理性考虑,则更多地指向行动的有效性(能否有效或成功地达到预期目

---

① 从广义的行动视域看,试图还具有另外的形式。首先是通过某种活动或步骤,来完成另一种行动,如试图通过开闸,以降低水库的水位;在没有桥的情况下,试图通过涉水,以渡过河流,等等,这种试图本身也是一种行动。(R. Stout 在 *Action* 中将 trying 基本上等同于这一类型。参见 R. Stout, *Action*, Acumen Publishing Limited, 2005, pp. 148-149)试图的另一形式表现为一种结果不确定的行动形态,如试图抓鱼池中某一条鱼,但是否能抓住却不确定(常常是试了数次之后才做到)。在以上两种试图中,前一种形式与后一种形式的区别在于:前者表现为更大系统中(降低水库的水位、过河)的一个环节,后者则是一种特殊的行动系统(即结果不确定的行动形态)。

的)。有关行动正当性与有效性的如上关系,在更本原的层面关乎行动过程中的目的与手段。对动机(欲"做什么")的价值评价所涉及的,实质上便是目的是否正当,关于"如何做"的思考,则以手段的有效性为主要关注之点。不难看到,在行动的过程中,价值理性与工具理性同样呈现出内在的相关性。

从意欲的形成、意欲通过评价而转化为动机,到作出决定,主要表现为观念之域的进展,作为改变世界和人自身的方式,行动总是超出观念之域,以不同的方式作用于外部对象和现实世界。在系统性的行动中,行动的展开首先涉及行动的目的与具体情境之间的关系。行动的具体情境可以为目的之实现准备条件,也可能未能提供这种条件,在后一种情形之下,便需要或者调整行动目标,或者根据现实呈现的可能,对条件本身作改变或创造新的条件。就更一般的层面而言,这里所关涉的是合目的性与合法则性的关系。基于意欲和动机,行动总是具有目的性,但另一方面,以现实世界为背景,行动又与实然与必然相联系,后者的实质内涵即合乎内在于现实世界的法则。行动的过程不断面临合目的与合法则性如何统一的问题。

同时,在非单一性(具有综合性)的行动中,行动者不仅面对外部对象,而且与其他的行动者发生各种联系,如何处理、协调这种关系,同样是行动过程无法回避的问题。不同的行动者往往具有不同的意向,其价值目标、取向也各有差异,通过对话、协商、沟通以避免意向、目标之间的冲突,是行动有效展开的前提之一。系统性或综合性的行动常常需要不同行动者之间的相互配合,包括形成行动过程中的某种默契,这里同样存在如何处理行动者之间关系的问题。如前所述,合目的性与合法则性关系的背后是主体(行动者)与对象的关系,处理以上关系的主要之点,在于达到主体目的与存在法则之间的统一。相形之下,行动者与其他行动者的关系则涉及主体间的互动,它所面对的问题首先是如何协调不同目的、不同意向之间的关系。要而言之,主体与对象的统一与主体间的统一,构成了行动过程的相关方面。

通过行动者与外部世界以及行动者之间的互动,行动最后将引向具体的结果。从过程的维度看,完整的行动总是包含一定的结果,这种结果往往伴随着世界与人自身的某种变化,从而呈现为具有现实性品格的形态。不过,结果的形成,并不意味着行动的结束。作为现实的形态,行动的结果对行动者以及更广之域的社会共同体具有特定的意义,这种意义需要通过广义的认识、反思而得到确认。行动者对行动结果的认识和反思,涉及意欲、动机与结果之间的比较,其中既包含事实层面的认知,也关乎价值层面的评价。这种认知与评价在确认相关行动意义的同时,也进一步制约着后继的行动过程。

可以看到,在非单一(综合)的形态下,行动呈现结构性。行动的结构既表现为不同环节、方面之间的逻辑关联,也展开于动态的过程。从动态之维看,行动的结构不仅体现于从意欲到评价,从权衡到选择、决定的观念活动,而且渗入于行动者与对象、行动者之间的关系,并以主体与对象、主体与主体(主体间)的互动与统一为形式。

四 意向性与规范性

以行动者为主体,行动自始便与意向相联系。事实上,从意欲、动机的形成,到主体与客体、主体之间的互动,都渗入了行动者的意向。行动区别于其他现象的内在特点之一,便在于包含意向性。另一方面,行动的发生又有其具体的社会历史背景,并受到社会体制、价值原则、行为规则等多重形式的制约,从而呈现规范性。意向性与规范性的交互作用,赋予行动以复杂的形态。

宽泛而言,意向性与意识的内容存在内在的关联。一方面,意识的具体形态和内容固然呈现多样性,但这些不同的形态和内容都包含意向性;另一方面,意向总是基于意识的内容,而非空泛的趋向。布伦坦诺在谈到意向性(intention)时已注意到这一点。在他看来,意向的特点在于"指涉内容(reference to content)、指向对象(direction to an object)",广而言之,"每一种精神现象都将某种东西作为对象包含于自身。在表述中,有某种东西被表述;在判断中,有某种东西被肯定或否定;在爱中,有被爱者;在恨中,有被恨者;在欲望中,有欲望指向的对象;如此等等"①。与意识内容及形态的多重性相联系,意向的表现形式也具有多样性。

与行动相联系的意向,首先涉及目的性。目的既内在于动机之中,又指向观念之外的对象。一般而言,意向本身具有某种指向性,以目的性为内容,意向的特点具体表现为:它总是以一定的目标为指向。从意向与行动的关系看,这种目的指向性使行动既不同于机械的力学运动,也区别于无意识或下意识的身体移动。意向在行动中的这种作用,同时使之区别于一般的事件。以射击而言,瞄准某一目标,并命中了该目标,这是渗入意向的行动,然而,如果瞄准某一目标而击中了另一目标,则情况便有所不同。就其具有命中某一目标的意向而言,它表现为一种行动,但就其击中另一目标而言,则它又不同于行动:在后一情况下,命中"另一"目标并不是行动者的意向,击中这一目标相应地也不能视为意向性行动的结果,而是表现为一种事件。这里无疑展现了行动的复杂性:同一现象,从一个方面(瞄准

---

① F. Brentano, *Psychology from an Empirical Standpoint*, Translated by C Rancurello, D. B. Terrell, and Linda. C. McAlister, Humanities Press, 1973, p. 88. 需要指出的是,布伦坦诺所说的意向性具有较为宽泛的涵义,行动中的意向则更具体地涉及与行动相关的目标、计划、过程,等等。

某一目标而射击)看是行动,从另一方面(所命中的是另一目标,这一目标并非意之所向)看,又不同于行动。形成以上差异的重要根源,便在于前者包含自觉的意向,后者则缺乏意向性的实质性参与。

从更广的层面上,可以对行动与行动所产生的结果作一区分。以上文提到的射击而言,瞄准某一目标,但未击中该目标,这是一种行动(就其没有实现预期目标而言,可以视为不成功的行动),击中另一目标,则是该行动产生的结果,这种结果如上所述,同时表现为一个事件。与之相关的行动有时涉及更为复杂的情形。在进行射击时,如果射击者一方面瞄准某一目标,另一方面估计自己有可能击中另一目标,而最后又确实击中了另外那个目标,那么,命中另一目标就不完全是非意向性的,这一现象也相应地并非完全表现为事件,而是具有行动的性质。向旷野随意发射一枪,正好击中奔跑着的某一动物,此种现象则包含二重意义:就其有意识地提枪、扣动扳机而言,这是行动;但从其非意向性地"击中"某一动物来看,又表现为一种事件。打猎时一边瞄准某一动物,一边思忖如能打中它旁边的另一动物也不错,结果另一动物真被击中,这一射击便是行动。在这里,行动与事件的区分,同样与是否有意向性的参与相联系。

在行动过程中,目的性与预期往往难以分离。目的以一定的目标为指向,相对于此,预期则更多地涉及未来:作为意向的具体形态,预期既包含着目的性追求,又渗入了对行动结果的推知。如前所述,意欲转化为动机,以意欲的评价为前提,而意欲的评价,又涉及相关意欲实现之后可能产生的结果,这种结果首先是通过预期而把握的。在行动的展开过程中,对结果的预期则进一步构成了引导性的意向。行动与期望的以上关联,使之区别于遭遇性的事件。以日常的行动而言,开车去上班,这是行动,其中包含着按制度的规定开始一天工作这一预期,这种预期同时表现为行动的意向;途中被撞,则是遭遇的事件,后者既非意欲的对象,也不属于预期的目标。不难看到,行动与遭遇的如上区分,主要便在于行动包含以预期为内容的意向性而遭遇则缺乏这种意向内容。

意向的更深层的特点,体现于明觉的意识。这里所说的明觉,是指意向不仅具有目标指向或未来指向,而且具有意向的行动者同时自知其有这种意向。自知有某种意向,不同于基于观察的对象意识,而是属广义的自我意识,它赋予行动过程中的意识以某种返身性的特点,从而区别于指向外在对象的意识现象。人在梦中往往也会有身体的活动,而且这种活动常常伴随着某种"意识"(梦本身也属广义的意识活动),然而,梦中的这种意识缺乏严格意义上的明觉形态,与之相联系的身体活动,也不同于包含意向性的行动。这种情况,类似于梦中说话:梦话也涉及语言,但这种言说同样不具有明觉形态的意向性,从而,梦话也不能简单地等同于言说行动(speech act)。当然,意向与明觉的关联,并不总是以显性的形式呈现,所谓自知其有意向,也并非如对象意识中的情形那样,表现为能知对所知的外在作用。从现实的形态看,并不是先有某种意向,尔后"我知道"我有这种意向。事实上,这里的自知与意向本身融合为一,明觉则同时构成了意向所具有的内在规定。

意向所具有的明觉性,具体地体现于行动过程的不同方面。从意欲的评价,到动机的形成,从"做什么"的确认,到"如何做"的谋划,行动者都处于明觉的意向形态。在系统性的行动过程中,这种明觉的意向具体地体现于反思、评价、权衡、选择、形成计划、贯彻计划等环节。对意欲的反思和评价、行动目标的权衡和选择、行动方式的确定,等等,更多地涉及观念之域,计划的贯彻、实行,则展开于主体与对象、主体与主体之间现实的互动过程。通过渗入于以上各个方面,意向同时以明觉的形态作用于行动过程。

当然,现实的行动形态往往表现为一个系统,其中包含不同的环节,行动与意向的关系,相应地表现出某种复杂性。在一个包含多重环节的行动过程中,一方面,行动的各个环节在总体上都围绕着整体的行动意向而展开,并受到其引导、制约;另一方面,其中的每一环节并非都以明觉的形式表现出特定的意向。以步行去学校而言,整个行程诚然具有总的意向(即走向学校),但这一行程又可以分解为很多步骤,在完整的行走过程中,并非每跨出一步都受总的意向(去学校)的制约。在内容无法机械预定的行动中,以上特点呈现得更为明显。如演员上台演戏,他或她对自己扮演何种角色具有明晰的意向,但这一角色具体如何表演,不同动作怎样一一展开,则并非自始至终都十分清楚;事实上,如果刻意地关注其间举手投足的每一细节,反倒会使表演过程显得生涩而不自然。类似的情况也存在于艺术家的创作、工匠的制作,等等。不难看到,在上述行动中,尽管总的过程具有明确的意向性,但并不是每一环节都以自觉的形态体现这种意向。

在行动的发生与展开过程中,意向往往呈现不同形式:它可以出现于行动之前,也可内在于行动之中。行动前的意向尚停留在观念的形态,随着行动的实际实施,行动前的意向开始化为行动中的意向,这既是意向的实现,也是意向对行动的渗入。当然,行动前的意向也可能因不同的原因而终止。以日常行为而言,打算坐公交车到某地,这是一种行动之前的意向,但如果计划乘坐的公交车因故一直不来,或者后来改变主意,决定放弃乘坐公交车而改用其他交通工具,那么,一开始形成的意向便难以化为行动中的意向。在某些情况下,可以越过行动前形成意向这一环节,而直接在行动中呈现意向的作用,通常带有随机性的行动,便具有这一特点。行动与意向的如上关系,体现了二者互动形式的多样性。

行动过程中的意向,每每包含理性的内容,某种举动之为行动,常常也与意向所内含的理性内容相联系。以弹钢琴而言,一个不懂如何弹钢琴的儿童在看到钢琴时,每每会去按琴键,并使之发出各种声响。尽管这一过程中也会出现各种音调,在某种情况下这种音调甚至可能会近似于乐曲,然而,我们却不能把儿童的这种活动理解为本来意义上的弹钢琴行动,因为在其活动过程中尽管包含意向性,但这种意向缺乏与演奏钢琴相关的内在意识,后者包括对乐谱、弹奏规则、琴键的不同功能等的了解。当然,从另一方面看,儿童的以上活动也包含某种自觉的意向:他可能将钢琴当作某种会发出声音的玩具来加以摆弄。就其有意识地将钢琴当作某种玩具来操作而言,其活动也可以视为一种涉及意向性的行动,但这种行动主要表现为操作玩具意义上的游戏活动,而不是演奏钢琴的行动。要而言之,在以上情形中,从游戏的角度看,其活动包含自觉的意向;从弹钢琴的视域看,则其活动又缺乏具有明觉性的意向。在这里,自觉的意向内容对行动的性质显然具有规定和制约的作用。

从更内在的层面看,在意向的作用过程中,理性之维与非理性之维往往呈现相互关联的形态。就其内涵而言,意向无疑同时包含非理性的方面,在欲望或意欲等形式中,意向便包含非理性的内容:欲求并非都基于理性的考虑。然而,如前所述,在行动的过程中,意向并不仅仅表现为非理性的意欲,与反思、权衡、选择等活动相联系,意向同时包含理性的内容,并常常表现为渗入理性的意识趋向。以愿意做某事(be willing to do something)而言,"愿意做"的前提,是对将要做或需要做之事的性质、可能产生的结果,等等,都已有所了解,并在此基础上作出自愿的选择。唯有对将要做或需要做之事已有所知,愿意与否的问题才会发生,同时,也唯有获得以上之知,愿意才具有实际的意义:对毫无所知的事,一般不存在愿意与否的问题。不难看到,在"愿意做"这种行动意向中,非理性的意欲与理性的认知呈现相互统一的形态。

从时间的向度看,意向的形成首先基于过去的存在境域。这种存在境域在广义上包括以往的生活经历、知识背景、价值观念,等等。已有的存在境域,往往制约着人的意向:具有不同生活经历、知识背景、价值观念的行动者,其意向(包括"做什么"的意愿与"如何做"的取向),每每呈现差异。然而,作为具有一定目的指向的意识,行动中的意向又总是涉及未来,无论以"做什么"为内容,抑或以"如何做"为表现形态,意向都具有未来的指向性。进而言之,作为行动的一个方面,意向同时内在于现实的行动过程,并体现于行动的不同环节;在行动的具体展开中,意向都具有当下呈现的形态。这样,在时间的维度上,意向便交织着过去、未来、现在(当下)等不同的形态,并表现为以上诸方面的统一。如果说,理性之维与非理性之维的统一从实质的方面展示了意向的内在特点,那么,过去、未来、现在的交融,则从时间的层面,表现了意向的过程性品格和现实性品格。

需要指出的是,行动的意向往往有不同的呈现形式:它可以取得专注的形态,也常常以非专注的形态呈现。在道德实践的领域,理想的行动方式是不思而为、不勉而行,由此达到从容中道。然而,不思不勉,并非超越意向,毋宁说,此时意向的呈现取得了非专注的形式,这种非专注的意向尽管不同于专注的意向,但在意识的层面依然具有指向性:它乃是以近乎自然的形式指向某一目标。广而言之,行动过程往往伴随着默会之知,这种默会之知同样可以视为非专注的意向:虽然它不以聚焦、专注的形式呈现,但作为内在于行动过程的意识活动,它同时以行动的适当展开为其指向。

作为使世界和人自身发生改变的过程,行动不仅包含意向性,而且始终受到规范的制约。规范在宽泛意义上包括体现价值原则的行为规则、技术性的规程,等等,其作用首先表现在为行动的评价、引导等提供普遍的准则。如前所述,行动过程内含意向,就行动的意向而言,其最初的形态常常表现为意欲,而对意欲的评价,便涉及规范:意欲之被肯定、接受为动机,以合乎基于一定价值原则的规范为前提。

行动意欲的评价,主要体现于观念之域。在行动的展开过程中,规范主要通过引导、约束或限定来对其加以调节。从作用的方式看,规范呈现多样的形态。作为当然之则,规范以"应当"或"应该"为其内涵,后者既关乎"做什么",也涉及"如何做"。在"应当"或"应该"的形式下,二者都具有引导的意义:"做什么"主要从行动的目标或方向上指引人,"如何做"则更多地从行为方式上加以引导。与引导相反而相成的是限定或限制。引导是从正面告诉人们"应该"做什么或"应该"如何做,限定或限制则从反面规定"不应该"做某事或"不应该"以某种方式去做。行动过程中的规范制约,使之避免了自发性而获得了自觉的品格。

规范既与"做什么"及"如何做"相关,也与"成就什么"或"成为什么"相联系,道德、政治、法律、科学等领域的规范,往往都呈现以上双重作用。在道德领域,道德的规范既制约着人的行为,又要求人们按道德原则自我塑造,以成为有德性的人格。在政治、法律领域,规范不仅规定着人们的行为,而且也要求人们成为具有政治、法律意识及相应品格和能力的存在,亚里士多德所谓"政治动物"以及现代语境中的守法公民,在不同的意义上蕴含了以上内涵。同样,科学的规范也既规定和约束着科学领域的行为,又引导从事相关活动的人成为科学共同体的合格成员。

在具有系统性或综合性的行动中,行动的规范性同时体现于行动与计划的关联。一般而言,行动的计划包含行动的目标、行动的程序、行动的方式,等等,它构成了行动的综合性指南。在行动过程中,计划从总的方面引导着行动的各个环节,并使之始终指向预定的目标,最终达到相关的结果。行动完成之后,计划往往构成了对这种行动加以评价的依据之一:判断行动是否达到预期的目标,常常便依据其是否实现以及在何种程度上实现预定的计划,所谓"预期",在这里即以计划为其具体内容。不难注意到,从行动目标的确立,到行动结果的评价,行动的计划在整个行动过程中展示了其具体的规范意义,而行动与计划的关联,则既在较广的意义上,也从较为内在的层面体现了行动的规范性。

  从现实的行动过程看,规范与行动之间的关系常常呈现较为复杂的形态。这里可以首先区分行动与规范关联的三种形式:其一,行动者根据对规范的理解,自觉地按规范行动,这种行动具有自觉的品格,但不一定完美:仅仅根据某种规范行动,一开始可能带有生涩或生硬的特点,在初学某种技艺时,常可看到这种情形。其二,行动者对规范并无自觉意识,但其行动却恰好合乎规范。其三,通过反复践行,行动者对规范逐渐了然于心,按规范而行也变得近乎习惯,此时行动已超越了最初的生涩或生硬,呈现不思不勉、从容中矩(规范)的形态。在外在形式上,后两种行动形态具有某种相似:二者都不同于有意或刻意地遵循规范。但在实质的层面,基于反复践行的不思不勉、从容中矩与碰巧合乎规范有着根本的区别:前者既以长期、反复的实践过程为前提,又未离开对规范的自觉把握,所谓不思不勉,并非与理性的思考完全无涉,而是规范意识已凝化为内在的心理定势,从而无需勉力思虑;后者则处于自发、偶然之域。作为长期践行的结果,从最初自觉地有意为之,到不思不勉、从容中矩,常常伴随着实践的肯定与否定:行动如果合乎规范,则能够获得社会的认可并达到实践的成功,反之则将受到社会与实践本身的双重否定(社会不予接纳、实践本身归于失败)。唯有通过实践过程中多重方面的交互作用,规范意识向内在心理定势的凝化才成为可能。就行动过程而言,第一种行动情形具有初始性和过渡性,第二种情形则往往出于运气,具有某种偶然性。理想的行动过程在于扬弃以上两种形态,走向并达到第三种行动之境。

与具体的规范相联系的是广义的规范性意识。规范性的意识往往与规范性概念或语言的引用相联系,其作用在于使一定背景中的义务具体化和明确化。以劳动过程而言,"进入建筑工地应该戴安全帽",这是生产领域的规范,"我应该戴安全帽,因为我已进入建筑工地",这里渗入的则是个体的规范意识。在此,前一"应该"与后一"应该"具有不同涵义:"进入建筑工地应该戴安全帽"这一要求中的"应该"固然具有规范意义,但它所体现的主要是普遍的、一般的义务;"我应该戴安全帽,因为我已进入建筑工地",其中的"应该"则使普遍的、一般的义务取得了具体而明确的形态:无论是义务所指向的对象,还是提出义务的背景,在此都超越了一般的形态而被具体化了。行动过程的展开,往往伴随着从一般规范到个体规范意识的转化。

通过规范性概念与个体规范意识的结合而使义务具体化,这一过程在现实的层面涉及具体的实践情境:义务的具体化,乃是以实践关系、实践背景的具体化为其现实根据。然而,一些哲学家对此往往缺乏充分的关注。在当代哲学中,布兰顿对行动的规范性给予了较多的考察,但这种考察主要又着眼于语言的层面。在他看来,行动关乎规范性表述,后者又以明晰化为指向:"规范性词汇(包括爱好的表达)使对于实践推论的实质规定(material proprieties)的赞成(或赋予、承认)变得明晰。"[①]这里所说的赞成、承认,以义务的承诺为主要

---

① Robert B. Brandom, *Articulating Reason: An Introduction to Inferentialism*, Harvard University Press, 2000, p.89.

内容。从主导的方面看,在突出规范性的同时,布兰顿又着重从语用学层面强调:规范性表述的意义在于义务承诺的明晰化。按其实质,规范的明晰性以实践背景及实践过程的具体性为其本体论的根据,然而,布兰顿的以上看法却多少将实践背景及实践过程的具体性还原为语用学意义上的明晰性。尽管他也提及实践推论的"实质"之维,但逻辑地看,承诺的明晰化主要与语义理解及行动主体的自觉意识相联系,将规范性表述或具有规范意义的概念之引用归诸于承诺的明晰化,似乎仍限于语言及观念之域,而未能对实际的行动背景给予必要的确认。

作为具有社会性的活动,按规范而行动呈现形之于外的特点,而非仅仅囿于行动主体的内在意识。维特根斯坦曾对"认为自己在遵守规则"与实际地遵守规则作了区分:"因此,'遵守规则'也是一种实践。而认为自己在遵守规则并不就是遵守规则。"[①]这里无疑注意到遵循规则并非单纯地表现为个体的自我意识或自我认定,而是需要由实践过程来确证。然而,维特根斯坦由此进而将遵循规则与内在的意识、精神过程(mental process)加以分离,否定遵循规则的行动中包含意识的自觉参与。在他看来,"当我遵守规则时,我并不选择","我盲目地遵守规则"[②]。"盲目地遵守规则"而"不选择"与不思不勉、从容中矩的行为方式不同:如前所述,不思不勉、从容中矩是经过自觉而又不限于自觉,"盲目地遵守规则"而"不选择",则尚未经过这样一个自觉的过程,它在实质上很难与基于运气的偶然、自发之行区分开来。事实上,遵循规范的意识与实际地遵循规范并非截

---

① 〔奥〕维特根斯坦:《哲学研究》§202,李步楼译,商务印书馆,1996年,第121页。

② 〔奥〕维特根斯坦:《哲学研究》§219,李步楼译,商务印书馆,1996年,第128页。

然对立。是否遵循规范固然不能仅仅依据行动者的自我认定,而应以他所实际从事的行动来判断,但对自觉的行动而言,实际地遵循规范亦以对规范有所知并具有遵循规范的意识为前提,否则,合乎规则就可能仅仅成为基于运气的偶然、自发之行,对此,维特根斯坦似乎未能给予必要的关注。这里显然同时应当对实践规范的明晰(explicit)形式与以蕴含(implicit)形式加以区分:规范既可以通过明晰的方式表达,也往往蕴含于行动过程,并通过实际地"做"(行动)来显示。与以上区分相联系,从规范与行动主体的关系看,实际地遵循规范固然不能等同于以明晰的方式自认为遵循规范,但如果这种遵循规范的行动有别于基于运气的偶然之行或自发之行,那么,它便意味着行动主体在行动过程中以默会的方式确认了对规范的遵循。

要而言之,行动既内含意向性,又具有规范性。作为行动的两重维度,意向性与规范性本身呈现内在的关联。就意向而言,其作用和活动往往受到规范的制约:如前所述,从意欲的评价以及行动目标的权衡、选择、决定,到行动过程的调节,意向的作用都与规范的引导、限定相联系。另一方面,规范的作用过程,每每渗入了意向活动:规范对行动过程的制约,常常通过行动者的意向活动而实现,即使在计划对行动的引导中,也处处渗入了意向(包括按计划而行这一行动意向)的作用。当然,如上所述,在具体的行动过程中,意向的这种作用既可以取得明晰的形式,也往往以蕴含或默会的方式展开。意向与规范的内在关联,同时体现于规范的内化过程之中。通过社会的教育、引导与个体的接受、领会、认同的互动以及个体自身的反复践行,普遍的规范每每逐渐内化于个体意识,并成为个体观念世界的内在构成,作为观念活动表现形式之一的意向的活动,也相应地内含着融合于个体观念世界的规范内容。在意向与规范的如上交融中,意向与行动之间的相关性也得到了更内在的体现。

从行动过程看,意向性通常与行动的启动、行动保持动态的过程等相联系,从意欲、动机对行动的激发,到贯彻和完成计划的意向对行动的持续推动,等等,都体现了这一点。就此而言,意向性无疑呈现出动力因的特点。相对而言,规范主要从普遍的形式层面为行动的正当性与有效性提供担保,从规范对"做什么"的引导,到规范对"如何做"的规定,都展示了以上趋向。事实上,广义的规范性总是呈现形式化的内涵。规范的这一特点,使之更多地与形式因相关。意向性与规范性的以上品格,使二者在行动过程中的关联更内在地体现于形式因与动力因之间的互动。如果说,意向性为行动提供了某种动力机制,那么,规范性则首先从形式的维度赋予行动以自觉的性质。从哲学史看,休谟比较多地侧重意向(包括情感、意欲)对行动的推动意义,康德则更多地强调普遍之则对行动的制约;前者在关注行动之动力因的同时,往往忽视了其形式因,后者则在某种意义上将形式因视为动力因①,从而或多或少在实质的层面消解了动力因。对行动过程中形式因与动力因的以上理解显然各有所偏。就行动的现实形态而言,意向性所蕴含的动力因与规范性所体现的形式因具有内在的统一性。

就行动者与行动的关系而言,意向性与规范性可以视为更广意义上的行动意识(consciousness of action)的不同方面。作为行动的观念背景,行动意识既涉及知道什么(knowing that)、知道如何(know-

---

① 18世纪的英国哲学家托马斯·里德(Thomas Reid)曾主张"把行为原则理解为激发我们去行动的东西"(〔英〕托马斯·里德:《论人的行动能力》,丁三东译,浙江大学出版社,2011年,第95页)。这一看法在某种意义上似乎也以形式因(行为原则)为动力因(激发行动)。当然,里德作为苏格兰常识学派的代表人物之一,其哲学立场与康德注重先天形式的先验哲学存在重要差异,而且,他对行动之动力的理解也包含多方面性,但其以上看法却多少表现出赋予形式因以动力意义的趋向。这里可以看到哲学家对行动理解的多重品格及其复杂性。

ing how),也与想要做或愿意做(want to, be willing to)的意向相关。知道什么属事实的认知,这种认知具有描述意义;知道如何关乎行动的方式,与之相关的知识具有规范意义。但仅仅具有以上二重意识,并不能担保行动的发生,如前文所论,行动的发生同时离不开以意欲、意愿等形式表现出来的意向。关于事实之知(knowledge of that or knowing that)与关于如何做之知(knowledge of how or knowing how)都属宽泛之域的知识:前者是命题性知识,后者则是非命题性知识,而以意欲、意愿等形式表现出来的意向则不同于知识。在哲学史上,以上二者(广义的知识与以意欲、意愿等形式表现出来的意向)常常被视为彼此相分的两种观念形态,休谟哲学便明显地表现出这一趋向。然而,从现实的行动过程看,广义的知识(包括规范性知识)与意欲、意愿等意向并非截然相分:事实上,在行动意识中,关于行动背景之知(knowledge of that),关于行动方式之知(knowledge of how)与行动的意欲、动机、趋向(intention to do)总是相互交融。尽管以上诸方面不一定以十分完备、十分自觉的形态内在于主体之中,但在从事行动之前,行动者总是在一定的程度上已形成由上述内容构成的行动意识。作为综合性的观念形态,行动意识既是行动发生的内在前提,又呈现为意向性与规范性互动的现实背景。

五 习行、习性与存在境域

意向性与规范性在行动过程中的统一,乃是通过行动主体而实现。行动发生并展开于世界之中,同时又以行动者为其现实的主体。从现实的作用看,行动既改变世界,又改变人自身。作为行动主体,行动者与行动之间存在双重关系:他既是行动所以可能的前提,又是行动的目的,此所谓目的,主要便体现在行动同时以人(行动者)自身的改变与提升为指向。

从行动者的维度看,行动的过程涉及习行与习性的关系。习行可以视为取得习惯形态的行动,包括日用常行,习性则表现为行动者内在的心理结构和趋向,包括日常的价值取向、思维定势、情意表达,等等,它形成于习行的过程,又反过来制约着人的习行。布迪厄(又译"布尔迪厄")已注意到习性与行为的联系,按其理解,"习性是持久的、可转换的潜在行为倾向系统"①。作为行动者内在的心理结构和趋向,习性对日常的行动往往形成了某种定向的作用,所谓"潜在行为倾向系统",似亦有见于此。

不过,以日常习行为本原,习性往往具有某种自发的特点,所谓"日用而不知"。它固然构成了"潜在行为倾向系统",但往往缺乏自觉的品格,后者决定了行动无法仅仅以此为根据。然而,对这一点,布迪厄(布尔迪厄)似乎未能给予充分的关注,在他看来,人的行动主要基于后天获得的习性,这种习性使人具有某种行为倾向,并在一定的情境下自发地趋向于选择某种行动:"习性是持久的、可转换的潜在行为倾向系统,是一些有结构的结构,倾向于作为促结构化的结构发挥作用,也就是说作为实践活动和表象的生成和组织原则起作用,而由其生成和组织的实践活动和表象活动能够客观地适应自身的意图,而不用设定有意识的目的和特地掌握达到这些目的所必需的程序,故这些实践和表象活动是客观地得到'调节'并'合乎规则',而不是服从某些规则的结果,也正因为如此,它们是集体地协调一致,却又不是乐队指挥的组织作用的产物。"②根据以上理解,则习性主要便通过转化为行动者的内在结构而自发地起作用。这里固然涉及

---

① 〔法〕布迪厄:《实践感》,蒋梓骅译,译林出版社,2003 年,第 80 页。
② 同上书,第 80—81 页。

合乎规则的问题,但在出乎习性的背景下,行动者与规则的一致,并不是有意而为之。事实上,布迪厄(布尔迪厄)一再将基于习性与出于有意识的意图区分开来:"我提出的行为理论(附带习性概念)就是说大多数人类行为完全是以意图以外的东西为原则,也就是说,后天获得的性情倾向,性情倾向使得行为可能而且应该被理解为倾向于这个或那个目标,然而,人们并不提出,行为曾经以有意识地瞄准这一目标作为原则。"①在行动的领域,固然可以经过行动的反复以及意识的沉淀,形成某种行动定势,由此达到不思而为、不勉而中,然而,这种行动的趋向与自觉的选择行动的目标与方式并非彼此隔绝。在涉及非单一的、复杂的行动系统时,情况尤其是如此。布迪厄(布尔迪厄)将与习性相关的行动趋向与有意识的自觉选择分离开来,似乎容易导致以出于习性消解有意识的意图、动机。对行动的以上理解,显然未能把握其真实的过程。

就其现实的形态而言,行动既受到习性的制约,也关乎自觉的意识,二者的统一,涉及中国哲学所讨论的本体,后者同时表现为行动更深层的内在根据。这里的"本体"首先与"工夫"相对。以王阳明的哲学系统而言,其中的本体与工夫之辩和良知与致良知、知与行之辩具有内在的相通性,这一论域中的工夫,也相应地涉及广义的行动,与之相关的本体,则表现为某种精神形态。以意识的综合统一为存在形态,本体的精神形态或精神本体首先呈现心理的性质;从思维趋向,到德性品格,都不难看到这一点。心学将本体与"心"联系起来,已有见于此。然而,不能由此将精神本体归结为纯粹的心理结构。与普遍的概念形式及规范的内化相应,精神本体同时又超越特定的心理规定,包含宽泛意义上的逻辑或准逻辑之维。事实上,精神

---

① 〔法〕布尔迪厄:《实践理性》,谭立德译,三联书店,2007年,第161页。

的结构在凝化之后,其间的关系、联结便具有稳定的性质,从而获得了某种逻辑的意义。① 以心理与逻辑的统一为现实形态,精神本体既不同于单纯的个体心理结构或抽象的逻辑形式,也有别于自发的习性。凝结了自觉的意识内容而又包含普遍形式的这种精神本体,往往以不同的形式制约着人的行动。从行动的取向(包括对象的选择、目的之确立,等等),到行动的方式,都内含着精神本体的作用。正是通过对行动的引导、规定,精神本体具体地展现为行动的内在根据。

具有综合性或系统性的行动,常常表现为一个连续的过程:行动的结构性,同时以动态的方式展开,而动态的结构则以连续性为其形态。从行动意向(意欲、动机、意图等)的形成到提出计划,从实施计划到评价计划实施(行动)的结果,展开为一个连续的、统一的过程。就时间之维而言,行动的过程性往往展现为目的、手段、结果之间的动态关联。帕森斯曾指出,行动具有时间性,其体现形式之一是:目的先于"采用手段","采用手段"又先于结果。②行动在时间中展开的这种连续性、统一性,在逻辑上以行动者的连续性为其前提。行动者的连续性,具体地表现为个体在时间中的绵延同一:唯有行动者在时间的绵延中依然保持其自身的同一,行动者所从事的行动才可能呈现连续的品格。行动者与行动的以上关系,从动态的层面展示了行动者对于行动的主导性。

以行动者为主体,行动的过程同时涉及行动者之间的关系。首先是行动者彼此之间的理解。理解所侧重的是观念层面的沟通,包

---

① 参见杨国荣:《成己与成物——意义世界的生成》第二章,人民出版社,2010年;北京大学出版社,2011年。
② 〔美〕帕森斯:《社会行动的结构》,张明德等译,译林出版社,2003年,第827页。

括一般价值取向上的大体一致,对行动意义的某种共识,在行动程序上的一致看法,对行动结果的共同预期,等等。这种理解和沟通不仅仅以自觉的形式呈现,而且每每表现为内在的默会。行动者在观念层面的上述理解与沟通,是行动有效展开的基本前提之一。与行动者之间的理解相联系的,是行动者在行动过程中的相互协调与呼应。相对于理解过程之侧重于观念的沟通,行动的协调与呼应更多地涉及行动者在行动过程中的配合,包括行动中彼此达成的某种默契。观念层面的沟通与行动中的配合,从不同方面表现了行动者的互动对行动展开的内在意义。

行动在使世界发生变化的同时,也使人自身发生了改变。这种变化既涉及人性能力,也关乎人性境界。宽泛意义上的能力首先是指人在广义的知、行过程中所展示的现实力量,它体现于成己与成物的各个方面,表现为人把握和变革世界、把握和变革人自身的不同功能和作用。人的这种能力不同于外在的形式,它始终与人同在并融入人的整个存在形态,从而构成了具有本体论意义的规定。以"人性"规定人的这种能力,既在于它体现了人的本质力量,也以其所内含的本体论性质为根据。作为人的本质力量的体现,上述能力同时构成了行动所以可能的内在条件:行动的有效展开离不开行动主体所具有的内在能力,行动的过程则相应的可以视为人运用自身能力的过程。① 进而言之,通过具体地运用于行动过程,人的能力本身不仅得到了确证,而且使自身的进一步发展获得了现实的前提。在这里,人的行动与人的能力之间呈现某种互动性:行动的展开以行动能力的获得为前提,行动能力的形成和发展则基于行动过程的展开。

---

① 托马斯·里德(Thomas Reid)曾对行动与能力的关系做了具体考察,并注意到了行动与能力运用的相关性:"我们把行动能力的运用称作行为。"([英]托马斯·里德:《论人的行动能力》,丁三东译,浙江大学出版社,2011年,第9页)

与人性能力相关的是人性境界或广义的精神世界,后者同样有其多样的表现形态。在人的在世过程中,精神世界的具体内涵既相应于人的现实存在形态,也对人展示了不同的存在意义。以存在意义的自我反思为视角,境界或精神世界的核心,集中体现于理想的追求与使命的意识。理想的追求以"人可以期望什么"或"人应当期望什么"为指向,使命的意识则展开为"人应当承担什么"的追问,二者与"人为何而在"的自我反思紧密联系,体现了对人自身存在意义的内在关切。① 以理想追求与使命意识为实质内容,人性境界既通过影响价值目标和价值方向的选择而引导、制约着广义的行动过程,又随着这一过程的展开而不断使自身得到提升。从更广的视域看,人性能力与人性境界不仅以不同的形式与行动过程彼此互动,而且自身在行动的展开过程中相互融合。基于人性能力与人性境界的如上统一,人自身也逐渐展现为既包含内在德性又具有现实创造力量的行动主体,行动与行动者的内在关联,则由此得到了更为深沉的体现。

---

① 参见杨国荣:《成己与成物——意义世界的生成》,人民出版社,2010年;北京大学出版社,2011年。

第二章
理由、原因与行动

作为人的存在方式,行动既有其理由(reason),又关乎原因(cause)。从具体的机制看,行动的理由与行动的原因所涉及的,是行动的根据与行动的动因。理由为行动提供了根据,也使行动的理解成为可能。在现实的形态上,理由表现为一种系统,并关联着内在与外在、现实与可能等不同的方面。以个体意愿与理性认知的互动为背景,理由同时关联着自觉和自愿等不同的行动形态。通过化为内在动机,理由进一步进入因果之域。行动不仅涉及理解与解释,而且关乎规范与引导,后者意味着不能将行动的原因仅仅限定在逻辑层面的理由,而应对其作更广意义上的考察。在这里,形式与实质、逻辑关系与现实背景之间呈现了内在的统一,而理由、原因与行动的相关性则由此得到了具体的展现。

一 理由与行动

理由包含多重内涵。从理由与行动的关系看,理由可以视为行动的根据:所谓有理由做或有理由去行动,也就是有根据做或有根据去行动。在这一论域中,理由首先与行动的可理解性相联系:没有理由的举动,往往无法理解。为了阅读或查找资料而从书架上抽取某一本书,这是有理由的行动,因为它具有明确的目的指向。将书从书架上拿下后放上,放上后又拿下,不断重复这些活动而又没有任何目的,这也许可以视为某种神经质的举动,但却无法归为出于理由的行动。在此,目的以及它所体现的方向性构成了理由的具体内容,有目的的活动表现为有理由的行动,其过程具有可理解性;无目的的活动则呈现为无理由的举动,其过程往往难以理解。从以上关系看,理由与行动者或行动主体有着更切近的关系,无理由意味着从行为主体的层面看,其举动无缘无故,不可捉摸:它既无法思议,也难以理喻。这一意义上的无理由,具有非理性的特点,而理由作为行动的根据,则赋予行动以理性的、自觉的品格。①

在行动的视域中,理由的另一内涵涉及权利。就理由与行动者的关系而言,有理由做某事,意味着行动者有权利做某事。当然,理

---

① 帕菲特(D. Parfit)在考察理由时,将理由与理性联系起来,认为在信念是真的前提下,如果我们去做具有好的理由加以实施的事(doing what we have good reason to do),则我们的行动就是理性的(参见 D. Parfit, *On What Matters*, Oxford University Press, 2011)。尽管关于何为好的理由、如何判断好的理由需要作进一步讨论,但肯定出于理由的行动选择体现了理性的特点,则有见于行动的理由与行动的理性品格之间的相关性。

由与权利并不重合,这里需要区分正当的理由与非正当的理由。一般说来,在现实的生活中,唯有具有正当性的行动理由,才可能具体表现为某种权利。行动在某些场合具有"理直气壮"的特点,这里的"理直",便既以理由的正当性为根据,又基于理由之合乎行动者的权利。在最基本的层面,理由的正当性体现于合乎法律与道德规范。从日常的活动看,在法律与道德所容许的范围之内,个体选择做此事而非其他事,其中的理由便既涉及各种理性的考虑及个体的兴趣,又以具有上述意义上的正当性为前提,后者同时与其所拥有的权利相联系,正是这种体现正当理由的权利,使行动者在面临某种不合理的外在干预时,可以依然"理直气壮"地坚持其行动。在很多情况下,"你有什么理由这样做"的追问,其实际内涵也就是"你有什么权利这样做"。作为现代生命伦理学讨论的重要论题之一的安乐死,其选择与实施便关乎以上问题:在有无理由选择与实施安乐死的背后,更为实质的问题是特定的个体有无权利选择和实施与终结生命相关的行动。

权利在逻辑上与责任具有相关性,理由与权利的联系,使之同时关涉责任。人所面临的实践生活包含多样性,行动选择的依据也往往不同,当行动与义务的履行相关联时,其理由便涉及责任。对一个教师而言,根据课程的安排到校上课,是其日常的行动,而这种行动的理由,便以责任为实质的内容:作为教师,他有责任在承担课程的情况下按相关要求到校上课。在以上关系中,责任的内涵可表述为"这是你的分内之事"或"你应该这样做",以否定的方式表示,则是:"你没有理由不这样去做。"在这里,责任构成了行动的具体理由:有理由去做意味着有责任去做。

不难看到,在以上论域中,理由既与权利相关,又与责任相涉,但二者的侧重有所不同。比较而言,责任首先关乎普遍规范或原则对行动者(个体)的要求,与之相关的理由,也更多地与后文将讨论的外在理由或理由的外在性相关;权利则既基于普遍规范,又较多地体现了行动者的内在意愿,与之相涉的理由则相应地更易于引向后文将讨论的内在理由或理由的内在性。

当然,这里同时需要对"应当做"与"有理由做"加以区分:有责任做意味着应当做,在此意义上,"应当"可以成为行动的"理由",但"理由"却并不等值于"应当"。以日常生活而言,极度饥饿可以成为偷取食物的"理由",但这不等于当事人"应当"去偷取食物。拉兹曾认为,"'x 应当做 Φ'这种形式的陈述在逻辑上等值于'对 x 来说,有理由做 Φ'这一形式的陈述"①。这一看法注意到了"应当"与理由的相关性,不过,认为二者"等值",则容易使"理由"等值于"应当",从而忽视二者的区分。以上情况也表明,关于行动、理由、应当(责任)之间的关系,不宜限于逻辑层面纯粹形式的考察,而应联系实际情境加以分析。

如前所述,与可理解性相联系的行动理由,赋予行动以理性的品格,后者同时表现为广义的合理性。相形之下,以权利和责任为内容的行动理由,则更多地关乎正当性,在基于责任的行动理由中,这种正当性得到了更切近的体现:责任所指向的是当然,而正当则表现为合乎当然。如果说,可理解意义上的合理性首先涉及逻辑之域,那么,权利和责任层面的正当性则更多地与价值之域相联系。相应于此,以理由为根据,行动既体现了理性的自觉,又被赋予价值意义上的正当性。

进而言之,价值的确认或价值的判断本身也可以构成行动的理

---

① 〔英〕拉兹:《实践理性与规范》,朱学平译,中国法制出版社,2011 年,第 20 页。

由。在价值的层面,"好的"或"善的"(good)同时蕴含着"应当"(ought to),当我们判断某事具有正面的价值意义("好的"或"善的")时,同时便确认了该事值得做或应当做。拉兹曾指出:"只有当某种行动能够(或可能)导致或有助于导致有益(good)的结果,或者,该行动能改变或可能有助于改变有害(bad)的结果时,人才有理由实施这一行动。在这一意义上,价值'支配'理由(values 'control' reasons)。"①这一看法在某种意义上也注意到了价值判断(确认何者有益、何者有害)与行动之间的关系。当然,这里需要区分逻辑的蕴涵与价值的蕴涵。逻辑首先体现于形式之域,以逻辑的推理过程而言,逻辑的蕴含首先涉及前件与后件之间的推论关系:在"如果 p,则 q"的推论中,p 与 q 作为前件与后件,便包含逻辑的蕴涵关系,这种关系具有形式的意义。价值的蕴涵则关乎实质的价值关系,并基于人应当追求和实现对人具有正面或积极意义的价值这一基本原理。逻辑的蕴涵关系内含"必然"(前件真则后件必然真),价值的蕴涵则以"当然"为内容:"善"(正面或积极的价值)蕴含"当然"(应当)。从行动的维度看,价值的蕴涵,同时赋予价值的判断以理由的意义:一旦确认某事为"善"或"好",则这种确认便为行动提供了理由。换言之,相关之事的价值性质("善"或"好"),从价值关系上规定了行动者"应当"选择和做此事。事实上,价值蕴涵与行动理由之间的关系,在逻辑蕴涵中也以另一种形式得到了体现:从"如果 p,则 q"的推论过程看,前件 p 便同时表现为推论的理由。尽管逻辑推论中的理由与行动的理由具有不同的内涵,但在蕴涵关系涉及理由这一点上,二者又呈现某种相通性。可以看到,作为行动的理由,价值判断或价值

---

① J. Raz, *Engaging Reason: On the Theory of Value and Action*, Oxford University Press, 1999, p. 47.

确认具有二重性。一方面,它展示了与权利和责任的相关性:基于权利或责任的理由与价值判断所蕴含的理由在体现价值关系上,无疑具有一致性;另一方面,它所内含的蕴涵关系,又赋予它以某种逻辑的意义。

从具体的形态看,行动理由呈现多样性。以行动的目标为指向,理由往往关涉"为什么"的问题。在主体选择的层面上,"为什么"首先与目的相联系。以日常生活中的散步而言,"为什么每天散步"?回答如果是"为了健身",则"健身"便构成了"散步"这一行动的理由。这里的"健身"表现为目的,以"健身"为散步的理由,则意味着将理由的内容理解为目的。与漫无目的的举动不同,有目的蕴含着理性的自觉,就此而言,目的关乎可理解意义上的合乎理性。同时,目的有正当与不正当之别,从这方面看,它又涉及价值层面的合理性。目的所具有的以上特点,同时也赋予目的层面的理由以二重性。

目的更多地与主体的观念相关,行动的理由则不限于主体的观念之域。在很多背景下,行动的选择往往关乎外在的规则与事实。以学校教育中的考试而言,在规定的考试时间已到的情况下,监考教师便会收卷。收卷是一种特定的行动,其理由则涉及两个方面,即一定的规则与相关的事实。考试必须在一定的时间中进行,不能超出规定的时间,这是规则;规定的时间已到,这是事实。在此,监考教师实施收卷这一行动的理由便既依据规则(考试必须在一定的时间中进行,不能超出规定的时间)又基于事实(规定的时间已到)。这里的规则以当然为内容,其中包含有关权利(如学生有权利在规定的时间内答题)与责任(如监考教师有责任在考试的终点已到时收卷)的规定;事实则表现为实然。作为理由的一个方面,事实构成了重要的因素:监考中的收卷,不能仅仅以主观上"相信"时间已到为依据,而应参照现实的形态(如走时准确的钟表所表示的时间)。仅仅依据主观上的相信,往往会发生错误(如实际上时间尚未到,却以为时间已到),从而无法成为合理的行动理由。

广而言之,上文提及的价值判断之蕴含理由,也以价值判断本身合乎现实关系为前提。价值判断作为评价活动,构成了广义认识过程的一个方面:按其本来形态,认识过程在广义上既涉及认知,也包括评价。作为认识过程的一个方面,价值判断也关乎真实性问题。就行动与理由的关系而言,这里涉及价值判断、真实性、行动理由之间的关系:从价值判断中引出"应当",以这种判断体现真实的价值关系为前提。尽管一定社会或个体所确认的价值原则及其价值需要存在差异,从而价值判断也具有相对性,然而,某种行为是否合乎一定的价值原则以及相关主体的价值需要,这则涉及真实与否的问题。在此,"善"与"真"呈现了内在的相关性:唯有真实的"善"(基于真实价值关系的"善"),才可能蕴含"应当",并进一步为行动提供理由。"善"与"真"的如上关联,既体现了当然与实然的联系,也表明行动过程中规范性与事实性之间存在难以分离的一面。

就规则、事实与行动理由的关系而言,规则相对于个体而言具有外在的性质。从行动者自身方面看,行动的理由往往又与自我的身份认同相联系。现实情境中的行为选择,往往基于这种身份认同。以传统社会中的父慈子孝而言,"慈"和"孝"以关切和敬重为实质的内容,后者乃是通过个体的行动而体现出来,而这种行动又以"父"或"子"的身份认同为前提。当然,"慈"和"孝"的行动以什么样的具体形态表现出来,则又取决于特定的情境,这种情境所涉及的是多样的事实。例如,在严寒的季节中,关切的行动一般便体现为如何使相关对象处于温暖之境而非为其降温。此时,何以送暖或保温,便不仅关乎一定的社会角色以及相关的义务(父、子等身份规定了相应的责任),而且也与特定的事实(天寒)相联系。综合起来,在以上背景中,行动选择的理由既以身份认同为前提,又本于一定的事实。从更广的视域看,日常生活中的行动,常常同时涉及身份认同与相关事实背景。在球类比赛中,不同的观众每每会因为不同的球队进球而欢呼喝彩,这种欢呼或喝彩行动,便以身份认同与具体事实为理由:为什么看到某一球队进球就欢呼喝彩?这一行动一方面与身份认同相关(欢呼者认同自身为该队的球迷),另一方面又关乎事实(该队此时进球)。

理由作为行动的根据,涉及广义的"应该"(ought to),事实则表现为"是"(is),事实与理由的关联,从一个方面表明,"是"与"应该"之间并非完全悬隔。① 不过,就行动的过程而言,单纯的事实并不构成理由,事实唯有与行动过程的其他方面相联系,才能进入理由之域。在行动基于外在的规则与事实的情况下,事实之构成理由的要素,以它与规则的关联为前提。在前述事例中,"考试时间已到"这一事实之成为收卷这一行动的理由,便是建立在它与考试规则的联系之上。同样,某一球队进球这一事实之构成特定观众欢呼喝彩的理由,也关联着事实之外的因素:只有在欢呼者认同自身为该队球迷的情况下,以上事实才构成其欢呼的理由。规则与认同蕴含外在与内

---

① 当然,这里需要对工具理性意义上的"应该"与价值理性意义上的"应该"作一分疏。工具理性意义上的"应该"更多地与狭义上的认知相涉,价值理性意义上的"应该",则关乎评价层面的意义。"如果你想抢劫银行,那就应该拥有枪支",这里的"应该",是工具理性意义上的应该,它所体现的是一定目的(抢劫银行)与手段(有效实现相关目的的条件)之间的认知关系。"如果你要做一个守法公民,就应该打消抢劫银行的念头。"这里的"应该",是价值理性意义上的"应该",它涉及的是对目的本身之价值意义的评价(抢劫银行悖离了守法公民应遵循的基本要求)。由此作进一步考察,可以对道德上的"应该"与非道德的"应该"作一区分。"做一个诚实的人",这一要求既可以为个体选择说真话提供理由,也意味着做出此选择的行动主体"应该"说真话。这里的"应该"具有道德的涵义。反之,一个以欺诈为业的团伙也可以要求其成员对人说谎时"应该"编造得更让人信服,在这里,欺诈成为编造谎言的理由,而与之相关的"应该"则具有非道德或反道德的意义。

在之别,二者与事实的结合,既从不同的方面表现了事实融入理由的不同形式,也具体地展示了行动理由的多样内容。

行动的理论通常以欲望与信念的统一作为行动的理由,按照这一理解,如果行动者形成某种欲望,并相信某一相关事物可以满足这种欲望,则他便具有实施某种行动(亦即通过作用于相关事物来满足已有欲望)的理由。然而,信念固然可以构成行动理由的一个方面,但它本身又有是否合乎事实的问题。唯有在信念合乎事实的条件下,与之相联系的行动才能获得理性的形式。在前文所提及的监考之例中,与事实不合的信念(对时间的错误认定),便无法构成合理的行动(终止考试)理由。广而言之,行动之有理由在某种情况下并不意味着行动之合乎理性,有理由与理性化之间的这种张力,往往形成于信念与事实之间的距离。以日常活动而言,如果一个人产生了喝酒的欲望,并相信桌上的一瓶工业用化学液体是某种"白酒",那么,他便会去饮用这瓶化学液体。从欲望与信念的统一这一行动解释模式看,他的行动无疑是有理由的:在具有喝酒欲望、同时又相信桌上的液体是白酒的情况下,饮用这种液体无疑属于有理由的行动。但是,由于其信念(以工业用化学液体为白酒)不合乎事实,这种行动(喝工业用化学液体)显然很难视为理性的行动。这一情形既进一步体现了理由与事实的关系,也涉及理由本身的合理性问题,而合理的理由则离不开对事物的真实把握。

以上现象同时从一个方面表明:具有理由与合乎理性并不完全重合。进一步看,如后文将讨论的,普遍的原则也往往为行动提供了理由:如果行动者根据其所接受或认同的价值原则或规范作出某种选择,则这种选择无疑也有其理由。然而,尽管这种理由在可理解的意义上也涉及理性,但从评价之维看,并非所有的价值规范和原则都在价值的层面合乎理性。就终极的意义而言,唯有与人类走向自由的历史进程相一致的价值原则,才真正具有价值层面的合理性。法西斯主义者、恐怖主义者的行动选择,无疑也以其信奉的价值原则为行动的理由,然而,从根本上说,其接受的价值原则与上述历史趋向彼此背离,从而,这种原则也缺乏价值层面的合理性。不难注意到,在这里,具有理由显然并不意味着合乎价值层面的理性。正如信念与事实之间的距离常常导致有理由与理性化之间的张力一样,价值原则与价值理性之间的冲突也每每引发有理由与价值的合理性之间的不一致。从理论上看,以上现象的存在,与广义认识过程中认知与评价之分,存在着逻辑的联系:有理由体现了认知意义上的合乎理性(可理解性),但并不一定担保评价意义上合乎理性(价值的正当性)。

就其现实的形态而言,行动并不具有单一的形式,而是展开为一种相互关联的系统。在不同行动的相互联系中,一种行动往往可以成为另一种行动的理由。栽下树,这是一种行动,这一行动本身又构成了浇水等后续行动的直接理由。同样,到商店挑选所需要的商品,这也是一种行动,这一行动同时又成为走出商店之前付款的理由,而付款是另一种行动。不过,需要注意的是,以上两种行动之间的关联具有不同的性质。栽树与后续的浇水等行动之间的联系,基于自然的属性和法则(树木在种植之后需要水分),在商店选择商品后付款,则以社会领域的体制性事实为背景(根据市场经济与商业交易的规则,选定的商品只有在付款之后才能作为已购之物带出商店)。与之相联系,在以上情形中,前一种行动之成为后一种行动的理由,也分别地涉及自然的法则与社会的准则。当然,作为理由,二者又包含相通之点,这种相通性主要表现在,前一种行动之成为后一种行动的理由,以行动者的内在承诺为前提:在栽树的事例中,只有当行动主体在种下树木的同时承诺让所种之树得以存活,栽树的行动才成为后继浇水等行动的理由；在选购商品的情形中，唯有行动主体承诺按商品经济中的社会准则行事，选择商品这一行动才会成为付款的理由（商场的偷窃者一般便缺乏这种承诺，从而，他之选择商品这一行动，也不构成付款这一后续行动的理由）。以上承诺常常并不是以显性或自觉的方式作出，而是更多地取得隐含的形式。在这里，一种行动之成为另一种行动的理由既基于自然的法则与社会的准则，又与行动者的内在承诺相联系。

抽象地看，以上视域中行动之间的理由关联，似乎可能引向层层地回溯：某一行动在为后继行动提供理由的同时，本身又以另一行动为理由，如此可以不断上溯。然而，就现实的形态而言，社会领域中不同的事物之间固然存在历史的联系，这种联系也体现于前后相继的行动之间，从而，某一行动，确乎可以追溯其先行的根源，但行动同时又总是发生于特定的背景之下，后者以综合的形态构成了行动的具体根源：历史的因素本身也通过渗入于其中而起作用。与之相联系，当我们考察某一特定行动的理由时，往往无需不断地向前追溯，而可以主要基于行动发生时综合性的背景。就形而上的视域而言，前后相继的行动之间的关系既有内在性，又具有外在性，关系的内在性要求我们关注行动间的历史联系，关系的外在性则使我们可以从现实的背景出发考察行动。同时，从行动与行动者的关系看，行动往往又以行动者为直接的根源，各种历史的关联，常常凝聚于行动者之中，由行动者引发的行动，也相应地源于行动者的现实存在。以上事实表明，行动之间的理由关联，并不意味着引向无穷的后退。

作为行动的现实根据，理由并非仅仅以单一的形态呈现，而是展开为一个结构，其中既包含事实以及对事实的认知，也涵摄人的意向、目的。前文所提及的目的之维以及事实与规范、自我的身份认同与事实之间的联系，自然法则、社会准则与内在承诺之间的互融，已从不同方面表明了行动理由的系统性和结构性特点。上述方面在现实的行动过程中往往呈现更广的相关性。以出门带伞而言,带伞的理由(为什么带伞)便涉及多重方面。从事实的层面看,"带伞"这一行动可能是基于天正在下雨,从行为者(行为主体)的视域看,之所以带伞则一方面基于某种认识(确信天在下雨或天将下雨),另一方面又出于某种意向或意欲(不希望被雨淋湿)。仅仅出现某种事实(如天下雨),并不构成行动(如带伞)的理由;单纯的认识(如确信天在下雨或天将下雨)或意向(如不希望被雨淋湿),也难以成为实施某种行动的理由。唯有一方面在事实层面上出现了"天下雨"这一类情形,另一方面行动者又具有"天在下雨或天将下雨"的确信,并同时形成"不想被淋湿"的意向,带伞这一行动的理由才会具体地构成。在这里,理由包括事实(如"天下雨")、认识("确信天下雨")、意欲或意向("不想被淋湿")等多重因素,这些因素相互联系,呈现为统一的结构。① 此处需要区分具有现实根据的理由与缺乏这种根据的理由。从逻辑上看,非基于事实的信念和意欲也可以成为行动的理由,如虽然事实上没有下雨或不会下雨,却"认为"天在下雨或"相信"将要下雨,同时又不想被淋湿,这些信念和欲望也可构成带伞(行动)的理由。分析哲学对行动理由的考察,往往比较多地涉及这一层面的理由。然而,就其内在性质而言,事实之外的理由通常尚未建立在现实的根据之上,从而不同于具有现实根据的理由。缺乏现实根据的理由与具有现实根据的理由,赋予行动以不同的性质:前者往往使行动具有某种无效性或不合理性。以前面的例子而言,在事实上没有下雨或不会下雨的情况下,仅仅基于"相信"天在下雨或"认为"将要

---

① 如前所述,行动理论每每以欲望(desire)加信念(belief)为行动的理由,对行动理由的这种理解,也在某种意义上涉及了理由的结构性。

下雨以及不想被淋湿的欲望而带伞,其结果是徒然带上伞(所带之伞派不上遮雨的用场),这一行动(带伞)相应地在无实际作用(徒然)的意义上呈现无效性。在前述监考的情形中,实际时间尚未到,而"认为"时间已到,并据此收卷,这种行动同样缺乏现实根据,并在另一重意义上呈现不合理性。

理由既具有结构性,又涉及时间性。前文已提及,就理由与行动的关系而言,其意义首先在于为行动提供根据。作为行动的根据,理由不仅基于世界和人的当下存在形态,而且关乎其未来的发展。行动的理性品格,在于其理由不只是考虑当下的情形,而是同时兼顾未来:一个理性的行动者,不能以满足目前或当下的欲望为行动的理由而完全无视这种行动在未来可能带来的危害。如果一个人明知某种行动(如吸毒)可能对其未来的身心健康造成严重后果,但依然以当下的欲望为选择那种行动的理由,则这种行动的理由便具有非理性的性质。这里既涉及行动的意欲与行动的结果之间的关系,也关乎时间之维(当下观念与未来事实之间的关系),二者从不同方面展现了行动理由的具体内涵。

与时间性相联系,行动的理由同时具有生成的品格。在宽泛的意义上,行动的理由既与一定的情景相关,又涉及行动者对具体情境的认识以及行动者的内在意欲和意向。行动的具体情境与主体的意欲和意向都非一成不变,而是处于动态之中,从而,与之相关的行动理由也具有可变性、生成性:某种情境与主体的认识、意向相互交融而为行动提供理由,这一类现象往往发生于具体的生活与实践过程。事实上,从更广的层面看,个体的言与行在其展开的过程中,本身也可以为行动的理由提供前提。以人与人之间的交往而言,当个体向他人作出了某种承诺之后,这一承诺往往便构成了进一步行动的理由:在作出承诺之后,就"有理由"(应当)去履行承诺(做所承诺之事)。作出承诺不同于前文提及的隐性承诺,而是一种自觉的、显性的语言行动,这里既体现了语言行动与实践活动的相关性,也从一个方面具体表明,行动的理由常常生成于行动者自身的活动。

二 行动的多重向度

作为影响行动的具体因素,理由同时涉及内在与外在、现实与可能等不同的方面,并与个体的意欲、理性的认知相关联,后者进一步赋予行动以自觉、自愿等形态。在个体意欲、理性认知与内在动机的互动中,理由在行动中的意义得到了更内在的体现。

从现实的过程看,理由对行动的影响,每每通过某些中介而实现,其中,动机是一个不可忽视的因素。这里需要对理由与动机的关系作一分疏。以理由与动机的关系为视域,理由本身可以进一步从内在与外在两个方面加以考察。宽泛而言,理由的内在之维主要与个体的意欲、要求相联系,其外在之维则涉及外部的事实(包括社会的体制)、一般的原则、规范,等等。当个体形成了某种意欲(如去海边休假)之后,这种意欲常常便从内在的方面为行动(如安排或准备相应的旅行计划)提供了理由。尽管如后文将要讨论的,具有某种行动理由,并不意味着实际地实施这种行动,但从逻辑上看,意欲无疑为行动的理由提供了内在的依据。同样,外部事实也每每从一个方面为行动提供理由,如前文所提及的,在日常生活中,"下雨"这一事实常常构成了带伞的外部理由。进而言之,社会领域的一般原则、规范也可以成为个体行动的理由,如交通规则,便构成了人们在行路、驾驶时选择某种方式(如穿马路时走斑马线、见红灯停车,等等)的理由,这里的理由同时表现为行动的根据。相对于个体的意愿,外部事实与一般的原则、规范存在于个体之外,作为行动的理由或根据,它们也呈现外在的性质。当然,如前文已论及、后文将进一步讨论的,仅仅具有外在理由的并不必然导向行动,然而,基于外部事实或一般规范的理由确实又从外在的方面为行为提供了根据。

相对于理由,动机可以视为行动更直接的动因。作为引发行动的内在动因,动机包含多重方面。首先是目的。在理由的层面,目的主要通过赋予行动以方向性和自觉性而使之获得可理解的品格,在动机的层面,目的则更直接地呈现价值的内涵:动机是否正当,主要取决于动机内含的目的及其性质。动机同时又与反思相联系,动机所涉及的反思不同于对象性的思虑而具有反身性的特点,其作用主要体现于对意欲的自我评判和取舍。以反思为内在环节,意欲在融入动机之时,总是经过了某种"过滤",正是反思渗入并融合于动机,使动机区别于单纯的欲望而取得了自觉的形态。动机的另一重要方面是意向,动机中的意欲本身即包含意向性;在动机之中,意欲与意向相互交融,从而使动机本身既具有指向性,又推动着主体走向行动。可以看到,以目的、反思与意欲—意向的相互关联为现实内容,动机构成了引发行动的内在动力,并为行动的展开提供了具体的引导。

就理由、动机与行动的关系而言,理由更多地从形式的向度为行动提供了根据,动机则在实质的层面表现为行动的动力因。在现实的过程中,理由对行动的实际影响,往往通过转化为动机而实现。如前所述,从内在的方面看,理由可以基于意欲,这一层面的理由之转化为行动的动机,与意欲向动机的转换具有相通性。上文已提到,意欲可以引发理由,但意欲却无法直接表现为动机。意欲之转换为动机,以自我的反思、评判为前提,其中既涉及价值的判断,也关乎理性的考察、权衡。以名、利而言,它们无疑具有可欲性,后者(名利所具有的可欲性)在逻辑上也可以成为选择某种行为的理由,但对具有道德理想的人而言,仅仅基于名、利这类意欲的理由便难以进入动机之域,孔子所谓"不义而富且贵,于我如浮云"①,便体现了这一点。同样,到火星去旅游,对人也具有吸引力,并可以成为人的意欲,然而,在现代的科技条件下,人即使形成如上意欲,这种意欲也难以成为行为的现实动机,因为它对一般人而言缺乏可行性。以上二种情形虽然侧重的维度各异,但都涉及基于意欲的理由与实际动机之间的关系,其中既可以看到价值的评判,也不难注意到理性的考量,二者在不同的意义上构成了理由转换为动机的前提。

在日常行动过程中,常常可以看到"想做"与"实际地确定去做"之间的区分,前者基于意欲,后者则源于行动的现实动机。"想做"可以为行动提供某种内在理由,但它本身并不等于"实际地确定去做"。"想做"所内含的意欲,唯有在"实际地确定去做"之后,才成为行动的现实动机或取得动机的形态,而由"想做"到"实际地确定去做"这一转换的完成,则涉及上文提到的价值评判、理性慎思等过程。从"想做"与"实际地确定去做"之间的如上分别中,也可以注意到意欲以及基于意欲的理由与行动的现实动机之间的差异。基于意欲的理由具有内在的形式,理由的外在形态则往往关联社会领域的一般原则、规范。如前所述,社会领域的一般原则、规范可以成为个体行动的理由,然而,这种理由能否转化为行动的实际动机,则取决于多重方面。作为普遍的规定,一般的原则无疑为行动提供了理由或依据,然而,当这种原则仅仅以外在形式存在时,却常常并不能实际地激发行动。唯有当普遍的原则、规范不仅为个体所自觉地认识和理解,而且为其所肯定、接受、认同,这种原则才可能现实地影响个体的行动。

---

① 《论语·述而》。

相对于理解和认识,对一般原则的肯定、接受与认同,同时渗入了一种态度、立场,其中包含情感层面的接纳、意志层面的抉择。这里的意志抉择内在地关联着从"我思"到"我欲"的转换:"我思"主要是观念性活动,"我欲"则既是观念性的活动,又具有超出观念之域而走向行动的意向。正是通过情感的接纳、意志的抉择以及与之相关的从"我思"到"我欲"的转换,一般原则的外在性得到消解,行动者与一般原则之间的界限也开始被跨越。从一般原则与行动主体之间的关系看,这一过程意味着外在原则向主体的内化;从理由与动机的关系看,这里又蕴含着导源于一般原则的理由向特定行为动机的转换,二者表现为同一过程的两个方面。①

可以看到,行动的理由唯有在转化为行动的动机之后,才能实际地引发行动,而这种转化又建立于一定的条件之上。理由可以源于意欲,现代的一些行动理论将欲望(desire)加上信念(belief)作为行动的理由,也注意到了理由与意欲的联系,尽管就理由展开为一个系统而言,意欲并不构成理由的全部内容,但意欲确乎可以进入理由之域。如前文所提及的,在宽泛的意义上,获取名和利这一类的意欲,便往往从内在的方面为行动的选择提供了某种理由。然而,源于意欲的理由之成为行动的实际动机,又离不开理性的反思、权衡以及价值的评价。这里的问题不仅仅在于意欲与信念的结合,而且更在于对作为理由内容的意欲本身加以反省、审察,这种理性的省察和价值的评价,构成了理由转换为动机的前提。

与之相类似,基于一般原则的理由,也需要具备一定的条件才能转化为动机,这种条件包括理性的确认、情感的认同以及意愿层面的

---

① 以上转化过程与前一章所论"义务的具体化",也具有相关性:基于一般原则的理由向特定行为动机的转化,与普遍的规范与行动主体的规范意识相结合而使义务具体化,呈现一致的趋向。

选择和接受。威廉姆斯(Bernard Williams)曾提出内在理由与外在理由之分。他所说的内在理由主要与行动者(agent)的意欲、主观动机相联系,外在理由则主要与理性的思虑相关。威廉姆斯注意到行动者的"主观动机集合"(subjective motivational set)可以成为引发行动的理由,但同时,他一方面在相当程度上将意欲等同于理由,①从而多少忽视了意欲与现实动机之间的内在差异;另一方面又质疑理由的外在性,这种质疑的主要依据之一便是仅仅通过理性的慎思,并不能形成动机。② 威廉斯的后一看法有见于在未进入行动者的"主观动机集合"的情况下,单纯的理性信念无法直接推动或引发行动。不过,需要指出的是,是否进入所谓"主观动机集合",本身具有可变性:理性所把握的一般原则在未进入行动者的"主观动机集合"时,诚然具有外在性,但"主观动机集合"之内与外,并不存在固定不变的界限,理性的信念与情感的认同、意愿的选择也并非彼此相斥。事实上,理性所把握的一般原则,可以通过情感的认同与意愿的选择、接受,内化为个体的动机。在此意义上,我们似乎难以承诺凝固于动机之外的所谓外在理由。就道德实践而言,当伦理的规范对个体仅仅呈现为外在的理性律令时,它确乎并不能成为人的行为动机。然而,如果个体在情感上认同这种规范,并且在内在意愿上对其加以选择、接受,则这种规范和原则便能够融入个体的行为动机:此时,按相关的伦理规范而行动,同时表现为出于个体内在动机的选择。

从更实质的方面看,行动理由所涉及的,不仅仅是内在与外在的

---

① 威廉姆斯在谈到意欲与动机的关系时,曾认为意欲(desire)"这一术语可以正式地用来表示主观动机集合(subjective motivational set)的所有因素"(Bernard Williams, *Moral Luck*, Cambridge University Press,1981, p. 103),这一看法多少意味着把意欲本身视为动机。

② 参见 Bernard Williams, *Moral Luck*, Cambridge University Press, 1981, pp. 101-113。

问题。如前所述,通常所说的内在理由或理由的内在之维主要与个体的意欲以及意愿相联系,而源于内在意欲或意愿的行动,则具有自愿的性质。就理由与行动的关系而言,当理由基于个体意欲时,它同时也从内在的方面为行动出于自愿提供了前提。尽管这种基于意欲的理由在转换为实际动机时总是经过理性的反思,但其中的意欲在得到肯定和接纳之后,同时又赋予行动以自愿的性质。在这里,理由向动机的转化,与行动获得自愿性质具有一致性。

在引申的意义上,外在理由或理由的外在之维可以视为源自一般规范或一般原则的行动理由:一般的原则、规范在被认识、理解之后,同时也为行动提供了根据。弗兰克纳(Frankena)在谈到外在主义时,曾认为,根据外在主义的看法,义务(Obligation)在独立于行动主体的意欲和要求的意义上"外在于行动者",[1]在道德领域中,义务通过一般的规范而得到确认,与上述意义上义务的外在性相应,一般的规范也呈现外在性质。从形式的层面看,相对于行动的个体,一般的规范确乎具有某种外在特点,以此为行动的根据,也赋予行动的理由以外在的形态。就实质的方面而言,对一般原则和规范的认知和理解,进一步表现为一种理性的自觉,由此出发,行动本身也获得了自觉的品格。基于外在规范的行动理由之转化为实际的动机固然不仅以理性的把握为前提,而且有赖于情感的认同和意愿层面的接受,但以理性的规范为内容,这种理由确乎又从一个方面规定了行动的自觉性质。规范涉及当然,如前所述,后者在伦理实践的领域往往又以义务为内容,与之相联系,对义务的把握和承担,也可以成为行动的理由:如果个体承担了某种义务,他就有理由去履行这种义务。义

---

[1] 参见 W. Frankena, Obligation and Motivation in Recent Moral Philosophy, in *Perspective on Morality*, edited by K. Goodpaster, University of Notre Dame Press, 1976, p. 51。

务的承担作为行动的理由,从另一重意义上赋予行动以自觉的内涵。

就现实的过程而言,在仅仅基于内在意欲之时,行动诚然可以带有自愿的特点,但每每容易导致非理性的趋向,在单纯出于意欲的各种盲目行为冲动中,便不难看到这一点。另一方面,当行动完全以有关普遍规范、原则的理解和认识为依据时,其过程诚然合乎理性,但却常常缺乏自愿的品格。① 如果说,理由与内在意欲的联系为行动的自愿趋向提供了前提,那么,基于普遍的原则、规范则使理由获得了自觉的内涵,并由此从一个方面为行动的自觉向度提供了担保。不难注意到,理由的内在性与外在性之后更实质的问题,是行动过程中理性与非理性、自觉与自愿的关系。在理由向动机的转化中,以上问题以不同的方式得到了体现。前文已提及,源于意欲的理由之转化为行动的内在动机,以理性的反思为前提,这一过程的意义在于通过理性对意欲的引导,避免行动走向非理性的冲动。同样,基于普遍原则的理由之转化为行动的实际动机,离不开情感的认同、意愿的接受,这种认同与接受所涉及的,是通过内在意愿、情感的接引,避免单纯地注重自觉以及对理性原则的片面依循,由此赋予行动以自愿的品格。要而言之,理由的内在性与外在性的关联所体现的,是行动过

---

① 这里需要对出乎内在意愿与出于有形或无形压力的行动作一区分。以日常行动而言,基于内在道德良知的呼唤而向他人伸出援助之手,这是出于内在意愿的行动;迫于舆论的压力而不得不去帮助他人,则与内在意愿相悖离;尽管后者也可能与避免受到舆论谴责这一"意愿"相联系,但这种"意愿"并不是所从事的行动(帮助他人)所涉及的内在意愿,而是维护自身公众形象或维护自身名誉这一类要求所引发的"意愿"。换言之,在因担心舆论谴责而帮助他人的情况下,实质上内含两种行动趋向:就帮助他人这一方面而言,行动是非自愿的;就维护自身公众形象或维护自身名誉这一方面而言,行动则具有合乎意愿的性质。当我们以帮助他人这一行动维度为关注之点时,唯有基于内在道德良知的呼唤而实施的行动才具有自愿的性质。如果仅仅出于免受舆论谴责这类考虑而帮助他人,则这种行动固然可以归入自觉之列,但却很难说是自愿的。

程中理性与非理性、自觉与自愿的统一。

以行动者与理由的关系为视域,理由的内在性与外在性也可以从可能的形态与现实的形态加以考察。当理由为行动者所理解、接受、认同,并成为行动的实际根据时,理由本身便取得了现实的形态。无论是源于意欲,抑或基于普遍原则、规范,理由唯有实际地制约行动,才呈现现实的形态。现实形态的理由具有内在的形式:对普遍原则、规范的接受与认同,同时意味着将这种原则、规范化为行动的内在理由。理由的可能形态既涉及实质的方面,也关联着形式之维,从形式的方面看,其特点首先体现于理由与行动之间的逻辑关系。以日常的行动而言,某种食物有益人体健康,而健康对人来说又具有正面的价值,这里体现的是实质层面的事实。既然人一般都希望健康,而这种食物又有益于健康,因此人应该食用或摄入这种食物,这一推论所体现的关联,具有某种逻辑的性质。在以上推论中,相关食物所具有的功能,同时呈现为行动(选择或食用)的理由。然而,这里的理由,主要基于形式层面的推论:它在逻辑上可以成为行动的理由或具有成为行动理由的可能,但并不一定实际地成为行动的理由。在上述例子中,如果相关食物的口味不如人意或让人难以接受,便不一定为人所选择,从而,它所具有的促进健康这一类功能,也无法成为行动的实际理由。与之相近,如果个体产生了一定的意愿,而某种行动又能够实现个体所具有的那种意愿,那么,从逻辑上说,个体就具有选择那种行动的理由。不过,基于逻辑关系的以上理由,也具有可能的形态,它与行动的实际理由之间,同样会存在某种距离:如果以上意愿和行动与个体确信的价值原则相冲突,则即使这种意愿出现于个体意识,也难以成为个体选择的现实理由。

在以上情形中,行动的理由同时涉及内在之维与外在之维:以实质层面的事实为前提的理由,具有外在性,基于内在意愿的理由，则呈现内在性。然而，从理由对行动的作用看，更值得关注的是其中所蕴含的可能形态与现实形态之间的关系。理由的可能形态既涉及实际的根据，也关乎形式层面的逻辑推论，它在显现行动方向的同时，也为行动的多样展开提供了空间：作为可能的根据，上述理由从一个方面预示了行动的某种方向，但它是否被实际地接受为行动根据，则具有未定性，后者又使行动蕴含了不同的趋向。从理由的可能形态到现实形态的转换，具体地关乎理性审察、情感认同、意愿接受之间的互动，这种互动也可以视为实现以上转换的内在条件。

三 行动的解释与规范

行动的考察不仅涉及理由，而且也关乎原因。在行动之域，理由与原因呈现较为复杂的关系。一方面，理由既为行动的解释提供了依据，也在一定意义上构成了行动的原因，另一方面，原因在引发行动的同时，也对行动的理解和说明具有独特意义。在更深沉的层面，理由与原因之辨，又关乎行动的解释与行动的规范之间的关系。

就理由与行动的关系而言，理由既是行动的根据，又表现为推论的前提，这种推论过程首先与论证相联系。对于行动，通常可以提出其发生是否有理由的问题：一种行动是否有理由，是其能否被理解的基本前提。无理由的行为，往往具有非理性的性质，行动的理由则至少在逻辑的层面赋予行动以合乎理性的品格。在后一意义上，给出行动的理由，同时意味着为行动的合理性提供论证：当我们说某一个体有理由这样做时，我们同时也确认了其相关行动在可思议或可理解的意义上是合理的。

从另一侧面看，对行动合理性的论证又具有解释行动的意义。

戴维森已注意到这一点。在他看来:"证明一个行动为正当和解释一个行动常常是形影相随的。"①行动的发生是否有理由?这一问题如果以另一种方式来表示,也就是:为什么某种行动会发生?对以上问题的回答,以解释行动发生的缘由为实质的内容,而对行动缘由的解释,则离不开行动理由的分析。关于行动理由的内涵,可以有不同的理解,不同行动的具体理由,也可以各不相同,但行动的缘由(行动为何发生)与行动的理由之间存在着内在关联,这一事实则难以否认。如果行动的理由被揭示和阐发,则一方面其逻辑层面的合理性便得到了确认(非不可思议,而是具有可理解性),另一方面行动所以发生的过程也得到了某种解释。拉兹(J. Raz)曾指出:"理由是解释人类行动的基石。"②这一看法无疑有见于理由与行动的以上关系。

在逻辑的层面上,对行动的解释以行动业已发生为前提:只有当行动发生之后,才会形成对该行动的解释。理由在为解释已发生的行动提供依据的同时,也具有引发行动的意义,后者体现于行动发生之前。在行动之域,关于"为什么"的问题既指向行动的逻辑缘由,也关乎行动的实际原因。行动的逻辑缘由涉及的是行动与理由之间的关系,行动的实际原因则包括引发行动的各种现实因素,理由构成了这些因素中的一个重要方面。如前所述,理由的具体构成包括广义的观念形态(意愿、信念,被认识或接受的规则,等等)与非观念形态(外部事实以及事实之间的关系),二者从不同方面影响、制约着行动的发生。理由的以上作用,使之同时具有原因的意义。事实上,就现实的形态而言,理由与原因之间确实存在相关性。

关于理由与原因的以上关联,戴维森曾作了较为具体的考察。

---

① 参见戴维森:《行动、理由与原因》,载〔美〕戴维森:《真理、意义与方法——戴维森哲学文选》,牟博选编,商务印书馆,2008年,第393页。

② *Practical Reasoning*, J. Raz, (ed.), Oxford University,1978, p. 2.

在他看来,以理由来解释行动,可以视为合理化的解释,而合理化的解释则"是一类因果解释"。他所理解的理由主要由两个方面构成,其一,对于某种行动的支持性态度,包括愿望、需要、冲动、目的、价值,等等。其二,信念,即相信行动属于那一类别。以上二者所构成的理由又称为基本理由,对戴维森而言,"行动的基本理由即是它的原因"①。这里所说的态度与信念,都与心理的活动相联系,以态度与信念所构成的理由为行动的原因,其前提是肯定心理的事件可以成为行动的原因。就理由与行动的关系而言,以上看法注意到了观念形态的理由对行动的作用,从理由的内涵看,它则有见于理由所包含的原因之维。在现实的形态上,行动的理由既具有逻辑的意义,又呈现为心理的形态,前者主要与解释和推论的过程相联系(理由为这种解释与推论提供了逻辑依据),后者则体现于行动的具体展开过程(观念形态的理由构成了引发行动的内在原因)。

不过,在总体上,戴维森所注重的,更多的是理由的解释意义。他之肯定理由与原因的联系,首先着眼于解释,其基本观点"合理化解释是一类因果解释",也表明了这一点。解释所侧重的是理解,以行动的解释为关注之点,相应地也主要涉及如何理解行动的问题。戴维森的行动理论,在更广的意义上反映了分析哲学考察行动的一般进路:事实上,在分析哲学的系统中,有关行动的理论,往往便以解释与理解为指向,其中固然也提到规范问题,但这里的"规范"所涉及的主要不是实质意义上对行动的引导或限定,而更多地是规范性语言或规范性概念的意义,以及如何运用这种规范性的语言和概念,后者从根本上说仍未离开广义的解释之域。就其现实形态而言,人的

---

① 参见戴维森:《行动、理由与原因》,载〔美〕戴维森:《真理、意义与方法——戴维森哲学文选》,牟博选编,商务印书馆,2008年,第386—388页。

行动不仅有如何解释与理解的问题,而且面临如何规范的问题。对行动的解释主要侧重于从逻辑关系上把握行动,在此论域中,行动的理由也主要为行动的理解提供逻辑的依据。对行动的规范则关乎行动的现实引导,理由在此意义上则进一步涉及做什么与如何做的问题。

以行动的规范为视域,理由与原因的关系也展示了其更为深层的方面。在以理由为行动的原因这一解释模式中,理由被理解为行动所以发生的根源,根据这一模式,只要把握了行动的理由,则行动似乎也就在逻辑上得到了解释,从而能够被理解。这一理解—解释模式主要限于理由与行动的关系,尽管其中也涉及原因,但这里的原因与理由具有某种重合性:行动的发生,源自一定的理由,理由则以关于行动的支持性态度(包括愿望、要求、目的等)与信念为内容。换言之,愿望、要求、目的等(对行动的支持性态度)与信念作为理由的特定内容,可以引发行动。然而,如果越出以上关系,进而对行动的理由作更深入的考察,则理由本身也涉及所以发生的原因,后者具体地表现为不同的愿望、目的、要求以及信念形成的背景、条件。

从行动与理由的直接关联看,不同的愿望、要求、目的与信念的交融,往往导致了不同的行动,在这一关系中,有什么样的理由,常常便会产生相应的行动。此处的行动首先涉及正当性,其中内在地关联着以意愿、目的、信念为内容的行动理由:理由的正当与否,制约着行动的正当与否。如何担保行动理由的正当性?这一问题从另一方面看也就是如何对意愿、目的、价值观念、理性信念本身加以引导?这里既在历史层面涉及意识发生、形成的历史背景,也在观念层面关乎意识本身的自我反思、批判,二者均已不限于理由的层面。要而言之,从行动的规范这一层面看,理由固然可以在化为动机后作为内在原因而引发行动,但它本身又有所以形成与发生的根源,并面临如何获得自身合理性(正当性)的问题。如何通过引导行动的理由以规范行动本身,构成了行动理论无法回避的问题,而行动理由的引导,则越出理由之域而涉及理由形成的更广背景和内外条件,后者进一步关乎如何为个体意愿、目的、价值观念以及信念的健全发展提供具体的历史背景和多样的根据。在日常的经验领域,已可以看到这一点。以市场经济背景下常见的广告而言,商品广告的不断重复,往往容易使人形成某种消费的意欲,这种意欲又会进一步为相关的行动(如选购广告所介绍的商品)提供理由。从更广的历史视域看,一定时代的社会背景、价值和舆论导向,也每每多方面地影响人的观念,后者又从不同的层面制约着行动理由的形成。以革命年代而言,这种特定时期的社会境域以及宣传、鼓动所形成的思想氛围,往往会对行动理由的生成产生深刻的影响:热血青年之选择投身革命洪流或参与相关活动,其理由每每受到相关社会背景和思想氛围的制约。进而言之,行动的理由常常呈现为一个系统,在行动的现实展开过程中,理由与多方面的原因又互渗互融,构成了一个更广意义上影响行动的系统。

　　对行动过程中理由与原因的以上理解,涉及更一般层面的因果关系和因果观念。从本体论上看,因果关系存在于事物或事件之间,表现为一种具有必然性的关联。休谟从经验论的视域出发,将因果关联视为基于现象的前后相继而形成的心理习惯;康德则在将因果法则理解为先天形式的同时,又确认了因果律的普遍必然性。前者肯定因果关系涉及经验事物,后者则有见于因果法则的必然性,二者对因果性的理解各有所偏,但又注意到了因果关联的不同方面。在分析行动过程中理由与原因的关系时,对因果关系的以上方面,同样需要加以把握,这种把握有助于具体地理解因果性的现实品格。

　　然而,从行动的角度考察因果性,同时又应当关注行动者与原因的关系。以理解与解释为指向,原因或因果性首先表现为一种被观察的对象:对已发生之事的解释,总是基于某种旁观的立场,其中所涉及的有关行动原因的推论,也往往建立在观察的基础上。广而言之,从理由与行动的关系看,常常可以注意到以下二种不同的情况:其一,行动者本人相信他有理由做某事,其二,解释该行动时肯定行动者有理由做某事。前者涉及行动者自身的信念,后者则是他人(旁观者)的说明、解释。在观察的基础上解释行动的原因与基于旁观解释行动的理由,具有内在的相关性。分析哲学关于行动的理由—原因解释模式,似乎基本上没有超出对理由与行动的关系以及因果关系的观察或旁观立场。① 就行动的现实过程而言,在行动与原因的关系中,行动者不仅仅是观察者或旁观者,而且同时也是实际的参与者,后者为行动者影响和作用于行动提供了可能:他可以通过自身的知与行,生成某种观念和事件,这种观念和事件又作为原因,进一步影响与制约后续的行动。行动者与原因的以上两重维度,在更广的意义上构成了考察理由本身形成之因的前提:由制约行动的理由(这种制约包括为个体意愿、目的、价值观念以及信念的健全发展提供具体的历史背景和多样的条件)而规范行动,其根据便在于行动者不仅是行动原因的观察者,而且作为行动的实际参与者而作用于原因本身。可以看到,对行动过程中的因果关系的具体把握,离不开观察与参与二重维度。

---

① 分析哲学固然关注第一人称,甚至赋予第一人称以权威性(所谓 first person authority),但这种关注主要与个体对自身心理、意识或观念的描述、理解和解释相联系。从逻辑上看,在行动之域,如果仅仅以描述、解释为着眼之点,则重要之点往往并不是"我"是否应当选择某种行动或应当如何行动,而是如下这一类问题:假定"我"选择某种行动,"我"的选择是否有充分的理由?"我"的意欲、信念与行动理由之间呈现何种关系? 等等。这类关切最终可还原为对行动与行动理由之间关系的逻辑分析,从而在实质上仍未摆脱旁观者的立场。

通过参与而影响行动,同时也使行动者本身进入了因果之域。就行动与原因的关系而言,行动的原因在广义上包括事件原因(event-causation)与主体原因(agent-causation),前者体现于外部事件对行动的影响,后者表现为行动者的意愿、目的、信念等对行动的引发,二者对行动的发生都具有制约作用。作为具体的过程,行动既非仅仅出于外在的事件,也非单纯地源自行动者的内在意念。单向地关注主体原因(agent-causation),往往无法避免任意性(wayward);仅仅关注事件原因(event-causation),则无法把握行动的自主性。在现实的行动过程中,既需要以客观的事件(条件)抑制主体的任意性,也应当以主体原因(agent-causation)限定事件的外在性。事件原因与主体原因的互动,既体现了行动过程中因果性与自主性的统一,也使行动过程中的原因超越了逻辑的形式而落实在一个更为具体的层面。

行动过程中的主体原因(agent-causation),进一步涉及理由、动机与原因的关系。行动者对行动的推动,首先通过理由与行动的关系而得到体现,如前所述,理由在化为行动者的动机之后,对行动便具有引发作用(表现为行动发生的内在原因)。这里,需要区分实际的理由或真实的理由与非实际或不真实的理由。在某些情况下,个体可以宣称他做某事是出于某种理由,然而,其真实或实际的行动理由却可能与之并不相同。一般而言,理由只有在具有真实性的前提下,才能转化为行动的动机,并实际地影响行动。当理由缺乏真实性时,这种理由便无法化为行动的动机,从而也难以作为内在的原因实际地影响人的行动。在此,以理由的真实性为前提,理由、动机与原因呈现相互的关联:真实的理由通过化为动机而获得内在原因的品格。儒家曾区分"为人"之行与"为己"之行,"为人"即为了获得他人的赞誉而做合乎道德规范之事,为己则是为自我在道德上的实现而践行道德原则。以"为人"为指向,行为的理由与行为的动机之间存在着张力:行动者的真实动机是获得外在赞誉,而他显示于外的理由则是对道德原则的注重。将"为己"作为目标,则行动的理由与行动的动机便呈现相互重合的形态:追求道德上的完善作为真实的理由,已化为其实际动机。显而易见,在前一情况下,遵循道德原则这一理由仅仅具有形式的意义,其作用主要是在逻辑的层面为行动提供某种解释,唯有在后一背景下,理由才通过化为动机而成为行动的内在原因。由此,也可以看到,单纯地以解释为关注之点,往往无法把握行动的理由与行动的原因之间真实的关系。

第三章
意志软弱及其克服

从行动的展开过程看,理由与原因主要与行动所以发生的根据与根源相联系。在消极的意义上,行动往往面临意志软弱①的问题。就知行关系而言,意志软弱主要表现为"知其当行却未行"或"知其当止而未止";从理性与意欲等关系看,意志软弱则更多地关乎理性与意欲等之间的张力。在形而上的层面,意志软弱进而以可能性、偶然性的存在为其本体论的前提。

---

① "意志软弱"这一概念可以追溯到古希腊哲学中的 *akrasia*。*akrasia* 的字面涵义为无力(lack of strength or power),引申为缺乏控制某些事的力量,在此意义上亦被译为软弱(weakness,参见 David Pears, *Motivated Irrationality*, Clarendon Press, 1984, p. 23)。在当代哲学中,意志软弱进而涉及行动过程(包括道德行为)中理性与理性之外的因素以及它们之间的错综关系。

对意志软弱的理解与应对,无法回避以上问题。

一 意欲、情感与理性

戴维森曾对意志软弱的特点作了如下概述:"如果一个当事人不遵循自己较佳判断去做事,并且是有意这样做的,那么我们说他的意志是薄弱的。"①"较佳判断"属广义的理性判断:它既不同于自发的意识,也有别于非理性的冲动,是基于反思、比较、权衡而达到的认识。不遵循较佳判断去做,意味着偏离理性的意识。为什么在做出了理性判断之后又未能按此判断去行动?换言之,理性的要求为什么未能落实于行动?这里首先涉及行动过程中理性与意欲之间的关系。

行动作为人的存在方式,其实施与展开总是受到人的内在精神或意识的影响,后者使之不同于机械的躯体移动。人的意识结构或精神世界既有理性的内容,又包含非理性的方面,二者从不同的方面制约着人的行动。理性的判断固然为行动提供了理由,但这种理由并不一定化为行动的现实动机,事实上,当意欲强烈到一定程度时,理性的判断往往便被推到意识领域或观念世界的边缘,难以落实于现实的行动过程。以日常生活而言,吸烟是一种常见的行为,这种行为常常被赋予多方面的价值意蕴,诸如它可以"提神",可以显示某种"时尚"或"风度",可以参与人与人之间的交往,并通过相互递烟或敬烟增进彼此的关系,等等,但从健康的角度看,吸烟对人体又有极大的危害。当人认识到吸烟的负面意义(它可能导致各种危害)远远

---

① 〔美〕戴维森:《真理、意义与方法——戴维森哲学文选》,牟博选编,商务印书馆,2008年,第462页。

超过它可能带来的"正面"意义(如"提神""风度""促进交往"等)时,他往往便会形成应当戒烟的意识,这种意识在宽泛意义上可以视为理性的判断。然而,当一个人的吸烟意欲变得非常强烈时,则即使该个体已在理性的层面形成了以上观念,他也依然会实施吸烟的行动。在这种情形之中,意欲显然压倒了理性的意识。意欲对理性的主导不仅体现于具有积极意义的理性判断,而且也渗入呈现消极形态的理性选择。以危害社会的行为而言,一个人可以经过周密的思考,制定某一抢劫或盗窃的计划,并决定将其付诸实施,然而,对事后可能被追查、惩处的恐惧以及与之相关的免受法律打击的欲望,可能使之最后放弃这一计划。思考、策划等无疑是一种理性的活动,而畏于追究及免受惩处的欲望则属于广义的意欲和情感,如果当事者虽然在经过各种权衡、比较之后确信一开始拟定的计划万无一失,但却由于内在的莫名恐惧而最终放弃了这一计划,则这种最后的选择同样体现了意欲对理性意识的主导。从普遍的价值取向看,未实施戒烟的决定与放弃抢劫的计划在价值性质上无疑不同:前者一开始所形成的行动决定具有正面的价值意义,但最终的行动则呈现消极性(不做该做之事);后者的原初行动选择在价值上具有负面性,但最后的行动却包含积极的一面(放弃不该做之事),然而,在意欲的作用最后优先于理性这一点上,二者又表现出某种相通之处。

以意欲压倒理性为形式,意志的软弱在某种意义上表现为理性的软弱。作为非理性或不同于理性的方面,这里的意欲与情感、激情、情欲等处于同一序列,从这一方面看,行动过程中意欲对理性的抑制,似乎又与休谟所说的情感对理性的优先具有某种相关性。关于理性的作用和功能,休谟的基本看法是:"理性是完全没有自主能力(inert)的,永远不能阻止或产生任何行动或情感。"①相对于此,与快乐相联系的情感则对行动具有直接的推动作用:"对我们最为真实、而又使我们最为关心的,就是我们的快乐和不快的情绪;这些情绪如果赞成德性、不赞成恶行,那么,就不需要其他条件来调节(regulation)我们的举止(conduct)和行为(behaviour)了。"②快乐和不快的情绪,分别关联着肯定性或否定性的意欲或欲求,以此为行动的唯一条件,意味着将理性之外的意欲或欲求作为行动的主要动因。虽然这里直接所谈的是与善恶相关的行为,但其中也涉及对一般行动过程的理解。

不难看到,尽管休谟并没有在形式的层面讨论意志软弱的问题,但他对理性、情感与行动关系的讨论,却在实质的层面关乎意志软弱。如上所述,现实的行动过程既涉及理性的分析、比较、权衡、判断,等等,也与非理性的意欲、情感等相联系,理性的判断能否化为人的行动,在观念的层面关乎理性意识与非理性意识之间的互动。当理性的判断与意欲、情感意向呈现张力或彼此冲突时,理性的判断向行动的转化往往便会遇到阻力,理性能否克服这种阻力,既取决于其自身的力量,也关乎非理性趋向的强度。休谟认为"理性完全没有主动力",无疑忽视了理性自身的力量,事实上,理性的判断至少具有内在的引导意义,这种引导对行为同样可以产生推动的作用。然而,理性的引导又是在与意欲、情感等非理性意识的互动中实现的,其作用往往受到后者的制约。从现实的存在形态看,意欲、情感更多地呈现当下性的品格:无论是人所直接欲求的对象,还是休谟所谓快乐与不快的情感,都具有当下性或在场性的特点。相对而言,理性则每每

---

① Hume, *A Treatise of Human Nature*, Oxford University Press, 1978, p. 458.
② Ibid., p. 469.

呈现未来的指向性:理性的判断往往超越当下的欲求而关涉行动在未来可能产生的结果及意义。意欲、情感所内含的当下性品格,使之对行为选择的影响呈现更直接的特点。同时,意欲、情感与人的生命存在或感性存在有着更原始、更切近的关系,由此也每每表现出更强劲的力量。当理性与之相冲突时,意欲、情感所具有的以上特点,使其在行为选择上往往获得了某种优势。在这里,理性的"软弱"或无力(lack of power)与意欲、情感的"强势",表现为同一过程的两个方面。①

与意志软弱相联系的理性既涉及形式的层面,也关乎实质之维。就后一方面而言,理性又与价值判断相涉,并表现为行动与价值判断之间的一致。肯定某种行动是善的或有利的、某种行动是恶的或有害的,这属于广义的价值判断,在作出此类判断之后,进而做与善或有利一致的事、拒绝已判断为恶或有害的行动,这是合乎价值理性的。反之,肯定其为善或有利却不做、判定其为恶或有害却依然去做,则具有价值论域中的非理性性质。从这一意义上看,虽然在理性层面肯定吸烟有害,但却在意欲、情感的"强势"作用下依然坚持吸烟,这种与理性"软弱"相联系的"意志软弱",显然同时表现出某种非理性的趋向。理性的"软弱"或无力与非理性趋向的以上联系,既表明前者(理性的"软弱"或无力)可能成为后者(非理性趋向)的内在根源,也赋予行动中的"意志软弱"以较为复杂的形态。

在意欲主导的情形下,行动往往面临自主与非自主的张力。就行动出于行动者自身的意欲而言,行动似乎至少在形式的层面呈现

---

① 这里所讨论的,是广义视域中的意志软弱。如前所述,就其本来的涵义而言,意志软弱的内在特点在于缺乏控制某些事的力量,行动过程中出现意欲、情感的强势与理性的无力,便体现了以上特点,就此而言,无疑可以将其归入广义的意志软弱。

自主的形态。然而,如康德已注意到的,当行动者主要受意欲、冲动的左右时,其行动在实质上仍具有被决定的性质(为意欲与冲动所支配),从而难以达到真正的自主性。这样,以意欲的主导为前提,行动无法避免形式的自主性与实质的非自主性之间的悖反。作为理性与意欲、情感的内在紧张在行动中的表现形式,以上悖反构成了意志软弱的又一特点。

就现实的行动过程而言,个体的选择同时涉及不同的价值立场和价值取向。从价值的趋向看,个体既可以给予意欲以优先性,也可以赋予理性的判断以更高的价值。这种不同的价值取向,往往制约着个体的行为选择。如果赋予理性的判断以更高的价值,那么,当理性的意识与非理性的意欲形成张力时,个体常常能够依然按理性的要求去做,孟子所谓"富贵不能淫,贫贱不能移,威武不能屈"①,便表现了这一点。相反,如果将当下的意欲放在价值的优先地位,则一旦理性的判断与意欲、情感发生冲突,个体便容易为后者(意欲、情感)所左右,而理性的判断也相应地难以落实于行动。可以看到,意欲在行动中的主导性作为"意志软弱"的具体表现形式,以价值立场上承诺意欲的优先性为其逻辑前提;价值的取向、价值的立场在这里呈现了内在的作用。

从本体论上看,理性与意欲、情感等非理性规定之间的关系同时涉及身与心之辨。与心相对的"身",主要表现为感性存在("血肉之躯"),意欲的最原初形式表现为感性的欲求,从饥而欲食到寒而欲衣,这些具有原初性质的衣食之欲,都源于人的感性存在。同样,休谟所谓"快乐和不快的情绪",首先也表现为感性层面的快感。从以上方面看,"身"作为感性的存在,无疑更直接地关联着人的意欲与情

---

① 《孟子·滕文公下》。

感。相对于"身"与情、意的联系,"心"更多地涉及思与辨等理性的活动。作为人的存在的相关方面,"身"与"心"并非彼此平行,二者始终处于互动的过程。一方面,心的作用使"身"不再仅仅表现为自然意义上的血肉之躯,另一方面,"身"所具有的本原性又使与之相涉的意欲、情感对人的行为取向与选择具有更切近的影响。前文已提及,感性存在的本原性与意欲、情感的当下性既彼此关联,又相互作用,这种互动不仅往往强化了意欲、情感对行为选择的影响,而且从一个方面为抑制理性的作用提供了可能。

可以看到,行动中的"意志软弱"在实质的层面表现为意欲、情感等非理性规定的相对有力与理性意识的相对无力。意欲、情感与理性的以上关系,在某种意义上体现了休谟所涉及的情与理之辨:休谟所谓"理性完全没有主动力",在行动过程中具体表现为"理性的软弱"。理性相对于意欲、情感所呈现的"软弱",首先与意欲、情感所具有的当下性品格、直接性特点以及它们与感性存在的切近关系相涉:这种当下性、直接性与切近性赋予意欲、情感更强的影响力量,并使理性处于相对的弱势。"理性的软弱"在行动过程中,往往引向非理性的趋向。进而言之,理性与意欲、情感力量的此消彼长,又基于不同的价值取向与价值立场,尽管意欲、情感所具有的当下性、直接性品格使之可能在行动选择中获得优先性,但在具体的行动情景中,意欲、情感是否实际地取得主导地位,往往取决于不同的价值取向与价值立场。就形而上的层面而言,理性与非理性之辨,又涉及身心关系:"身"的本原性既使基于"身"的意欲、情感获得了优先性,又与意欲、情感的当下性相互关联,使理性判断的落实面临可能的限定。

二 知 行 之 辩

意欲、情感等对理性的抑制,主要从意识或观念之域体现了意志软弱的特点。作为行为过程的内在趋向,意志软弱不仅仅涉及意识或观念之域。事实上,以理性而言,其作用便既涉及认知,也关乎评价,前者以事实的把握为指向,后者则以价值的确认为内容,在宽泛的意义上,二者都属于知或认识的领域。意志软弱的表现形式之一在于,行动者虽然在认知与评价的层面达到了自觉的认识,并由此自知应当做什么或应当如何做,但却未能将这种认识付诸实施。在这里,意志软弱与知行之辩形成了内在的关联:以知与行之间的分离(认识与行动之间的脱节)为内在趋向,意志软弱相应地取得了知而不行的形式。①

从哲学史上看,一些哲学家对是否存在知而不行意义上的意志软弱,往往持存疑态度。在这方面,柏拉图的看法具有一定的代表性。在《普罗泰哥拉》篇中,柏拉图曾借苏格拉底之口说:"如果一个人知道或者相信存在比他现在所从事的行动更好的行动,同时他也可以选择这种更好的行动,那么,他就不会再继续做现在所做之事。'做有失自己人格的事'('to act beneath yourself')完全是无知的结果,'成为自己的主人'则是一种智慧。"②按照这一理解,则一个人做不当做之事,便是因为他不了解有更适当之事,如果他知道什么事当

---

① 布兰顿曾将意志软弱的特点概括为:"知其更善者,行其更劣者(knowing the better and doing the worse)。"这一看法也在一定意义上注意到了意志软弱与知行脱节之间的关联。参见 Robert B. Brandom: *Making It Explicit*, Harvard University Press, 1994, p. 270。

② Plato, Protagras, 358c, *the Collected Dialogues of Plato*, Princeton University Press, 1961, pp. 348-349.

做或什么事更正确,他就一定会去做这种当做之事或正确之事。换言之,知必然会化为行,不存在知而不行的现象。从行动与意志软弱的关系看,以上观点似乎将表现为知而不行的意志软弱主要理解为真知的缺失:只有在缺乏真知的情况下,才会发生当行而未行。

亚里士多德的观点与柏拉图相近。他曾指出:"当一个人做了不应当做的事时,他是有相关的知识但不能运用这种知识,还是有相关知识并运用这种知识? 这两种情况是不同的。前者并不奇怪,后者却非常奇怪。"① 所谓"有相关的知识但不能运用这种知识",也就是并非真正拥有这种知识(即似乎有某种知识,但实际却非真有此种知识),"有相关知识并运用这种知识"则意味着真正具有此类知识。质言之,一个人不会明知而故犯,他之做不当做之事,主要是因为无真正之知。这与柏拉图的以上看法大体一致。

在具体解释不当为之行为所以发生的缘由时,亚里士多德区分了两种情形。第一种情形表现为:行动者在推论时仅仅运用普遍的前提(大前提),而不能运用特殊的前提(小前提),此时其行动便可能与他所具有的知识相冲突。② 这里,虽然知与行之间形成了某种张力(关于普遍前提之知与后继行动之间呈现不一致),但行动的不当,依然被归因于知识的缺乏:尽管此时行动者并非完全处于无知状态,但却缺乏完备的知识(亦即缺乏关于特殊前提的知识)。在第二种情形中,行动者虽然在某种意义上拥有知识,但却不能自觉运用这种知识,如同处于睡眠、疯癫、醉酒状态的人,他们虽然可能具有某种

---

① Aristotle, *Nicomachean Ethics*, 1146b30, *The Basic Works of Aristotle*, Random House, 1941, p. 1040.

② Aristotle, *Nicomachean Ethics*, 1147a5, *The Basic Works of Aristotle*, p. 1040.

知识,但却无法加以运用。① 此时,知识对行动者来说虽有而若无,在实质上的层面,这也属于缺乏真正的知识。当行动者处于以上状态时,即使其行为呈现出与他所具有的知识不一致的性质,也不同于知而不行意义上的意志软弱:因为此时行动者没有在实质的层面真正拥有知识。

亚里士多德同时认为,受情感(passion)影响的人,其情形如同处于睡眠、疯癫、醉酒状态的人:在愤怒、冲动的情况下,人不仅身体会变形,而且还会失去理智。② 就其注意到情感对理性的影响而言,与后来的休谟无疑有相通之处,不过,较之休谟对情感的注重与肯定,亚里士多德更多地侧重于指出其消极性。按亚里士多德的以上理解,在情感处于支配地位的情形之下,行动者即使具有相关知识,这种知识也难以发挥作用。从知行关系看,此时行动者虽然似乎知而未行,但其实质的问题并不是拥有知却未能行,而是近于前面的第二种形态,即行动者缺乏真正意义上的知识。③

柏拉图与亚里士多德以上看法的逻辑前提是知必然导向行。在这一视域中,事实认知及价值评价与行为选择之间,似乎不存在任何距离。事实认知及价值评价属广义之知,行为选择则引向行,如果知必然导向行,则"明知当行却未能行"这一意义上的意志软弱便不复存在。不难看到,这一观点或多或少将知与行之间的关系简单化了。

---

① Aristotle, *Nicomachean Ethics*, 1147a10-20, *The Basic Works of Aristotle*, p. 1041.

② Ibid.

③ 亚里士多德对行动的以上看法,与 akrasia 的原始涵义具有某种一致性。如前面的注文所述,akrasia 的原始涵义是行动主体的无力或缺乏控制某些事的力量,在亚里士多德所论及的以上情形(疯癫、醉酒状态)中,行动主体由于受制于情感等因素,已无法控制自身的行动。在此意义上,上述现象与 akrasia 所体现的行动具有相关性。与之相联系,亚里士多德在否定知而不行意义上的意志软弱的同时,又注意到相应于 akrasia 的行为。

事实认知和价值评价分别与"是什么"和"意味着什么"的追问相联系,"是什么"既涉及对象的规定,也关乎行动的程序(包括对相关领域合理行动方式的理解);"意味着什么"则更多地与对象及行动的价值意义相关。就事实认知而言,知道"是什么",并不自然地引向行动:无论是把握对象的规定或属性,抑或了解行动的方式、规程,都尚处于"知"的层面,即使完备地获得了这方面的知识,也难以担保其必然地向行过渡。这不仅在于"是"在逻辑上并不蕴含"应当",而且涉及知识本身的特点:从现实的形态看,单纯的知识既不包含行动的目标,也未提供行动的动力,它固然可以构成行动自觉展开的条件和前提,但在仅仅停留于其自身时,这种条件和前提却并未实际地得到实现。事实认知向行动的转化,本身以目的、动机、意欲等的介入为条件。不难注意到,在事实认知的层面,"有相关知识"并不表明必然引向行动并在行动中运用这种知识。

在价值评价的层面,知与行的关系呈现更为复杂的形态。以"意味着什么"为关注之点,价值评价侧重于确认事物和行为对人所具有的价值意义:事物的价值意义与是否合乎人的需要相联系,行为的价值意义则涉及正当与否等问题。正面或积极的价值意义表现为广义的善,从逻辑上看,如果确认人应当实现具有正面意义或积极意义的价值,则一旦做出了正面的价值判断,其中体现的价值便应当加以实现,在此意义上,可以说,善蕴含应当:"什么是善"与"什么应当做",之间存在着内在的相关性。就积极的方面而言,只有呈现正面价值的事,才"应当"去做;从消极的方面看,如果行为具有负面的价值意义,便"不应当"做。然而,尽管利或害、善或恶等价值判断蕴含"应当做"或"不应当做"的要求,但这种蕴含关系与现实过程中的"知而必行"仍有差别。以道德实践而言,知道应当行善,并不能担保实际地行善,在知其善与行其善之间,每每存在逻辑的距离。事实上,道德领域中的意志软弱,常常便表现为虽知其善而当行,但实际上却未能行。这里不难看到评价活动与实践推论之间的分离:"某一行动在道德上具有善的性质",这是评价性结论,"我决定实施并完成这一行动",这是实践结论,在意志软弱的情形中,二者在观念层面也许尚未相分(当事者可以在观念上从评价性结论引出实践结论),但在实践中却彼此脱节(虽肯定其善,却未能落实于行动)。

认知与评价过程所形成的广义之知,确乎从不同方面为行动的展开提供了条件。然而,知识本身并不是行动的充分条件,从知识向行动的转化,涉及知识之外的因素。以事实的认知而言,了解事物的属性、法则、关系或行动的程序,主要使人"知其然"或"知其所以然",这方面的知识只有与一定的目的、动机相结合,才能产生行动的意向或判断,并进一步引向行动。从日常生活看,"水果含有人体所需的各种维生素",这是对事实的认知,但这种知识本身并不包含行动的要求,唯有当它与"保持或增进健康"这样的意欲、动机彼此融合时,才能产生"应当食用水果"的行动意向。与之相联系,严格而言,在事实认知的层面,意志软弱的问题还未发生:此时尚未形成"应当做某事"这一类判断或意向,相应地,以"知其当行却未能行"为形式的意志软弱也尚未突显。

相对于事实认知,价值评价的情况无疑有所不同。如前所述,以利或害、善或恶等价值意义的确认为指向,价值评价蕴含着应当做什么或不应当做什么的要求。从广义的认识层面看,较之事实认知之"知其然"与"知其所以然",价值评价包含"知其所当然"的内容。"知其所当然"与人的行动显然有更切近的关联。然而,在现实的存在过程中,"知道应当做什么"与"实际地做什么"之间并非相互重合。价值判断固然为行动的选择提供了依据,但却无法担保行动的选择与自身的一致,事实上,在这里,意志软弱的表现形式就在于价值判断与行动选择之间的不一致或彼此冲突,而所谓"知而不行"的实质内涵,也体现于此。就其逻辑含义而言,"知其当行"属理性之"知",但它是否能够化为实际之"行",则同时关乎情感的认同、意志的接受或选择。从日常生活看,"水果有益健康"与"水果含有人体所需的各种维生素"是不同的陈述,后者如前所述,具有事实认知的性质,前者则更多地表现为价值评价。作为价值判断,"水果有益健康"蕴含着"应当食用水果"的行为要求,然而,如果某一特定个体在口味上不喜欢水果,或者对健康缺乏强烈的意愿,则即使他确认了"水果有益健康",却依然可以不作出食用水果的行动选择。这里的"不喜欢"涉及情感的认同,"意愿"则关乎意志的接纳和选择。可以看到,从广义之"知"向现实之"行"的转换,既与理性的引导相关,又受到情感认同和意志接纳、选择的制约,作为意志软弱具体形式的"知而不行",其内在的根源之一也可追溯到情感认同和意志接纳、选择的缺失。[1]

三 意志软弱的形上之维

作为行动过程中的一种现象,意志软弱既非仅仅涉及观念领域中理性规定与意欲、情感等非理性规定之间的关系,也不仅仅以知与行的互动为其背景。从更广的视域看,意志软弱同时关乎形而上之维。

意志软弱的发生,有其本体论的前提,后者首先与时间性相联

---

[1] 这里不难注意到意志、情感在行动过程中的不同意义。就理性与情意的关系而言,当意欲与情感压倒理性之思时,往往引向理性相对无力意义上的意志软弱,而在完全缺乏情感认同和意志接纳的情况下,则可能导致知而不行意义上的意志软弱。

系。以价值评价与行动选择之间的关系而言,从形成价值判断,到做出行动的选择,其间包含多重环节,这些环节之间,又总是存在着一定的时间距离。价值评价往往为某种行动提供了理由,但这种理由与相关行动的动机并非直接重合,在行动的理由与行动的动机之间既有逻辑的区分,也有时间的间隔,这种时间的距离和间隔,为行动过程中意志软弱的发生提供了前提。以吸烟而言,当个体做出了吸烟有害健康的判断时,这种价值评价无疑使某种行动(例如戒烟)理由的形成获得依据,然而,由于各种原因,这种理由可能最后并未能化为行动的实际动机(吸烟有害健康的价值评价,未化为戒烟的实际动机),行动的理由与行动的实际动机之间的这种不一致,构成了意志软弱的表现形式之一。这种不一致的发生诚然有各种现实的缘由,但其本体论的前提,则是二者之间时间距离的存在:如果行动的理由与行动的实际动机在时间上彼此重合,二者的不一致便无从发生。

进而言之,在行动的选择(或行动的决定)与行动本身之间,也存在时间的距离。尽管个体形成了行动的意向,并做出了行动的选择和决定,但最后却可能依然未能将此决定付诸实行,这种情形,也往往被视为意志软弱。仍以吸烟为例。在做出了吸烟有害健康的价值评价之后,个体也许不仅获得了行动(戒烟)的理由,而且进而化此理由为行动(戒烟)的动机,并由此形成行动(戒烟)的决定。然而,行动的决定并不等于行动本身,在行动的决定与行动的实施这一时间段中,个体仍可以受不同因素的影响,并最后放弃行动。这里可以有不同的情形。行动者在做出某种行动选择和决定后,也许在正式实施之前改变主意,转而选择另一行动,并决定实施后一行动。这种现象属于行动计划的变动,与行动过程中的意志软弱具有不同性质。然而,如果行动者在做出决定之后并未改变自己的行动计划,亦即依然确认自己应当做某事,但在后继的时间中却不实际地去做自己确认当做之事,这则涉及意志软弱。以"决定做某事,但却不实施"为形式的这种意志软弱,同样以行动过程中存在着时间距离或间隙为前提:只有当行动的决定与行动的实施之间内含这一类的时间距离,"决定行动但却最后放弃"这一类意志软弱才可能出现。[①]

从行动者的层面看,时间距离还体现于当下的意欲与未来的远虑之间。无论是客观意义上的利、害,抑或主观意义上的理想、追求,都既有当下的形态,也涉及未来。如果行动者仅仅关注当下的利与害或仅仅追求当下欲望的满足,忽视或漠视未来的价值前景,那么,在理性的远虑与当下意欲发生冲突时,便会接受后者而拒绝前者,从而使基于理性远虑的行动选择无法落实。以戒烟而言,戒烟的决定是基于对保持健康的长远考虑,而当吸烟的当下意欲压倒对未来健康的考虑时,放弃戒烟的意志软弱行为便会出现。这里既涉及理性与意欲之辨,又关乎时间意义上当下与未来的关系。

行动的过程并非孤立展开,而是基于现实的存在境域。从现实的存在形态看,其中总是包含不同的可能,后者既展现了多样的发展趋向,也制约着人的行动过程。个体在作出了某种判断、形成了某种行动意向或作出某种行动选择之后,常常仍然会面对新的、多重的可能,这种可能,为行动者最后选择不同于原先所决定的行为提供了现实的前提。事实上,存在境域的不同可能与行动的不同可能,具有内在的相关性。通常所说的意志软弱,往往表现为原先意向、选择、决定之未能贯彻:本来想做或决定做的事,最后虽仍认为当做但却未能

[①] 塞尔在考察行动过程时,已有见于行动意向与行动实施等方面的不一致,并将这种现象称之为"鸿沟"(gap),但他未能将时间之维引入,从而也未能注意以上距离的本体论意义。参见 J. Searle: *Rationality in Action*, The MIT press, 2001, pp. 14-15。

真正去做。行动未能真正落实既与观念之域理性与非理性的博弈以及知与行的互动等相涉,又基于现实所内含的不同可能,后者构成了欲行却止、择此行彼、知而不行等意志软弱行为的本体论根据。如果现实过程仅仅存在一种可能,则个体在形成评价、做出决定之后,便只能面临一种行动方向而不会遇到新的选择,与之相应,原先选择和决定的行动,也难以在后续过程中发生改变。唯有在现实包含不同可能的前提下,从意向、观念活动到最终行动这一时间绵延中的各种变化,才能实际地发生;呈现于以上过程的意志软弱,也才能获得现实的根据。

在日常的生活中,常常可以看到上述情况。以饮食控制而言,某一个体可以出于减轻体重的考虑而决定控制饮食,而在做出这一决定之后,他往往又会遇到各种可能的情况:也许他的朋友突然不期而至,为表示好客,他需要款待这位朋友,而由此摄入的食物则将超出原来决定控制的标准;也许他路过某一食品店,瞥见了某种虽属需控制之列但又特别心仪的食物,并产生了无法抵御的食欲,等等。这些可能出现的不同情况,同时也使控制饮食的决定在最后落实之前仍面临各种变数。在这里,该个体是否出现意志软弱的现象,与现实中蕴含的多样可能显然具有内在的关联:行动境域所蕴含的相关可能在某种意义上构成了意志软弱(放弃或改变原先决定的行动)的本体论前提。

与行动境域存在多样的可能相联系,行动的选择包含不同的偶然性。就本体论而言,偶然性与可能性具有内在的相关性,黑格尔已注意到这一点,并曾将可能性称为外在的偶然[①],所谓外在的偶然,可

[①] 参见〔德〕黑格尔:《小逻辑》,贺麟译,商务印书馆,1980年,第300—301页。

以理解为体现于具体存在境域(包括行动过程)中的偶然。从行动的层面看,现实中可能性的存在,也蕴含了偶然的趋向,这种偶然性首先表现于行动的选择过程。现实生活中常常会发生这一类现象:下午本来打算写论文,但无意间看到一本有趣味的书,一下被其所吸引,于是搁置论文写作,转而阅读那本书。以上变化可以是因为情况的改变而调整日程的安排:当事者也许在连续伏案工作后,因外界因素的触发(如看到一本有趣味的书)而借机自我放松、休整。如果是这种情形,则这种变化便与意志软弱无涉。然而,当事者也可能被要求限时完成正在撰写的论文,为了按规定完成此文,他必须充分利用当日下午的时间,对此他也已清醒认识,并且不仅事先作了相应计划,而且明确决定这天下午将根据计划撰写论文。在此情况下,他若因偶然瞥到那本有趣之书而放弃自己已决定做之事(撰写论文),则这种现象便属广义的意志软弱。不难看到,这里需要区分以下两种情形:其一,行动过程中因某种因素触发而改变主意、调整计划,并在后续时间中实施调整后的计划;其二,依然保持原有想法和计划,但却因偶然因素的影响而未能贯彻、落实已确定实施的行动计划,意志软弱主要与后者相关,其具体表现形式为:因偶然因素的作用而未能将已有的决定付诸实施。从形而上的层面看,行动过程中意志软弱的发生,往往便以内在于现实世界的各种偶然性为其本体论根据。

  对于行动过程中存在的以上背景,一些哲学家往往未能给予必要的关注。黑尔(R. M. Hare)在谈到伦理行为时,便认为:"在我们有机会并且有(身与心方面)的能力去做某事的情况下,如果他人向我们发出做此事的命令,而我们在接受这一命令的同时又不去做命令所要求的这一事,那么,就不能说我们是真诚地接受了这一命令。"[1]

---

[1] R. M. Hare, *Language of Morals*, Oxford University Press,1952, p. 20.

按照这一看法,则只要具备一定的条件(外在的条件与行动者在身心方面的能力),同时行动者又真诚地做出了某种行动的选择或决定(如真诚地接受做某事的要求),则相关的行动便必然或发生。对行动的以上理解蕴含如下前提,即真诚的行动选择与实际的行动之间呈现彼此重合的关系,与行动相关的存在境域既未内含不同的可能趋向,也不存在任何偶然性:正是本体论上的以上前提,赋予行动的选择以确然不变的性质,"欲行而未行"或"决定做却不做"这一类的意志软弱也无从发生。这种看法在悬置意志软弱的同时,也多少表现出从确定性或不变性的方面理解行动的趋向。

以可能趋向及偶然性为本体论根据,意志软弱更多地展示了黑尔(Hare)的以上视域所未能充分关注的行动面向。作为实践过程中的一种现象,意志软弱既在本体论的层面折射了现实存在所蕴含的多重可能,又在观念之域体现了个体意向、意欲的可变动性。可能趋向的存在与内在意向及意欲的可变性相互交融,赋予行动的选择以偶然的向度。如果现实的存在境域不包含多种可能,个体的意向也不存在可变性,则行动从选择到实施便仅仅具有一种定向,其形态也相应地呈现必然性。就此而言,否定意志软弱不仅将导致忽略现实境域中的多重可能以及个体意欲的可改变性,而且在逻辑上意味着消解与可能性相联系的行动过程的偶然性。行动中的可能向度与偶然之维一旦被略去,则行动本身往往便容易被赋予某种"命定"的性质。这种理解,显然很难视为对行动的合理把握。

四　我思、我欲、我悦与身心之知

作为行动过程中的现象,意志软弱的存在无疑难以否认。然而,确认行动过程存在意志软弱,并不意味着将其完全视为应然的行动形态。行动过程中的偶然性确乎无法完全消除,日常生活中不同的选择可能诚然也需要给予其存在的空间,但同时,在具体的实践过程中,为了达到一定的实践目标,往往又会面临克服意志软弱的问题。如何在正视意志软弱的同时,又努力克服可能对实践过程带来消极作用的意志软弱？行动理论无法回避这一问题。

意志软弱首先与个体的观念世界相联系,并具体地表现为理性与意欲、情感之间的张力,意志软弱的克服,也相应地涉及理性与意欲、情感之间关系的协调。如所周知,康德曾将人心的机能区分为三种,即"认识机能、愉快与不快的情感和欲求的机能"[1]。认识机能关乎认识过程中的思维活动,欲求的机能表现为实践层面的自我要求[2],愉快与不快的情感则涉及审美领域中的情感认同、情感接受。体现为思维活动的认识机能主要与理性相联系,[3]愉快与不快的情感和欲求的机能则表现为非理性的规定。对康德而言,其中愉快与不快的情感机能居于认识机能和欲求的机能之间,并构成了二者之间联系的纽带:"因愉快或不快必然地和欲求机能结合着(它或是与较低层面的欲求一样,先行于上述的原理,或是从上述原理中引出,如同较高层面的欲求被道德法则所决定时的情形一样)。我们可以假定,它将实现从纯粹认识机能的过渡,也就是说,从自然诸概念的领域达到自由概念的领域的过渡,正如在它的逻辑运用中它使从知

---

[1] 〔德〕康德:《判断力批判》上卷,宗白华译,商务印书馆,1985 年,第 15 页,译文据英译本略有改动,参见 Kant, *Critique of Judgment*, Hafner Publishing Co., 1951, p. 13。

[2] 在康德那里,实践理性论域中的欲求,主要与意志的自我立法相联系,从而不同于感性的意欲。

[3] 这里的"理性"与康德所区分的"理性""知性"中的"理性"不同,与之相对的主要不是康德所说的"知性",而是非理性。

性到理性的过渡成为可能一样。"①康德的以上看法既以认识领域、道德领域与审美领域之间的沟通为指向,也涉及不同的观念活动和精神趋向之间的相互关联。其中,康德对情感机能所具有的联结作用的肯定,尤为值得关注:它内在地体现了对意识和精神综合性、统一性的注重。

康德所提及的以上方面可以从行动主体("我")的视角做引申性的考察,在此意义上,认识机能所体现的理性功能,可理解为"我思",实践层面的自我要求,可以视为"我欲",愉快与不快的情感,则可归属于"我悦",三者内在于同一行动主体,又彼此交互作用。与之相联系,行动中理性与意欲、情感等非理性的关系,也具体地通过"我思""我欲""我悦"体现出来,而克服行动过程中的意志软弱,则涉及以上诸方面的互动。

从哲学史上看,孟子在考察道德领域时,也从不同方面涉及了以上关系。在谈到耳目之官与心之官的同异时,孟子指出:"口之于味也,有同耆焉;耳之于声也,有同听焉;目之于色也,有同美焉,至于心,独无所同然乎?心之所同然者何也?谓理也,义也,圣人先得我心之所同然耳。故理义之悦我心,犹刍豢之悦我口。"②所谓"心之所同然",侧重的是"我思",其具体的内容则是"理""义"等普遍的理性观念和原则,在孟子那里,这一意义上的"我思",与作为道德实践自我要求的"我欲"具有一致性。在解释他自己何以一再进行理性论辩时,孟子便指出了这一点:"我亦欲正人心,息邪说,距诐行,放淫辞,

---

① 〔德〕康德:《判断力批判》上卷,宗白华译,商务印书馆,1985年,第16页,译文据英译本作了改动,参见 Kant, *Critique of Judgment*, Hafner Publishing Co., 1951, p. 15。

② 《孟子·告子上》。

以承三圣者。岂好辩哉？予不得已也！"①这里的"欲"（"欲正人心"）以"善"为其实质的内容,所谓"可欲之谓善"②。与"我欲"相联系的"悦我心",已不同于单纯的理性思辨:以"我悦"为形式,它同时表现为一种情感的认同和接受。在孟子那里,"我思"通过"心之官"（"心之官则思"）而把握普遍的"理""义","我欲"则源于"理""义"的内在要求,表现为道德层面的实践意向。"我思"所体现的"心之所同然"与"我欲"内含的实践要求,同时又合乎行动主体的内在意愿,并引发主体的愉悦之情（"悦我心"）,从而,"我思""我欲""我悦"呈现内在的统一性。

孟子的以上思想既涉及对道德意识的理解,也关乎道德的实践。从道德意识的维度看,孟子所说的"心之所同然",近于康德的实践理性,但它同时又关涉道德意义上的"共通感"（common sense）,③这种与"共通感"相涉的"我思"既引向实践层面的自我要求（我欲）,又涵摄情感之域的愉悦感或乐感（我悦）,在此,理性与非理性、普遍的道德律令与具体的情感形成了相互融合的形态。从伦理学上看,这种交融在某种意义上体现了康德的实践理性与休谟的道德情感之结合,④儒家道德哲学中追求美善相乐以及肯定孔颜乐处与内圣人格的统一等传统,也可溯源于此。在道德实践的层面上,"我思""我欲""我悦"的统一,则表现为理性的自觉判断（知其应然）与道德的

---

① 《孟子·滕文公下》。
② 《孟子·尽心下》。
③ 康德曾在《判断力批判》中对"共通感"（common sense）作了讨论（参见 Kant, *Critique of Judgment*, Hafner Publishing Co., 1951, pp.75-77）,这一论域中的"共通感"首先与审美意识相联系。此处的"共通感"是在引申意义上使用的,其内涵已不限于康德的以上论域。参阅本书第七章。
④ 康德虽然在审美的意义上对愉快与不快的情感给予了相当关注,但在道德领域却基本上悬置了感性经验层面的情感。

自愿要求(行其应然)之间的一致,当行为既基于理性的明觉,又出于自愿的要求,并进而通过情感的认同而达到好善如同好好色之时,与"应然"相悖的意欲对行动的干扰和影响便可以得到抑制,行为本身也将"若火之始然,泉之始达"①。火之燃、泉之达既是自然而然,又无法自抑,从道德行为看,后者(无法自抑)意味着扬弃意志软弱。可以看到,尽管孟子并没有具体地谈到意志软弱的现象,但他的以上看法却在实质层面或多或少涉及了相关问题。

就更广意义上的实践或行动过程而言,"我思"主要表现为理性的认知、评价和判断,"我欲"则与行动的选择、决定相联系,这种选择和决定既可以基于理性的判断,也可以导源于非理性的意欲。如前所述,意志软弱往往表现为理性的判断与非理性的意欲、情感等之间的张力,并以意欲压倒理性为特点。从这一方面看,克服意志软弱与化解理性与非理性的意欲之间的张力无疑具有内在的相关性。按其现实的形态,"我思"与"我欲"并非必然彼此隔绝。"我欲"在抽象同一的形态下,固然容易流于单纯的感性冲动,但通过"我思"向"我欲"的渗入,后者在内容、取向上便可能得到某种转换,从而超越单纯的感性冲动。进一步说,在一定的条件下,理性的判断可以引发意欲:以个体行为与社会的关系而言,如果根据理性的分析和判断,某种行动可以得到社会的肯定和赞赏,那么,对于接受该社会主流价值观念的个体来说,这种行动也会具有可欲性,并引发选择该行动的意欲。在政治、道德等实践过程中,理性的信念同样常常会唤起行动的意欲:一个坚持某种政治理想、信念的个体,每每同时会形成选择与相关政治理想、信念一致的行动。这种现象在某种意义上可以称之为"我思故我欲"。另一方面,"我欲"对"我思"也具有促发或推动作

---

① 《孟子·公孙丑上》。

用:一定的意欲产生之后,常常会推动个体对该意欲的价值性质(正当与否)、实现方式等的评价、思考。①

与"我思"和"我欲"相联系的是"我悦",对后者,需要予以特别的关注。如前所述,康德较多地注意到愉快(悦)与不快(不悦)的情感对认识机能与实践理性所具有的联结作用。从实践的意义上说,"我悦"的实质涵义,首先在于情感的认同与接受,这种认同既非导源于外在强制,也非出于内在的勉强;既不同于对理性要求的被动服从,也有别于对意欲冲动的自发顺从。它以普遍的理、义为内容,又包含愉悦之情(悦我心)。当"我思""我欲""我悦"彼此统一时,理性的认知和评价与个体的意欲便开始融入具有乐感(愉悦感)的主体意识,二者之间的张力,也将由此得到某种化解。以戒烟的行动而言,当停止吸烟仅仅是一种理性的要求时,它往往难以抵御烟瘾所引发的强烈吸烟意欲,然而,当不吸烟的决定并非仅仅基于吸烟有害健康的理性判断,而是同时出于"悦我心"的乐感体验之时,理性的要求与非理性的意欲之间的张力便有可能得到抑制。此时,吸烟有害健康的理性意识不再与吸烟的非理性意欲相对峙,"不应吸烟"的理性判断(我思)与"不想吸烟"的意欲或意向(我欲)交融于放弃吸烟所带来的愉悦意识(我悦)之中,与之相对的吸烟之欲,则很可能不仅难以"悦我心",而且将引发不快之感。可以看到,"我思""我欲""我悦"的统一,为克服以意欲压倒理性为形式的意志软弱,提供了某种内在的根据。

这里同时需要区分"我悦"与感性层面的快感。与"我思"及"我欲"相联系的"我悦"不同于感性层面的快感,康德已从审美意识的

---

① 卢梭曾认为,一个无欲望的人,是不会费心去推理的。(参见〔法〕卢梭:《论人与人之间不平等的起因和基础》,李平沤译,商务印书馆,2007年,第59页)这一看法从否定的方面注意到了"我欲"与"我思"之间的关系。

层面,注意到了这一点,儒家所推崇的孔颜之乐,则从道德的领域,对此作了更具体的考察。对儒家而言,一旦志于道,则即使处于艰苦的生活境遇,也可以达到精神上的愉悦。孔子曾这样称赞其弟子颜回:"贤哉,回也! 一箪食,一瓢饮,在陋巷,人不堪其忧,回也不改其乐。"[①]这种人生态度,也同样表现为孔子自己的道德追求:"饭疏食饮水,曲肱而枕之,乐亦在其中矣。不义而富且贵,于我如浮云。"[②]此处所描述的"乐",也就是后来儒家(特别是宋明新儒学)常常提到的"孔颜之乐",其核心在于超越感性的欲求,达到理义"悦我心"意义上的精神愉悦,尽管其中包含强化理性的可能,但在"悦我心"与"乐"的形式下,情感之维也得到了确认。当然,"我悦"(愉悦之情)之渗入理性,同时使之超越了感性的快感。在感性的存在形态与精神愉悦形成张力的情况下,渗入理性的精神愉悦往往对行动的选择具有更深层的制约作用。历史上,"士可杀而不可辱"这种价值取向与行为选择便以独特的形式体现了感性的存在形态与精神的愉悦之间的张力:"辱"既意味着个体尊严的失落,也与理性层面的精神愉悦相冲突,当感性存在与个体尊严以及理性层面的精神愉悦无法相容时,"士"所注重的,往往是个体尊严的维护以及理性层面精神愉悦的追求。进而言之,历史上的仁人志士每每为了理想而从容就义,在这种人生选择中,广义的我思(理性的考虑)、我欲(自愿的选择)、我悦(情感的接受)同样相互交融。当谭嗣同在戊戌变法失败后以"我自横刀向天笑"的精神走向刑场时,其中便既渗入了理性层面的坚定信念,也体现了情意层面的从容乐观。对这些仁人志士而言,与从容就义相对的苟且偷生固然能够使感性的存在

---

① 《论语·雍也》。
② 《论语·述而》。

得到延续,但这种延续感性存在的方式("苟且")不仅难以得到理性的认可,而且将引发精神的痛苦和煎熬,从而难以达到内在的"我悦"。

"我思""我欲""我悦"的统一,同时意味着超越意识活动的单向度性。从单一的理性视域考察,选择某种行动可能不尽合理或明智,但如果综合考虑了相关的各种情况,包括客观上多重可能的趋向、主观上不同意欲之间各自的强度,等等,则可能形成与单向的理性考虑不同的行动选择,后者往往更合乎一定的行动情境。这里的综合考虑,可以视为认知、意向、态度、欲望、情感等的交融,由此形成的行动选择和决定以及对这种选择和决定的实施,更多地表现为对单向意识活动的转换。从现实的行动过程看,基于单一的意识活动而做出的行动选择,因其未能综合地体现外在境域与内在观念诸方面的情况,每每难以实际地落实于行动,所谓"意志软弱",亦容易由此而引发。在这里,"我思""我欲""我悦"的互动主要不是直接地克服意志软弱,而是通过扬弃意识活动的单向性,以避免引发意志软弱。

行动过程中意志软弱的另一重形式,表现为前文提及的知与行的脱节,即知而不行或"明知当行却未能行",克服这一意义上的意志软弱,也相应地涉及知行之辩。具体而言,也就是扬弃知与行的分离。

避免知而不行,首先关乎如何理解知。荀子在谈到"学"时,曾指出:"君子之学也,入乎耳,著乎心,布乎四体,形乎动静,端而言,蠕而动,一可以为法则。小人之学也,入乎耳,出乎口,口耳之间,则四寸耳,曷足以美七尺之躯哉。古之学者为己,今之学者为人,君子之学也,以美其身,小人之学也,以为禽犊。"[1]这里的"学"与广义之知相

---

[1] 《荀子·劝学》。

联系,所谓"君子之学",也就是荀子所理解的应有之知,而"布乎四体,形乎动静",则既涉及"身"(四体),又关乎"行"。与之相对的小人之学,则仅仅限于口耳之间,未能引向以自我完善(美其身)为指向的践行。王阳明对此作了更具体的考察。在谈到广义的知行关系时,王阳明便区分了口耳之学与身心之学:"世之讲学者有二:有讲之以身心者;有讲之以口耳者。讲之以口耳,揣摸测度,求之影响者也。讲之以身心,行著习察,实有诸己者也。"①关于口耳之学的具体特点,王阳明有如下阐述:"今为吾所谓格物之学者,尚多流于口耳。况为口耳之学者,能反于此乎?天理人欲,其精微必时时用力省察克治,方日渐有见。如今一说话之间,虽只讲天理,不知心中倏忽之间已有多少私欲。盖有窃发而不知者,虽用力察之,尚不易见,况徒口讲而可得尽知乎?"②"口"引申为说,"耳"则借喻为听,在言说过程中,说与听都首先涉及话语意义的辨析,其目标首先在于达到语词层面的理解。此时,主体常常耳听而口说,所谓入乎耳而出乎口;其所说所听,并未化为内在的德性和人格。唯其如此,故虽在语义的层面能明于理,但仍不免做悖于理之事。与之相对,所谓"讲之身心而实有诸己",则意味着道德理性层面之知已超越了外在的言说,具体地落实、体现于个体的行动,从而扬弃了知与行之间的分离。

在王阳明那里,口耳之学与身心之学的区分,更内在地表现为"真知"与非真知之别。按他的理解,真实之知,总是可以落实于行,如果知而未行,则表明尚未真正达到知:"未有知而不行者。知而不

---

① (明)王守仁:《传习录中》,《王阳明全集》上,上海古籍出版社,1992年,第75页。
② (明)王守仁:《传习录上》,《王阳明全集》上,上海古籍出版社,1992年,第24页。

行,只是未知。"这里所说的知,便是王阳明所理解的真知,其特点在于渗入并实际地体现于行,所谓"知之真切笃实处即是行"①。以"行"为现实的载体,这种"真切笃实"之知与前文提到的柏拉图以及亚里士多德所理解的知有所不同,它既非纯粹的事实认知,也有别于单纯的价值评价,在某种意义上已超越了认识之维而表现为事实认知、价值评价与情感认同、意志选择的融合。从王阳明的如下论述中,便不难看到这一点:"故大学指个真知行与人看,说'如好好色,如恶恶臭'。见好色属知,好好色属行,只见那好色时已自好了,不是见了后又立个心去好;闻恶臭属知,恶恶臭属行,只闻那恶臭时已自恶了,不是闻了后别立个心去恶。"②好好色、恶恶臭主要与情感的认同、抵触以及意愿的接纳、拒斥相关涉,这里值得注意的不是以好好色、恶恶臭为行,而是将广义之知与好好色或恶恶臭这一类情感的认同或情感的抵触以及意愿的接纳、拒斥联系起来。正是二者的这种交融,为"知"向"行"的过渡提供了现实的前提。在这里,克服"知而不行"的意志软弱,主要表现为将"知"理解为联结情感认同、意志选择的所谓"真知",并由此进一步沟通事实认知、价值评价与行动的选择。

可以看到,表现为"知而不行"的意志软弱,以知与行的分离(知而不行)为特点,就克服这一形态的意志软弱而言,化口耳之知为身心之知无疑具有重要意义。在本体论上,身心之知的特点在于通过身与心的融合,"知"渗入于行动者并内化为其真实存在。这一意义上的"知"已不仅仅呈现为抽象的观念,而是"实有诸己"、体现于

---

① (明)王守仁:《传习录中》,《王阳明全集》上,上海古籍出版社,1992年,第42页。

② (明)王守仁:《传习录上》,《王阳明全集》上,上海古籍出版社,1992年,第4页。

"身",取得了具身性(embodiment)的形态。从知行关系看,身心之知则表现为事实认知、价值评价与行动意向的统一,其中既包括是什么、应当做什么等广义的认识,又内含行动的意向并体现于行动过程。上述意义中的"知"已不同于"行"之前的认知与评价,而是构成了"行"的内在环节:"知"不再仅仅是先于"行"或外在于"行"的抽象观念,它渗入并实际地参与行动过程。所谓"知之真切笃实处即是行",也可以从这一角度做引申性的理解。

从道德实践看,身心之知往往取得德性的形式。与外在的口耳之知不同,作为身心之知的德性既表现为向善的定势,又包含着知善的能力与行善的意向。在道德实践中,主体的活动便以德性为其内在根据:从情景的分析、规范的引用,到理性的权衡、意志的决断,都包含着德性的作用。在这里,行善的意向、对善言善行的情感认同、评价意义上的理性与认知意义上的理性,等等,呈现综合的精神形态,后者通过道德权衡、道德选择、道德评价等而制约着道德实践的过程。当主体做出具体的道德选择时,行善的定势既规定了权衡、选择的方向,又以专一的意志抑制外在的影响、干扰与内在的游移、徘徊。向善的定势、知善的能力与行善的意向交互作用,使应当行善的道德认识进而化为实际行善的道德行为。不难看到,上述形态的身心之知,从内在的方面为德性(广义的道德认识或德性之知)向德行(广义的道德实践)的过渡提供了某种担保。

在更广的意义上,身心之知可以视为综合形态的实践精神。如果说,口耳之知主要停留于语义、观念之域,那么,身心之知则融合于个体的整个存在,体现为身与心、知识与德性、能力与意向等的统一,化口耳之知为身心之知,相应地意味着从言说、论辩等观念活动,转向身心统一的行动过程。作为身心统一的综合形态,广义的实践精神在不同的层面规定着人的行动。以前面提及的戒烟而言,综合形态的实践精神不仅仅表现为"吸烟有害健康"等理性的判断,而且包括"应当停止吸烟"的自我要求以及戒烟的决定、抵御烟草诱惑的坚定意念,等等,当上述方面综合、凝聚为身心之知时,蕴含于其中"吸烟有害健康"的理性认识,便将与个体意欲、情感等方面彼此作用,引导主体实施戒烟的具体行动。① 要而言之,作为综合形态的实践精神、身心之知构成了克服知而不行的内在根据。

当然,为更深入地理解行动过程,还需要考察克服意志软弱与关注情景分析之间的关系。如前所述,行动的境域往往内含各种可能性与偶然性,在行动过程中,也相应地会面临具体情境的变化。当某一行动情境发生改变时,原来确定的行动计划或方案便需要进行适当的调整。在这里,情境分析无疑是重要的。宽泛而言,情境分析既涉及普遍的原则、规范与特定情景之间的沟通,又关乎行动过程的自我调节,这一意义上的情境分析及与之相联系的行动自我调节对实践过程的有效展开,具有不可或缺的作用。与此不同,行动中的意志软弱主要表现为当行而不行或知其应行却未行,其内在根源则在于理性与非理性、知与行之间的张力,克服这一视域中的意志软弱,并不意味着否定或排斥行动过程中的情境分析。此处重要的是区分以下两种情形,其一是:在一定情境中应当行但却不去行;另一为:变化的情境使原来"当行"之事不再当行,行动的计划亦需要作相应调整

---

① 黑格尔已注意到实践精神,并将其与理智层面的精神区分开来,不过,他同时又首先把实践精神视为意志的品格:"精神首先是理智;理智在从感情经过表象以达于思维这一发展中所经历的种种规定,就是它作为意志而产生自己的途径,而这种意志作为一般的实践精神是最靠近于理智的真理。"(〔德〕黑格尔:《法哲学原理》,范扬、张企泰译,商务印书馆,1982年,第11页)对实践精神的这种理解固然有见于实践与意志的关联以及意志与理智的相涉,但却既未能注意到实践精神所体现的身与心的统一,亦似乎未能充分肯定其综合性的特点。从身心之知与口耳之知的分野看,我们无疑需要同时关注实践精神的综合性品格。

或改变。前者属意志软弱,后者则与情境分析相联系。实践过程既需要克服意志软弱,也要求注重情境分析,二者对行动过程的意义虽然不同,但都不可忽视。

要而言之,作为行动过程中的现象,意志软弱既源于观念之域中理性与意欲、情感之间的张力,也关乎广义的知行之辩,在形而上的层面,它则以现实境域中可能性及偶然性的存在为其本体论根据。如何抑制意志软弱对行动过程的消极影响?这一问题既涉及我思、我欲、我悦之间的互动,又关乎化口耳之知为身心之知的过程,二者分别从理性与非理性的统一以及知与行的沟通等方面,为克服意志软弱提供了内在的前提。

第四章
作为实践背景的"势"

就现实的过程而言,意志软弱更多地构成了制约行动发生和展开的内在因素。行动和更广意义上的实践不仅与内在的机制相关,而且有其展开的现实背景。以中国哲学为视域,行动或实践的背景在"势"之中得到了具体的体现。"势"既是中国哲学的重要概念,又包含普遍的理论意蕴。作为具有普遍内涵的哲学范畴,"势"在实质的层面关联着人的行动以及实践过程。在本体论上,"势"呈现为内含多重向度的存在形态,从人的行动和实践之维看,"势"则可以理解为人的行动和实践活动由以展开的综合背景或条件。从中国思想的历史演进看,对"势"的关注可以追溯到先秦时期,此后这方面的讨论绵延不断。不同的学派、人物从各个侧面对"势"的内涵作了诠释,这些阐发与诠释为我们从更普遍的论域把握"势"在行动中的意义,提供了历史的前提。

一 实践过程中的"势"

在社会领域,"势"首先与个体在社会实践结构中的"位"相联系,后者又具体表现于政治实践的过程。在谈到君臣关系时,《管子》曾指出:"人君之所以为君者,势也。故人君失势,则臣制之矣。势在下,则君制于臣矣,势在上,则臣制于君矣。故君臣之易位,势在下也。"①这里的"势",即君臣在互动过程中所据之位,这种"位"不同于静态关系中的地位,而是在实践过程中形成的实际境地,后者既制约着政治实践的过程,又影响着个体在社会政治结构中的处境。以君臣关系而言,在静态的形式中,君之位无疑在上而臣之位则居下,然而,随着君与臣之间互动过程的展开,君的实际位置既可能依然在臣之上,也可能会处于臣之下,这种实际的位置便构成了政治实践展开之"势",亦即现实的实践背景。在中国传统哲学看来,即使历史上的圣王,其政治实践也受到上述之"势"的制约:"汤武之贤,而犹藉知乎势,又况不及汤武者乎?"②法家以法、术、势为君主治国的手段和条件,其中的"势"同样涉及政治实践中的地位。就传统社会的政治实践而言,"势"作为君臣之间政治地位的独特体现,同时展现为独特的政治格局。在君臣关系主导政治结构这一历史形态之下,如何使君主之"势"与君主之位保持在一个适当的层面之上,对于当时政治实

---

① 《管子·法法》。
② 《吕氏春秋·慎势》。

践的有效展开至关重要。在突出君主之"势"的背后,是对政治实践具体背景和条件的关注。

当然,社会实践同时涉及个体人格与外在之"势"的关系。"势"所体现的政治地位,对身处此"势"的个体而言,主要表现为外在的力量,仅仅依附于这一意义上的"势",则个体的人格往往难以得到挺立。孟子在谈到贤王与贤士的关系时,曾指出:"古之贤王好善而忘势,古之贤士何独不然?乐其道而忘人之势。故王公不致敬尽礼,则不得亟见之。见且犹不得亟,而况得而臣之乎?"①这里涉及内在德性(善)与外在权势的关系,所谓"好善而忘势",也就是尊重人的内在德性而不凭借政治地位上的优势居高临下、以位凌德。上述交往过程包含伦理的内容而不同于狭义的政治实践。较之政治领域中君主之"势"对政治实践的统摄作用,在具有道德意义的交往过程中,"势"尽管仍构成了实践(与人格展现相关的活动)的背景,但已不具有支配性的意义。孟子的以上看法无疑有见于伦理领域中实践背景与主体德性的复杂关系,他对内在德性的强调,则同时注意到了伦理行为的特点。

从更宽泛的层面看,与践行之"位"相涉的"势",也内在于广义的社会生活。《孟子·离娄上》有如下记载:"公孙丑曰:'君子之不教子,何也?'孟子曰:'势不行也。教者必以正,以正不行,继之以怒。继之以怒,则反夷矣。夫子教我以正,夫子未出于正也,则是父子相夷也,父子相夷则恶矣。古者易子而教之,父子之间不责善,责善则离,离则不祥莫大焉。'"这里涉及的是教育实践及日常交往中的父子关系。父之不教子,是由父子关系中的"势"决定的,此处之"势",便是指父子之间基于自然血缘以及社会伦理的特定地位,按孟子的理

---

① 《孟子·尽心上》。

解,父子之间的这种特定关系(所谓"势")决定了"父子之间不责善"。作为自然血缘与社会伦理关系的体现,"势"的意义同样不限于政治实践领域。从教育过程看,为使教育对象从无知或缺乏正确之知达到有知或正确之知,总是需要对其加以规范、约束,所谓"教者必以正",由此往往容易引发教育者与教育对象之间的某种张力,而父子之间若处于此种关系,则将影响父子之间的亲情。在此,表现为自然血缘与社会伦理关系的"势",便构成了特定领域(家庭之中)交往活动展开的具体背景。

"势"同时又与实践或行动的情景相联系。这种行动情景不同于前面提到的社会政治地位或伦理关系,而是表现为特定的行动境域。《淮南子》曾以亲子关系为例,对此作了讨论:"孝子之事亲,和颜卑体,奉带运履。至其溺也,则捽其髪而拯,非敢骄侮,以救其死也。故溺则捽父,祝则名君,势不得不然也。"① 在日常生活中,子对于亲(如父亲),应当恭敬温顺、细心关切。然而,一旦父亲不慎落入水中,则可猛然抓住其发而拉其上岸,这种行动方式看上去似乎很"粗暴",但事实上这并不是对父不恭,而是由特定的行动情景所决定的不得已之举:非如此则不能救其父,所谓"势不得不然",便表明了这一点。在这里,"势"便表现为特定的行动境域,这种境域可以视为实践背景在一定条件之下所呈现的独特形态。

与体现社会伦理关系相一致,"势"不仅涉及个体特定的行动情景,而且关乎一般意义上的处世与践行过程,在荀子关于"势辱"与"义辱"的区分中,便不难看到这一点:"流淫污僈,犯分乱理,骄暴贪利,是辱之由中出者也,夫是之谓义辱。詈侮捽搏,捶笞膑脚,斩断枯磔,籍靡舌绛,是辱之由外至者也,夫是之谓势辱。是荣辱之两端也。

---

① 《淮南子·氾论训》。

故君子可以有势辱,而不可以有义辱。"①所谓"义辱",是指由于个体自身不遵循道德规范或违背了社会所认可的道德原则和道德准则,最后自取其辱("辱之由中出者");"势辱"则是外在强加之辱,包括以暴力等方式施加于个体的各种外在侮辱("辱之由外至者")。外在暴力是个体无法左右的,然而,是否遵循道德规范则取决于个体自身。从道德的角度看,对非出于个体自身选择的现象,个体难以承担责任,但基于个体自身选择的行为,则个体应当对其负责。换言之,由于自己行为不当而自取其辱,这种情形应该加以避免,而由外在强制、暴力导致之辱,则个体常常虽欲免而无能为力。正是在此意义上,荀子认为"君子可以有势辱,而不可以有义辱"。在此,"势"是指行为过程中个体无法左右和支配的外部背景或外部境遇。

实践过程既基于当下的境域,也涉及事物发展的趋向,后者同样关乎"势"。事实上,从更内在的方面看,"势"便表现为历史变迁发展过程中的趋向。在谈到"封建制"的形成时,柳宗元曾指出:"彼封建者,更古圣王尧舜禹汤文武而莫能去之,盖非不欲去之也,势不可也。""故封建非圣人意也,势也。"②作为一种特定的分封体制,"封建"的形成,并不取决于个人的意愿,而是历史演进的趋势使然。这里的"势"与个体的意愿相对,表现为历史发展过程中的客观趋向。陈第在回溯文字语音的变迁时,也指出:"时有古今,地有南北,字有更革,音有转移,亦势所必至。"③语音文字作为一种社会现象,与人的文化活动息息相关,而在它的变化之后,则隐含着内在之"势",后者同样可以理解为历史的发展趋向。作为广义之"位"的"势",与作为历史发展趋向的"势"既呈现不同的形态,又具有相关性:表现为

---

① 《荀子·正论》。
② (唐)柳宗元:《封建论》。
③ (明)陈第:《毛诗古音考·自序》。

"位"的"势"本身处于动态的过程之中,作为发展趋向的"势"则从更广的历史维度展现了以上这种过程性。

"势"作为历史发展的趋向,包含时间之维。具体而言,"势"与时间的联系具有二重性:一方面,"势"总是在一定的时间绵延中展开;另一方面,"势"本身即表现为一种具有时间意义的发展趋向:作为历史趋向的"势"同时隐含时间之维。《淮南子》已注意到这一点,并将"乘时"与"因势"联系起来:"乘时因势,以服役人心也。"①王夫之对此作了进一步的阐述:"时异而势异,势异而理亦异。"②这里的"时",便涉及时间性、历史性。在王夫之看来,"势"的变化与"时"相联系,随着时间的绵延与历史条件的变迁,历史的趋势也会相应发生变化。在现代,"时"与"势"仍常常被合称为"时势",其中也包含着对社会发展趋向与时间演化之间相关性的确认。作为事物或社会发展的历史趋向,"势"在个体与社会的层面,都构成了实践过程展开的重要背景。

时间性与历史性主要表现为纵向的联系。从横向看,"势"又以事物之间的相互关联为其内容。《鬼谷子·摩篇》曾提出"物类相应于势"的观点,所谓"物类相应",便是指事物之间的相互呼应或相互关联,而在《鬼谷子》的作者看来,这种相互关联便构成了事物变迁之"势"。在否定意义上,"势"作为事物之间的关联,又指两种对立力量之间的相互排斥关系,《吕氏春秋》在谈到春秋时期吴国与越国之间的相争时,便指出:"夫吴越之势不两立。"③所谓"势不两立",便是一种独特的政治关系或政治格局,这种格局以否定的形式表现了事

---

① 《淮南子·本经训》。
② 参见(清)王夫之:《宋论》卷十五,《船山全书》第11册,岳麓书社,1996年,第335页。
③ 《吕氏春秋·知化》。

物之间的关联。相互关联的事物所形成的变迁、发展格局,往往构成了个体行动或社会实践借以展开的特定场域。以不同事物或事物不同方面的彼此互动、不同力量的错综配置等为内容,场域同时为个体行动或社会实践的展开提供了现实的背景。作为社会实践的背景和条件,这种场域非个人能够随心所欲地加以选择和左右,相对于不同的实践目标,它既可以呈现积极的意义,也每每表现出消极的趋向。《商君书》曾特别指出了这一点:"名分定,势治之道也;名分不定,势乱之道也。"[1]这里的"势"即一定时期的政治格局。不同的"势"可以成为治理天下的有利条件,也可以导致失序、动乱,由此呈现不同的实践意义。

"势"的不同实践意义,在"强势"与"弱势"、"优势"与"劣势"等区分中,也得到了具体的展现。"强势"与"弱势"既体现于社会领域中不同政治、经济、文化等地位,也表现为一定时期的某种社会格局。如前所述,"势"本身便与一定的社会地位相联系,传统社会中的君臣之势,便体现了这一点。从社会地位看,拥有各种政治、经济、文化等资源的个体或群体,在社会领域往往处于所谓"强势"之位,与之相对,缺乏上述资源的个体或群体,则常常居于"弱势"状态。前者同时呈现为"优势",亦即有利的实践背景,后者作为实践背景则具有不利的性质,从而表现为"劣势"。就一定时期的某种社会格局而言,强势以雄健、有力的形式表现事物的发展趋向,弱势则展现为衰萎、无力的形态。在现代社会经济的运行中,一定时期金融市场中行情的凌厉上行,常常被视为强势格局,相反,其绵延下挫,则往往被看作是弱势形态。这种以强弱之势分别呈现的社会格局,同样表现为特定的实践背景,它们对人的活动(包括经济领域的实践)每每具有不同的

---

[1] 《商君书·定分》。

影响和作用。

总括以上几个方面,可以看到,"势"表现为具有综合形态的实践条件或实践背景。实践的背景既涉及时间,也关乎空间,与行动相关的时间以历史条件为其实质内容,行动的空间形态则体现于社会结构和社会场域。一定的历史条件与相关的社会结构、社会场域的相互作用及其动态统一,构成了实践的综合背景。作为实践背景,"势"以具体的存在为其"体",从而有现实的根据。刘勰在谈到"势"时,曾指出:"夫情致异区,文变殊术,莫不因情立体,即体成势也。势者,乘利而为制也,如机发矢直,涧曲湍回,自然之趣也。"①这里所涉及的虽然首先是文论之域,但同时也关乎更广意义上的"势"。引申而言,所谓"即体成势",意味着"势"非空无依托,而是实有其"体"。这种"体"可以是具体的社会关系,如政治实践中的君臣之序("人君之所以为君者,势也"),可以是历史变迁的过程("故封建非圣人意也,势也"),也可以是特定的行动情景,如父亲溺水而加以救助的非常之境(溺则捽父,"势不得不然也"),如此等等。"体"在赋予"势"以现实品格的同时,也使其作为实践背景的综合形态得到了具体的落实。

二 人与势的互动

作为行动和实践的背景和条件,"势"既非本然的存在,也不同于与人无涉的外在力量。无论是表现为社会政治结构中的态势,抑或作为特定行动中的情境;不管是体现于社会领域中不同事物之间的关联与互动,还是展现为历史变迁中的趋向,"势"的形成与作用,始终包含人的参与,其意义也形成于实践过程。"势"与人相互作用,从

---

① 刘勰:《文心雕龙·定势》。

不同方面影响和制约着人的实践活动。

"势"尽管与人相涉,但非人所能任意地左右和支配。事实上,"势"在形成之后,就呈现为一种现实的境域和力量,人在行动和实践的过程中,需要对其加以正视和应对。《孙子》在谈到战争过程中"人"与"势"的关系时,曾指出:"故善战者求之于势,不责之于人,故能择人而任势。"①这里的"势",是指敌我交战时的具体态势和背景,所谓"求之于势,不责之于人",也就是在确立战略战术以及运用战略战术时,首先应基于客观的条件,而非仅仅凭借人的主观判断或能力。相对于人的认识与能力,"势"更多地与客观的法则相联系,《淮南子》曾从天人关系的角度阐释了这一点:"禹决江疏河以为天下兴利,而不能使水西流,稷辟土垦草以为百姓力农,然不能使禾冬生,岂其人事不至哉? 其势不可也。"②"决江疏河""辟土垦草",表现为人的作用过程,水的流向自东向西、冬天禾苗无法生长,则体现了一定环境或一定历史时期的客观法则,《淮南子》以后者为"势",侧重的是"势"的客观向度。正是基于以上理解,《淮南子》认为:"夫地利胜天时,巧举胜地利,势胜人。"③"天时""地利"属自然的条件,相对于此,"巧举"更多地表现为人的能动作用,人的作用固然可以战胜自然(天),但它本身仍然受制于体现客观法则的"势"。孟子从更普遍的层面考察了人与势的以上关系,并曾借齐人之言来表达对这一问题的看法:"虽有智慧,不如乘势;虽有镃基,不如待时。"④这里的"智慧"是人对世界的认识以及广义的认识能力,"镃基"则是当时所运用的农具。就实践过程而言,认识内容及认识能力(智慧)与工具

---

① 《孙子·兵势》。
② 《淮南子·主术训》。
③ 《淮南子·兵略训》。
④ 《孟子·公孙丑上》。

(镜基)均属主体条件,按上述理解,这些主体条件的作用,总是受制于作为实践背景的"势"与"时",从而,对后者也应给予更多的关注。

势作为一种人之外的力量,对人的存在和行动具有影响、推动作用。各种因素的交互作用,常常会形成一种气势,后者对人的行动可以予以正面的触发和推动,也可以在消极意义上加以抑制。当某种发展趋向呈现难以抗拒之势时,与之相对的行动也许在情意之域仍会萌动(逆潮流而动的意向便与此相关),但在理性的层面,这种尝试往往会受到抑制:面对不可抗拒之势,理性的选择一般更多地趋向于避免螳臂当车。从正面看,这种气势则可表现为某种历史的动能,并推动实践的进程。在历史发展的转折时期,新兴力量之推翻旧时代的残余,便每每呈现横扫千军如卷席之势,后者本身又表现为具有驱动或加速意义的力量。与事物的交互作用及发展趋向相联系的这种"势"或气势在推动或抑制行动的同时,也构成了相关行动实施与展开的背景。

以上所侧重的,是"势"超越于人的一面以及它对人的制约,这一视域中人与势的关系,更多地表现为人顺乎势。然而,顺势本身并非仅仅呈现被动、消极的形态,它同时又与合乎道、合乎法则相联系,后者与《老子》所说的"为无为"具有相通之处[①]。"为无为"中的"无为"并不是指消极意义上拱手不做任何事,而是指以"无为"的方式去"为"。作为一种独特的行为方式,"无为"的着重之点在于遵循自然之道或自然的法则、避免以合目的性干预合规律性,其特点近于黑格尔所谓"理性的机巧"[②]。显然,"无为"在此并不是拒斥作为,而是使整个行为过程合乎自然法则。人之顺乎势,体现的是与之相近的

[①] 参见《老子·第三章》《老子·第六十三章》。
[②] 参见〔德〕黑格尔:《小逻辑》,贺麟译,商务印书馆,1980年,第394—395页。

行动趋向。"顺势"的以上内涵,使之与"乘势"呈现了内在的一致性。历史地看,中国哲学在强调"求之于势"、顺乎势的同时,又一再肯定人的作用。荀子便将"处胜人之势"与"行胜人之道"联系起来:"处胜人之势,行胜人之道,天下莫忿,汤武是也。处胜人之势,不以胜人之道,厚于有天下之势,索为匹夫,不可得也,桀纣是也。然则,得胜人之势者,其不如胜人之道远矣。"①"胜人之势"主要表现为积极意义上的实践背景,"胜人之道"则涉及人的实践方式。在荀子看来,仅仅"处胜人之势"而缺乏"胜人之道",往往将导向否定性的实践结果。不难看到,相对于外在之势,人的实践方式及与之相联系的实践活动在此呈现更重要的意义。

进而言之,"势"对实践的作用,本身需要通过人的实践活动而实现。事实上,历史的演进已体现了这一点,叶适曾对此作了比较具体的阐述。在他看来,历史过程中的"势"总是影响着历史过程本身的演进。欲治理天下,便必须把握历史过程中的这种势,并进而"以一身为之":"故夫势者,天下之至神也。合则治,离则乱;张则盛,弛则衰;续则存,绝则亡。臣尝考之于载籍,自有天地以来,其合离张弛绝续之变凡几见矣,知其势而以一身为之,此治天下之大原也。"②在这里,叶适一方面承认"势"作为必然趋向不以人的意愿为转移,另一方面又肯定了人在"势"之前并非完全无能为力,所谓"知其势而以一身为之",也就是在把握"势"之后进一步运用对"势"的认识以治理天下。这样,"势"固然不随个人的意愿而改变,但人却可以通过把握"势",乘"势"而为。在此意义上,叶适强调"势"在己而不在物:"古之人者,尧、舜、禹、汤、文武、汉之高祖、光武、唐之太宗,此其人皆能

---

① 《荀子·强国》。
② (宋)叶适:《治势上》,《叶适集》,中华书局,1983年,第639页。

以一身为天下之势,虽其功德有厚薄,治效有浅深,而要以为天下之势在己不在物。夫在己不在物,则天下之事唯其所为而莫或制其后,导水土,通山泽,作舟车,剡兵刃,立天地之道,而列仁义、礼乐、刑罚、庆赏以纪纲天下之民。"①要而言之,人的乘势而为一方面表现为根据社会的需要变革自然对象,所谓"导水土,通山泽,作舟车"等,便与之相关;另一方面又体现于社会领域的道德、政治、法律等活动,所谓"列仁义、礼乐、刑罚、庆赏以纪纲天下之民",即可归属于此。通过因"势"而行、乘"势"而为,天下便可得到治理,在叶适看来,历史上的唐虞、三代、汉唐之治,便是通过不同时代的君王"以一身为天下之势"而实现的。相反,如果不能顺势而为,以致"势"在物而不在己,那就很难避免衰亡:"及其后世,天下之势在物而不在己,故其势之至也,汤汤然而莫能遏,反举人君威福之柄,以佐其锋,至其去也,坐视而不能止,而国家随之以亡。夫不能以一身为天下之势,而用区区之刑赏,以就天下之势而求安其身者,臣未见其可也。"②

不难注意到,人与势之间存在着互动的关系:一方面,"势"作为客观的背景,呈现为人无法左右的力量,此即所谓"势胜人";另一方面,"势"的作用又通过人而实现,人可以乘"势"而为,所谓"势在己不在物",便体现了这一点。陈亮在谈到历史中的"英雄"时,曾指出:"古之所谓英雄者,非以其耀智勇,据形势,如斯而已也。"③尽管在总体上陈亮并没有将"耀智勇,据形势"作为英雄的主要品格,但其中也涉及对人与势相互作用的理解。所谓"耀智勇",展现的是人对"势"的积极作用,"据形势",则体现了"势"对人的制约(以既成之势为行动的根据)。如何在实践过程中,使"势"之"在物而不在人"与"势"

---

① (宋)叶适:《治势上》,《叶适集》,中华书局,1983年,第637页。
② 同上书,第637—638页。
③ (宋)陈亮:《酌古论》,《陈亮集》,中华书局,1974年,第64页。

之"在人而不在物"获得内在的统一？这里便离不开实践主体的主导作用。从内在的层面看，人与"势"之间的如上互动所折射的,是人的能动性与现实背景、客观法则之间的关系,与之相联系,"势"之"在物而不在人"与"势"之"在人而不在物"的互动,同时涉及合法则性与合目的性的关系。如后文将讨论的,实践过程总是面临"审时度势"的问题,不断在实践过程中使合法则性与合目的性达到内在的统一,即构成了"度势"的重要内容。①

从另一方面看,"势"与人的互动也体现了"势"的生成性。作为一种历史趋向,"势"本身既涉及已然的状态,也内含动态性。事实上,如上所述,"势"非本然的存在形态,其形成过程总是离不开人的参与,后者也赋予"势"以生成性的品格。韩非在谈到"势"时,已指出:"夫势者,名一而变无数者也。"②这里的"变",便关涉"势"在不同时间条件下的变迁、生成。一方面,同为"势",其呈现的形式可以具有多样性;另一方面,随着时间的变化,同一"势"也可以形成不同的样态。"势"所具有的生成性,使人之造势成为可能。所谓"造势",也就是形成有利于实践过程展开的趋向和背景,改变或避免不利的实践境域。荀子的如下看法便关乎此:"聪明君子者,善服人者也,人服而势从之,人不服而势去之。"③所谓"势从之",也就是形成与某种实践活动相应的行动格局。人既可通过自己的积极行动(如政治实践中的"善服人")而造就某种境域,也可以因为自己行动的不当而

---

① 余莲曾对中国思想史中的"势"作了考察,并在总体上将"势"理解为一种"效力","势"的观念也相应地被看作是一种"效力观"(参见〔法〕余莲:《势:中国的效力观》,卓立译,北京大学出版社,2009年)。以此为视域,余莲所关注的主要是"势"本身的作用,对"势"与人之间的如上互动及其内在意蕴,似未能作具体的分析和考察。

② 《韩非子·难势》。

③ 《荀子·王霸》。

失去有利之"势"。质言之,"势"可由人造,意味着人的行动可以促成某种"势",并由此进一步影响和制约实践活动。韩非子更明确地对"势"与"必于自然"作了区分,强调"势"为人之所"设":"势必于自然,则无为言于势矣。吾所为言势者,言人之所设也。"①"必于自然"意味着"势"完全处于人的作用过程之外:人对其无能为力。与之相对,人之"设"势则不同于"必于自然"而与人之"造"势具有相通性。造势的形式本身具有多样性。从社会体制与个体行动的关系看,一定时期政治实践的主体可以创造条件,形成近于社会结构或社会体制的背景或场域,由此对个体行为造成某种约束。《商君书》已注意到这一点,并提出了"势不能为奸"的看法②,所谓"势不能为奸",也就是通过形成一定的行动背景,使个体无法为非作歹:不论相关个体怀有何种企图,客观之"势"规定了他难以作恶。这是借助造势,在消极意义上对个体行为加以约束。

王夫之从更普遍的层面,阐述了"理""事"与"势"等关系:"顺逆者,理也,理所制者,道也;可否者,事也,事所成者,势也。以其顺成其可,以其逆成其否,理成势者也。循其可则顺,用其否则逆,势成理者也。"③"事"不同于"物","物"是对象性的存在,"事"则表现为人的活动,"事"作为人的活动,其展开受到"理"与"道"的制约,并相应地形成与理和道的不同关系。但"事"又可"成势":所谓"事所成者,势也",也就是通过人自身的活动,形成一定的存在境域。在"成势"的过程中,理作为必然的法则,始终制约着人的活动:它既在积极的意义上规定了人可以做什么("以其顺成其可"),又在消极的意义上

---

① 《韩非子·难势》。
② 《商君书·画策》。
③ (清)王夫之:《诗广传》卷三,《船山全书》第 3 册,岳麓书社,1996 年,第 421 页。

规定了人不能做什么("以其逆成其否")。从人的活动("事")看,则又存在是否合乎理的问题:合乎理则能达到实践目的("循其可则顺"),反之则难以成功("用其否则逆")。在这里,人之造势或"成势"与理形成了内在的关联,它从一个方面表明,以事成"势"或"势"的造就本身基于存在的法则,而并不是一个任意的过程。

可以看到,以事成"势",依"势"制行(以"势"制约人的行动),构成"人"与"势"互动的相关方面。无论是以事成"势",抑或依"势"制行,都涉及"理"与"势"的关系:通过积极意义上的引导与消极意义上的限定,理对成势过程中的活动(事)与因势而展开的实践(行)都具有影响和制约作用。

理作为存在的法则,更多地体现了必然,"势"与"理"的相关性,同时也意味着"势"之中包含必然。叶适在界说"势"时,已指出了这一点:"迫于不可止,动于不能已,强有加于弱,小有屈于大,不知其然而然者也,是之谓势。"①在此,"势"既作为外在力量超越了个体的意愿,又表现为一种"不可止、不能已""不知其然而然"的必然趋向。王夫之对"势"与必然之理的关系作了更具体的阐述:"于势之必然处见理","势既然而不得不然,则即此为理也。"②这里的"势"与"理"彼此相关,但二者并非完全重合、等同,相对于"理","势"涉及多重方面,"理"所体现的,主要是"势"之中包含的必然趋向,所谓"于势之必然处见理",强调的也正是这一点。

然而,"势"作为综合的实践背景,并非仅仅以必然之理为内容,它同时包含各种偶然因素。在论及理与势的关系时,金岳霖曾提出

---

① (宋)叶适:《春秋》,《叶适集》,中华书局,1983年,第702页。
② (清)王夫之:《读四书大全》卷九,《船山全书》第6册,岳麓书社,1996年,第992、990页。

了一个值得注意的观点,即"理有固然,势无必至"①。这里的"势"首先与"殊相底生灭"相联系,②而"理有固然,势无必至"则关乎个体的变动。在引申的意义上,"势"同时涉及因果关联。从因果关系的角度看,"理有固然"既表明事物的变化总是受到因果关系的制约,也意味着因与果之间包含必然的联系:有某因,必有某果,二者所呈现的关系具有必然性。然而,作为事物变化(包括个体变动)具体缘由的"势"是否形成,则并非必然:就因果关系而言,某因是否出现或在何时、以何种方式出现,其间并无必至之势。更具体地说,某一对象可能受多种因果关系的制约,但究竟哪一种因果关系得到实现,则取决于各种具体条件。这样,根据"理有固然"的原理,"无论个体如何变如何动,我们总可以理解(事实成功与否当然是另一问题)";但就"势无必至"而言,则"无论我们如何理解,我们也不能完全控制个体底变动"③。以上关系既展现了个体的独特性,也突显了偶然性的作用:个体变动的现实历程总是有"非决定"的因素。从理与势的关系看,一方面,事物的存在与发展内含必然的趋向(所谓大势所趋、理有固然),另一方面,发展过程又有变化、有起伏、有曲折;势具有方向性,但又不具有明确的目的指向。④ 可以看到,以综合性为存在形态,"势"包含多重方面,其中既关乎普遍、必然,也涉及特殊性、偶然性。作为实践的背景,"势"所交织的必然与偶然的关系同时也决定了:不论是以事成"势",还是乘"势"而行,都既需要顺乎必然,又应当关注各种偶然性。

---

① 金岳霖:《论道》,商务印书馆,1987 年,第 201 页。
② 同上书,第 198 页。
③ 同上书,第 167 页。
④ 需要指出的是,这里对"理有固然,势无必至"的阐释,并非完全限于金岳霖的论域,而是包含某种引申之义。同时,前文已提及,金岳霖所关注的"势"主要与个体的变动相联系,本书对"势"的理解则涉及更广的视域。

三 审时度势：回到实践的现实背景

可以看到，从实践活动的维度看，"势"包含现实存在中不同的方面、趋向以及这些不同方面和趋向之间的关联、互动，从而表现为具有综合形态的场域或存在情境。这一视域中的"势"既为实践活动的展开提供了现实的背景，又为实践活动的理解提供了具体的角度。实践活动与"势"的如上关联，使之无法离开审"时"度"势"。从宽泛的层面看，所谓审"时"度"势"，也就是通过把握实践活动的综合背景，以引导实践过程。

"势"作为实践的背景，不同于抽象的存在形态，而是首先展开于具体的时空境域，并相应地呈现特殊而多样的形态。从政治领域的不同地位和关系及由此形成的政治局势，到军事活动中的敌我双方所处的胜负之势，从社会经济的运行大势，到国际关系中错综复杂的格局所呈现的态势（所谓国际形势），从一定时期社会的综合形势，到日常生活所面临的多样行动情景，与具体实践活动相联系的"势"都表现出特殊的形态：不仅不同社会领域之"势"各有特点，而且同一领域中的不同行动背景也每每处于不同的时空关系之中，从而彼此相异。然而，"势"之中又总是包含普遍的趋向。在一定的条件下，对实践活动具有积极意义之"势"，便包含相通的内容。以传统社会而言，在君臣关系上保持君主之"势"（君主的政治主导地位），便可以视为当时政治实践有效展开的共同前提。这样，一方面，每一实践过程面临的具体背景往往各不相同，另一方面，不同的行动背景中又包含普遍、共通之维。"势"所呈现的特殊性与它所包含的普遍性彼此交融，赋予实践活动的背景以现实的品格，具体地把握这一特点，构成了审"时"度"势"的内在要求。

以现实的存在为本源,"势"基于不同实践境域中既成的发展状况,并关联着过去与现在。然而,与静态的存在形态不同,"势"并不限于现存形态,而是跨越现在、指向未来:作为一种历史趋向,"势"既源自过去的事态、生成于当下情景,又关乎事物的后继发展。在时间的层面,这里涉及过去、现在、未来以及共时与历时之间的关系,而在时间关联与时间演化的背后,则是事物的既成形态与其未来发展趋向之间的关系。从实质的方面看,未来的发展关联着事物演化的可能形态:未来的时间之维与可能的存在形态具有内在的联系。与内含可能性相应,"势"作为发展趋向固然表现出方向性,但以可能性为形态,这种趋向并不具有明确的目的指向或目标性,这里不难看到发展的方向性与终点的不确定之间的张力。所谓"度势",意味着通过对共时与历时、已成与将成、现实形态与可能形态、方向性与终点不确定性等关系的审察、判断,以往察来,从事物的既成形态,展望其未来的发展。

作为综合形态的行动背景,"势"不同于个别的事实,而更多地呈现为诸多事实所构成的系统或场域。陈亮曾将这一意义上的"势"称之为"形势",并要求"论天下形势之消长,而决今日大有为之机"①。这里的"决大有为之机",也就是根据综合性的事实背景,作出实践的决策。现代语境中的"政治形势""经济形势",或更广意义上的"国际形势",等等,同样也指不同实践过程中具有综合性的事实系统。在这种事实系统中,一些方面与当下的实践活动直接相关,另一些方面则与正在展开的实践活动呈现间接的联系。以军事活动而言,某一特定战役中敌我双方兵力的多寡、装备的差异等往往构成了影响战役的直接因素,而人心的向背、参战双方所代表的社会发展趋向对

---

① (宋)陈亮:《上孝宗皇帝第一书》,《陈亮集》,中华书局,1974年,第4页。

其产生的影响则相对而言呈现间接性。实践活动的展开既需要关注实践背景中直接的方面,也不能忽视其间接的因素。在这里,实践背景的综合性,同时规定了审"时"度"势"的多方面性:把握实践过程之"势",意味着综合地考察并深入地理解事实系统中的不同方面,由此获得更广的实践视域。

在"理"与"势"的关系中,"势"的综合性得到了更深刻的体现。"势"之中包含必然性:"势"所展现的历史趋向同时便体现了事物发展的某种必然趋势,所谓"于势之必然处见理",侧重的也是这一点。然而,如前所述,作为综合的存在形态,"势"在既成的事实与未来的趋向等方面又涉及多重因素,其中包括各种偶然性。以事实而言,一定行动情景中出现的事与物,并不都具有必然性;从发展的趋向看,与多样的可能性相联系,事物的发展过程中往往存在偶然的变迁。在实践过程中,既需要把握必然的趋向,又应当充分注意偶然的方面,善于抓住各种稍纵即逝的时机。换言之,以"势"为行动的背景,并不意味着仅仅机械地顺乎某种必然趋势,它同时也要求重视"势"之中的偶然性。就社会历史的演化而言,从传统的社会形态走向现代形态,在一定的历史时期是大"势"所趋,但在不同的民族或不同的地区中,究竟何时、以何种方式实现现代化,则存在偶然性,其间并没有确定不变的日程和模式。与之相类似,某种力量即使在历史发展的一定时期大"势"已去,但仍可能出现回光返照的现象,如旧体制在社会变革之后的死灰复燃、卷土重来,等等。必然的趋向与偶然的变迁彼此交织,既赋予"势"以复杂的形态,又使具体地把握必然与偶然成为"审时度势"的重要内容。

偶然与必然的关系,在"势"与"时机"的互动中得到了具体地展现。叶适在论"势"之时,曾对"机"与"时"的作用作了考察,在他看来,"机"与"时"只有通过人自身的活动才能得到展示和实现,由此,他对空谈"机"与"时"的人提出了批评:"事之未立,则曰'乘其机也',不知动者之有机而不动者之无机矣,纵其有机也,与无奚异!功之未成则曰'待其时也'。不知为者之有时而不为者之无时矣,纵其有时也,与无奚别!"①这里所说的"机"与"时",近于一般意义上的时机、机会、机遇,等等,作为实践过程中的具体条件,它们既具有正面或积极的价值意义(表现为达到某种价值目标或实现某种价值理想的前提),又呈现偶然的品格(时机、机会、机遇的形成或来临非必然预定)。与自然领域的偶然性有所不同,社会领域中时机的积极意义与作用只有在人的实践过程中才能得到具体实现,后者往往与顺"势"而为的过程相联系。如果仅仅谈论等待时机,却始终不参与实际的践行活动,那么,时机也就失去了其现实的意义,从而虽有若无,所谓"不动者之无机""不为者之无时"所强调的,便是这一点。时机同时又是条件之"场"或条件的汇聚:它具体呈现为相关条件在某一时空背景下的交集,这种条件的交集或汇聚为实践的成功展开提供了契机。在历史衍化中,由条件的交集或汇聚而形成的这种契机或时机常常稍纵即逝,这使时机显得弥足珍贵:"速则济,缓则不及,此圣贤所以贵机会也。"②从而,适时地把握时机,对于实践过程至关重要。与"不动""不为"相对,顺势而为意味着在知行的过程中抓住时机,并利用时机所提供的条件,达到自己的价值目的。在这里,一方面,顺势所体现的合乎必然与把握时机所内含的注重偶然呈现彼此交织的关系,另一方面,"审时"与"度势"也相互关联,并具体表现为洞察"势"与把握时机的统一:"势"作为发展的趋向,构成了实践活动总的历史背景,"时机"则为乘势而动、顺势而为提供了现实的契

---

① (宋)叶适:《应诏条奏六事》,《叶适集》,中华书局,1983年,第839页。
② (宋)苏轼:《范景仁墓志铭》,《东坡文集》卷八十八。

机,通过既知其势(度势),又察其"时"与其"机"(审时),人同时也为实践过程的自觉展开通过了前提。

当然,从更宽泛的层面看,时机固然常常展现积极或正面的价值意义,但也可以呈现价值上的中立性。在一定的实践背景中,某种机遇如果处理得当,便可以成为推动实践过程从不利的形态向积极的方向发展,但若应对失当,则可能向消极的方向发展。前者意味着化机遇为"转机",后者则可能使机遇逆转为"危机"。以中国现代史的发展过程而言,1936年"西安事变"的出现,是一种重要的政治机遇,处理合宜,它可以成为推动抗日救亡的转机,处理不当,则可能将不同的政治力量进一步引向分裂和对抗,从而使全国的政治局势陷于更深重的危机。在这里,机遇究竟获得何种性质,同样离不开实践主体的正确判断以及与之相应的实践过程,而积极意义上的化机遇为转机以及消极意义上的避免机遇转为危机,则体现了"审时度势"的政治智慧,这种政治智慧可以视为后文将进一步讨论的实践智慧在政治领域的具体表现形态。

要而言之,"势"既涉及特定的行动情景,也体现了现实存在的普遍内容;既基于当下或已然的存在形态,也展现了事物发展的未来趋向;既包含与行动直接相关的方面,也兼涉间接影响行动的因素;既内含必然之理,也渗入了各种形式的偶然性,由此展现为包含多重方面、具有综合性和系统性的实践背景。作为行动和实践的具体背景,"势"呈现出现实性的品格:当我们从"势"的角度考察行动时,同时也意味着回到行动由以展开的现实背景。从更深层的方面看,以"势"为考察行动和实践的实际出发点,可以避免仅仅关注单向的因果关联或线性的因果联系,综合地把握实践的现实条件。在考察行动和实践的过程中,如果离开"势"这样一种综合、现实的视域,便容易停留于单向的因果关系,后者的内在偏向在于仅仅关注行动和实践过程的某一方面或某一重关系,而忽略现实背景的多方面性和复杂性,由此导致对行动和实践过程的抽象理解。在这里,关注行动之"势"与面向实践的现实前提构成了同一过程的两个方面。①

存在的形态,内在地规定着把握存在的方式,"势"的综合性,相应地决定了"度势"(把握势)的多方面性。相对于一般意义上的认知活动,"度势"的内在特点在于对实践背景的综合把握。这里当然也涉及感知、直观、理性的分析、推论,以及比较、权衡,等等。事实上,对经验事实的把握,便离不开感知、直观;对发展趋向的预测,则需要推论;揭示必然与偶然的关系,更要借助于分析、比较,如此等等。同时,从广义的认识视域看,对"势"的把握还涉及事实认知与价值评价的关系。然而,在"度势"的过程中,以上方面并非彼此相分,而是展开为一个统一的过程:"势"作为综合的存在形态,既无法仅仅通过单一的认识环节加以把握,也难以在不同认识环节彼此相分的形态下得到展现,唯有当不同的认识之维以"势"为共同指向而相互关联,"势"的整体形态才能被揭示和敞开。在此,作为存在形态的"势"所具有的综合性,为"度势"过程对不同认识环节的整合提供了本体论的前提。

从现实的形态看,"度势"的以上特点与判断具有更多的相关性。作为把握和作用于对象的认识形式,判断以感知、理性、想象、直觉、洞察等方面的交融和互动为前提,表现为分析、比较、推论、确定、决

---

① 余莲在谈到中国思想史中"势"的观念时,曾指出,中国人对因果观念不感兴趣,"他们用趋势的牵涉作用(l'implication tendancielle)来对抗因果论的解释(l'explication causale)"([法]余莲:《势:中国的效力观》,卓立译,北京大学出版社,2009年,第194页)。这一看法注意到了"势"的观念与被抽象理解的因果论之间的差异,但认为中国思想中的"势"与因果观念完全相互排斥,则似乎走得太远。事实上,与"势"相对的主要是单向或线性的因果关联,而并不是因果性本身,"势"作为综合性的实践背景,在某种意义上构成了实践过程更具体的根据或原因。

断等活动的统一。就作用方式而言,判断的特点首先体现于联结与沟通,后者既涉及上述不同认识环节之间的交融,也以观念形态与外部对象之间的关联为内容。通过如上联系,存在的一般性质与特定形态的内在联系、事物的不同规定之间的相关性,也得到了把握,主体则由此进而形成了对事物不同维度、不同层面的认知。判断的以上特点,使之不同于作为逻辑分析对象的命题:就形成过程而言,判断表现为综合的认识活动,命题的推论则与逻辑运演过程有更多的联系;就存在形态而言,判断可以包含多方面的内容,命题的意义则主要体现于其逻辑内涵。二者的区分,在康德哲学与分析哲学的差异中也得到了体现:如果说,康德哲学侧重于判断,那么,分析哲学则更多地关注命题,后者使分析哲学在祖述康德的同时,也使之在形式化的方面更进了一步。从现实的维度看,对"势"的把握无法仅仅限于命题的推论,而是需要借助于判断等综合性的认识活动。

事实上,在宽泛意义上,可以将"度势"理解为对特定之"势"的判断:实践过程中的所谓审时度"势",往往便是指通过对相关之"势"的判断,以形成行动的决策。从积极的方面看,对"势"的正确判断,是实践成功的重要前提,在宏观的社会层面,正确判断历史演进的大势,可以避免与历史潮流背道而驰;在科学的研究中,恰当地判定科学发展的趋势,则可为走向科学研究的前沿提供内在担保。从消极的方面看,错误地判断事物演变或社会发展之"势",往往将在实践过程中碰壁。对"势"的这种判断,既离不开多样的认识能力与认识形式,也表现为一个创造性的认识过程。如果说,了解单向的因果关系可以主要借助经验层面的认知,那么,把握以"势"的形式表现出来的综合形态的实践背景,便既不能限于单纯的直观,也无法仅仅依赖程序化的推论,而需要创造性运用不同认识能力与认识形式。

　　作为行动的背景,"势"并非仅仅呈现静态的性质。以人与"势"的互动为前提,"势"同时在不同意义上展现出其内在的作用。如前所述,从正面或积极的意义上看,"势"往往表现为一种体现于行动过程的现实力量。引申而言,战争中胜利的一方"势如破竹"地向前推进、"以摧枯拉朽之势"横扫敌军,历史变迁中合乎时代潮流的社会力量之"气势如虹",等等,都体现了"势"的力量之维。在与之相对的意义上,"势"又可以体现为一种否定性的力量,所谓"劣势""颓势""势孤力单",等等,便反映了这一点。积极意义上"势"同时呈现为实践过程中的动力因,其作用具体表现在二个方面:在行动发生之前,"势"可以引发行动;在行动展开过程中,"势"则往往进一步推进后续的行动,所谓"势不可挡",便同时体现了"势"对实践的如上作用。

　　"势"对行动的引发、推进,首先以行动目的与"势"的一致为前提,所谓"顺势""乘势",便体现了行动目的与"势"之间的这种一致。唯其如此,"势"才能化而为具有积极意义的内在力量。反之,如果违逆历史之势(逆历史潮流而动),则"势"往往转化为否定性的力量。从行动的过程看,"势"之成为积极的力量,又基于行动方式、程序之合乎"势",以经济活动而言,在工业化的时代,如果仍然以手工作坊中的操作为生产的方式,便往往很难在普遍使用机器大生产这一时代大"势"中生存。在政治实践的领域,当民主化已成为历史潮流之时,试图回复君主专制政体,最终总是难免走向失败,近代史上的各种复辟闹剧,便表明了这一点。

　　"势"所呈现的力量,同时展示了与"势"相关的行动背景所内含的动态性质:作为一种现实的力量,"势"非外在于行动而仅仅表现为前提性的条件,而是渗入行动并参与行动过程。这里可以进一步看到人与"势"之间的互动:人通过实践活动而成"势","势"又在人的行动目的和行动方式与之一致的条件下表现为推进实践的现实力量。"势"的以上内涵,同时也规定了实践活动的如下特点:"势"的动态之维,赋予"审时度势"以过程性,实践过程中的顺势而为、乘势而行,则基于历史衍化中对"势"的创造性把握。

第五章
实践过程中的"几""数""运"

实践活动不仅以"势"为现实背景,而且在更广的意义上展开为人与世界的互动过程。从本体论的层面看,人与世界的互动既涉及实然,也关联可能、必然与偶然。作为行动制约因素的可能、必然与偶然不同于人之外的本然趋向和规定,其存在意义无法与人的实践活动相分离。以人的行动为视域,本体论意义上的可能、必然与偶然分别呈现为"几""数""运"。与人的活动相关的"几""数""运"在中国哲学中已得到了不同层面的关注,后者为我们进一步理解和阐释其意义提供了历史前提。

一 "几":趋向现实的可能

在人与世界的互动中,"几"是无法忽略的方面。作为这种互动过程的内在规定,"几"既呈现为存在的形态,又与人的活动相联系。《易传》已从以上视域对"几"作了考察:"几者,动之微,吉之先见者也,君子见几而作,不俟终日。"①在此,"几"不仅关乎"物",而且涉及"事"。"物"主要表现为对象性的存在,"事"则牵涉人的活动。进而言之,"物"本身又可以区分为如下二重形态,即已经进入人的知行之域的对象与尚未进入此领域者。尚未进入知行之域者,也就是处于本然形态之物,其特点在于还未与人相涉;进入知行之域的存在,则是已成为人作用对象之物。"事"从静态看,主要与进入知、行之域的"物"相关;就动态言,则可以理解为广义之行以及与知相联系的活动,所谓"事者,为也"②。"物"与人的联系,乃是通过后一意义上的"事"而建立的:正是在"事"的展开中,"物"改变了本然形态而进入知行之域。以"几"为视域,"物"与"事"都具体展开为变化、发展的过程,"几"本身的意义,也是通过"物"与"事"的这种变化、发展而得到展现。

作为变化、发展过程中的环节,"几"首先表现为物、事演化的初始形态。《易传》以"动之微,吉之先见者"界说"几",侧重的也是"几"的这一内涵。所谓"动之微",既关乎"动"的过程,又牵涉"动"的结果,后者("动"的结果)具体呈现为变动的最初形态。同样,"吉之先见"也相对于物与事之变化过程的完成或充分展开而言,它所表

---

① 《易传·系辞下》。
② 《韩非子·喻老》。

示的是变动结果出现之前的初起征兆或迹象。韩康伯(韩伯)在解释《易传》的如上观念时,曾指出:"几者,去无入有,理而未形,不可以名寻,不可以形睹者也。唯神也,不疾而速,感而遂通,故能朗然玄照,鉴于未形也。合抱之木,起于毫末,吉凶之彰,始于微兆,故为吉之先见也。"①"去无入有",意谓前一阶段尚不存在的现象,在后一阶段开始出现;"理而未形",则表明这种现象虽有而未彰,若毫末、似微兆,难以如完全显现的对象那样加以直观。这里既涉及动静关系,也关乎隐显之变。从动静关系看,"几"一方面处于变化的过程之中,并表现为发展的趋向,所谓"去无入有",另一方面,又作为已呈现的征兆而具有相对确定的形态,从而虽动犹含静。从隐显之变看,"几"因未充分展开,故具有隐而未彰的品格,但作为变化和发展的端倪,又具有显现于外的一面,就此而言,它又隐中有显。要而言之,作为将成而未成的特定存在形态,"几"呈现既动且静、既隐又显的特点。

从物的层面看,"几"更多地关乎对象的发展变迁。张载曾基于太虚即气的观点,对此作了考察:"太和所谓道,中涵浮沉、升降、动静、相感之性,是生絪緼、相荡、胜负、屈伸之始。其来也几微易简,其究也广大坚固。"②这里所涉及的是形上视域中对象世界的变迁衍化。在张载看来,气为万物之体,对象的变化与气的聚散、相感等相联系,气在变化之初,呈现"几微易简"的形态,随着后续的发展,趋向于"广大坚固"。王夫之在解释张载的以上思想时,便指出:"几微,气之初动。"③在此,"几"主要被理解为本体论意义上万物(对象世界)

---

① (晋)韩康伯:《周易·系辞下注》,参见《周易正义·系辞下》(《周易正义》包括王弼和韩康伯之注、孔颖达之疏等)。
② (宋)张载:《正蒙·太和》,《张载集》,中华书局,1978年,第7页。
③ (清)王夫之:《张子正蒙注》卷一,《船山全书》第12册,岳麓书社,1996年,第16页。

发展的初始形态。①

与"物"相对的是"事"。孔颖达在解释《易传》关于"几"的观念时，便主要基于"几"与"事"的关系："'几者，动之微'，此释几之义也。几，微也，是已动之微。动谓心动、事动，初动之时，其理未著，唯纤微而已，若其已著之后，则心事显露，不得为几，若未动之前，又寂然顿无，兼亦不得称几也。几是离无入有，在有无之际，故云'动之微'也。若事著之后乃成为吉，此几在吉之先，豫前已见，故云吉之先见者也。此直云吉不云凶者，凡豫前知几，皆向吉而背凶，违凶而就吉，无复有凶，故特云吉也。"②如前所述，相对于"物"，"事"更直接地与人及其活动相联系，以人为主体，"心"与"事"也呈现相关性，正是在此意义上，"心动"与"事动"彼此关联。在"事"的层面，"几"首先关乎行动的展开过程，而人的行动又表现为一个价值追求的过程（"违凶而就吉"、趋"吉"而避"凶"）。在"事"的这一展开过程中，"几"往往呈现为价值结果的最初端倪（"吉之先见"）。

"几"作为"物"与"事"变化的初起形态，同时涉及事物发展过程中现在与未来等时间关系。"几"之形成，首先基于事物以往的衍化，正是事物发展的已有根据与相关条件的交互作用，决定了某种端倪（"几"）的发生。不过，"几"尽管尚处于事物发展的初始状态，但它并非停留于这种现存（既成）的形态，而是具有未来的指向。从动态

---

① 方以智后来曾区分了"通几"与"质测"："寂感之蕴，深究其所自来，是曰通几。物有其故，实考究之，大而元会，小而草木虫蠁，类其性情，征其好恶，推其常变，是曰质测。质测即藏通几者也。"[（清）方以智：《物理小识·自序》]这里的"几"更多地指对象世界变迁的本源，"通几"即从形而上的层面把握这种本源（"深究其所自来"）。对"几"的如上理解，与张载在这里所说的"几"有相通之处。不过，如后文所论，张载同时从人之行的层面理解"几"的意义，方以智对"质测"与"通几"的区分，则侧重于"几"的形而上内涵，后者与人之行尚未直接相涉。

② （唐）孔颖达：《周易·系辞下疏》。参见《周易正义·系辞下》。

的过程看,"几"的意义并不仅仅在于展现了事物发展的初始形态,在更实质的层面,"几"虽初起,却影响、决定着事物后续的发展,与之相联系,它总是预示着事物发展的趋向。以树木这一类植物的衍化而言,在各种条件都适宜的条件下,树种之始萌即预示着其后来枝叶繁茂的发展形态。事实上,"几"的本体论意义更直接地与展示事物未来发展趋向相联系。从实践的视域看,这种趋向同时为人对行动的不同选择提供了依据。

"几"何以能够预示事物的发展趋向?这一问题指向"几"自身更内在的涵义。前文提到的初始形态、"端倪",主要与事物的存在方式相涉,从更为实质的本体论内涵看,这种存在方式同时关乎可能与现实的关系。事物在其衍变的过程中固然包含多重可能,但并非所有的可能都能够向现实转化。事实上,唯有基于现实根据和条件,可能才能够转化为现实,这种转化同时展开为一个从初起到完成的过程。以此为背景,可以进一步把握"几"的本体论性质:它既不同于纯粹的可能,也有别于已完成了的现实,而是表现为可能向现实转换的最初形态。所谓虽动犹静、既隐且显,可以视为以上形态的外在表现形式,与"几"相关的所谓端倪、迹象、萌芽等的涵义,也应从这一层面加以理解。在以上视域中,"几"可以看作是可能向现实的最初转化或趋向现实的可能。事物所内含的可能在向现实转化之初固然不同于完成了的现实形态,但却以具体而微的形式,展示了事物的发展趋向。作为变动中的存在规定,"几"既表现为趋向于现实的可能,又呈现为可能向现实转化的初始形态,正是以趋向现实的可能或现实的初起为本体论的内涵,"几"与事物变化过程中的未来走向形成了内在关联。

可能向现实的转化,既基于内在的根据,也取决于多方面的条件,这些条件何时形成、如何形成,往往难以预定。与之相联系,"几"

的呈现,也具有不可预测性。广而言之,"几"同时表现为作为事物变化过程中的转折点或契机,这种转折点或契机在何时、以何种方式出现,同样具有难以预测的特点。然而,"几"不可测,并不意味着其完全不可知。"几"固然无法确定地加以预期,但作为事物发展的端倪以及可能向现实的最初转化形态,它同时又为展望事物的进一步发展提供了出发点:在把握了事物初显的端倪之后,可以由此推知其未来的发展趋向。孔颖达在解释《周易》相关思想时,已注意到此:"'君子知微知彰'者,初见是几,是知其微,既见其几,逆知事之祸福,是知其彰著也。'知柔知刚'者,刚柔是变化之道,既知初时之柔,则逆知在后之刚,言凡物之体从柔以至刚,凡事之理从微以至彰,知几之人,既知其始,又知其末,是合于神道,故为万夫所瞻望也。"①这里所说的"逆知",也就是推论、展望,而这种推知又与"知几"相联系。"知几"的特点在于不仅把握作为可能转化之初的开端,而且预测其后来的发展,所谓"既知其始,又知其末"。朱熹更明确地将知几与推论联系起来,在谈到与"几"相关的认识过程时,朱熹便指出:"未做到那里,先知得如此,所以说可与几。"②这里特别值得注意的是,朱熹从"做"的层面理解"几"。"做"即人的实践活动,实践活动的特点之一在于:行动("做")之前,可以对其结果加以预期,而这种预期又以"几"的把握("与几")为前提。从实质的层面看,"知几"并不是离开人自身的实践过程抽象地推知事物发展的趋向,而是表现为实践过程的内在环节。与之相联系,把握事物变化的契机("知几"),也以一定的实践需要、条件为其背景:契机本身并不是对象的自在规定,其意义乃是相对于实践过程及其内在需要而言。某种契机究竟何时

---

① (唐)孔颖达:《周易·系辞下疏》。参见《周易正义·系辞下》。
② (宋)朱熹:《朱子语类》卷六十九,《朱子全书》第16册,上海古籍出版社、安徽教育出版社,2002年,第2308页。

出现、如何出现,固然无法完全推知,但实践的展开中会出现各种影响实践活动的契机,把握这些契机需要由显而达隐并关注事物的变迁及其过程性,等等——所有这些方面,却又并非处于人的可知领域之外。进而言之,通过对实践背景(包括具体的存在境域)和实践条件的考察,人能够更具体地预测何种契机可能出现。所谓"知几",便与上述方面相涉。

由"知几"而"逆知",不仅表现为由微而知著,而且以"由末达本"为内容,张载对此作了具体的阐释:"学必知几造微,知微之显,知风之自,知远之近,可以入德,由微则遂能知其显,由末即至于本,皆知微、知彰、知柔、知刚之道也。"①就其本来意义而言,"微"与"显"较为直接地涉及事物的外在形态,这一论域中的由微而知著,也更多地关联着现象层面的认识活动。"本"则超乎现象领域的显微,将"知几"与由"末"至"本"联系起来,其内在的要求是由了解事物的初现形态("几"),进一步把握事物之"本"。这里的"本"既是体用关系上存在的本体,又是可能的现实根据,由知"几"而知"本",意味着在了解从可能向现实转化的初始形态之后,揭示可能本身的现实根据,由此推知事物的发展趋向。较之基于外在现象的推论,由知几而达本,并由此进而把握事物的发展趋向,无疑体现了更内在的视域。

以可能向现实的初始转化为存在的形态,"几"主要展示了其本体论的意义。就"几"与人的关系而言,其意义则更具体地体现于实践的层面。《易传》已将"几"与"成务"联系起来,在谈到"易"的功能时,《易传》指出:"夫易,圣人之所以极深而研几也。唯深也,故能通天下之志;唯几也,故能成天下之务;唯神也,故不疾而速、不行而

---

① (宋)张载:《横渠易说》,《张载集》,中华书局,1978年,第223页。

至。"①"极深"以把握"理"为指向,涉及理论性的活动,"研几"则关乎"动微之会",它所指向的是成务:"极未形之理则曰深,适动微之会则曰几。"②从内在的涵义看,"务"即"事",张载在解释以上观点时,便指出:"务,事也。"③"事"则指人的活动。在此意义上,"成天下之务"也就是成就天下之事,后者的具体指向是推进和完成人的实践活动。不难注意到,就"研几"与人自身之"在"的关系而言,其内在之旨即在于行:对"几"的把握并非以"知"为旨趣,而是以"成天下之务"(行)为目标。

"几"与人的实践活动的联系,以"义"为中介。张载曾对此作了分析:"见几则义明,动而不括则用利,屈伸顺理则身安而德滋。穷神知化,与天为一,岂有我所能勉哉?乃德盛而自致尔。"④"义"与宜相通,引申为当然,作为规范性的观念,它所涉及的,首先是行动的选择,后者既与应当做什么相联系,又关乎应当如何做。"见几则义明",表明把握了"几",便可进一步知其"当然"。这里的前提是:"几"蕴含事物发展的根据,并预示着其发展的趋向,从而,见"几"而行,同时意味着顺乎事物发展的趋向。正是在此意义上,由知"几"而明其当然、并进一步展开实践活动("动而不括"⑤)的过程,具体表现为"与天为一"。所谓"与天为一",也就是当然与自然的一致。

由"知几"而明"义",牵涉"几"与"当然"的关系。在"当然"之后,则是普遍之道。"几"之成为实践的出发点,在更本原的层面基于"几"与道的关联。王夫之已指出了这一点:"唯研其几,而知体用相

---

① 《易传·系辞上》。
② (晋)韩康伯:《周易·系辞上注》。
③ (宋)张载:《横渠易说》,《张载集》,中华书局,1978年,第201页。
④ (宋)张载:《正蒙·神化》,《张载集》,中华书局,1978年,第17页。
⑤ (清)王夫之:"括,收也,滞也。"王夫之:《张子正蒙注》卷二,《船山全书》第12册,岳麓书社,1996年,第89页。"动而不括",表明实践活动畅而不滞。

因之际,同异互成,其微难见,而静有其体,动必有其用,则庶务合而归诸道,无不可成也。"①对"几"的理解(研几),并非仅仅关注形之于外的初显现象,而是通过考察体用关系以把握存在的根据,体用关系的揭示,则进一步指向普遍之道("归诸道")。在这里,把握"几"与合乎道呈现了内在的统一。事实上,上文论及的"与天为一"在某种意义上也体现了这种统一:所谓"几而知之,天也"②,便意味着"知几"既是一个指向本然法则(天)的过程,又具有合乎自然(天)的性质。正是"知几"与"归诸道"的如上统一,使"见几而作"不同于随意、偶然之举,而是基于存在自身的法则。

事物发展的趋向往往呈现不同的价值意义。"几"作为可能向现实发展的初始形态,其价值意义可以展示正面或积极的性质,也可以呈现负面或消极的趋向,在"知几"之时,应当同时把握其中显现的不同价值意义。从实践的视域看,首先无疑应当使具有积极或正面价值意义的发展趋向化为现实,而这一过程总是离不开人自身的参与。张载在谈到"几"与人之行的关系时,已注意到这一点:"知几其神,由经正以贯之,则宁用终日,而断可识矣。君子既知其几,则随有所处,不可过也,岂俟终日?'几者动之微,吉之先见者也'。夫几则吉凶皆见,特言吉者,不作则已,作则所求乎向吉。"③"吉凶皆见"意味着"几"内含不同的价值意义,对人来说,应当努力实现的则是其中正面的价值意义,此即"不作则已,作则所求乎向吉"。事实上,基于道的可能(几)所具有的价值性质,本身相对于人而言:正如本然形态的道主要表现为存在的法则或原理一样,体现道的可能(几)在未进入人

---

① (清)王夫之:《周易内传》卷五下,《船山全书》第1册,岳麓书社,1996年,第556页。

② 郭店楚简《五行篇》。

③ (宋)张载:《横渠易说》,《张载集》,中华书局,1978年,第222页。

的存在之域时,也主要呈现为自在的规定。唯有以人的存在及其知行过程为背景,"几"的价值意义才能形成并彰显,也唯有通过人自身的实践活动,这种价值意义才能得到实现。与之相联系,人的活动("作")之外的"俟"不仅仅表现为消极等待,而且意味着将"几"的价值意义的实现过程与人的实践活动隔绝开来。以肯定人的作用为前提,"岂俟终日"可以视为对以上进路的扬弃。作为价值的规定,"几"所内含的积极意义一开始常常并未充分显露,"知几"需要基于过去、立足现在、展望未来,在价值意义初现之时,及时判定,积极行动。历史地看,开风气之先、引领时代潮流的实践活动,每每便以适时地"见几而作"为其内在特点。

与正面或积极的价值趋向相对的是负面或消极的价值意义。如前所述,事物发展的正面价值趋向展开为一个过程,从积极的方面看,"见几而作"就在于通过人自身的努力以完成这一过程。在消极的意义上,"见几而作"则在于防微杜渐,将负面及不利的价值趋向抑制在初起或萌芽状态。这里涉及"行"与"止"的关系:如果说,实现正面的价值趋向表现为积极意义上"行",那么,抑制消极的价值趋向则更多地呈现为"止"。当然,二者并非彼此相分,而是同一过程的两个方面。王夫之曾对此作了概要的解说:"行而不爽其止之正,止而不塞其行之几。"①一方面,"行"并不偏离"止"的原则,另一方面,"止"作为"见几而作"的特定形式,又不阻碍"行"。积极意义上完成正面的价值发展趋向与消极意义上抑制负面的价值趋向,从不同方面体现了"见几而作"的实践向度。

在以上过程中,及时发现并把握事物发展的趋向,显得尤为重

---

① (清)王夫之:《周易内传》卷四上,《船山全书》第1册,岳麓书社,1996年,第419页。

要。事物的发展趋向在初露其端之时,也为人的实践活动提供了时机,在这一意义上,"几"与"机"具有相通性,而对"几"的把握则离不开"时"。"几"是事物发展、转化过程中的最初形态,所谓"几者,动之微,吉之先见者也",这一视域中的"几"同时表现为行动的时机和契机。以实践为指向,只有抓住时机和契机,积极顺势而为,才能将"几"引向积极的价值结果、避免消极价值趋向的发展,所谓"见几而作,不俟终日"。张载的以下看法可以看作是对上述关系的具体阐释:"君子见几而作,不俟终日,苟见其几,则时处置不欲过,何俟终日?几者,动之微,吉之先见。特言吉者,事则直须求向吉也。"① 值得注意的是,张载在此特别将见几而作与"时"联系起来,强调"时处置不欲过",亦即把握时机、及时行动。实践过程每每出现各种机遇、契机,这些机遇和契机一旦错失,则其实践意义也会发生变化,因此,"见几而作"需要有"时不我待"的紧迫感,"何俟终日"所突出的,便是实践过程的及时性、适时性。无论是积极意义上实现正面的价值意义,抑或消极意义上防患于未然,都应当"见几而作,不俟终日"。

二 "数":必然性与时空关系

"几"之呈现,有其内在根据,后者在本体论上与普遍之道相联系。道作为普遍的法则,具有超越特定时空的特点,就其超越特定时空而言,道既制约人的行动,又展现出外在于人的一面。相对于道,中国哲学所说的"数"表现出另一重性质。一方面,"数"包含必然的趋向,所谓"定数""运数",等等,都体现了这一点;另一方面,"数"又

---

① (宋)张载:《横渠易说》,《张载集》,中华书局,1978年,第222页。

与一定的时空关系相涉,可以视为必然性在一定时空关系中的体现。"数"与时空关系的这种相关性使之不同于抽象的必然,而与人的行动形成更切近的联系。

"数"作为事物发展过程中一种趋向,虽不同于一般的道或理,但又基于道或理,后者(道或理)作为普遍的法则,同时赋予"数"以必然性。这种必然首先体现于自然过程:"天有常道矣,地有常数矣,君子有常体矣。"①与"天之常道"相应,此处的"地之常数"表现为一种必然的趋向。同样,"数"也内在于社会历史领域,在谈到秦国的历史演变时,荀子便指出了这一点:"故四世有胜,非幸也,数也。"②这里的四世,指秦孝公、秦惠王、秦武王、秦昭王各世代。秦国在以上四世中,处于强盛之势,这种强盛非缘于侥幸(偶然),而是有其必然性,"数"在此便表示这种必然。就社会生活的内在方面而言,不同社会成员之间的关系,也包含必然的方面:"夫两贵之不能相事,两贱之不能相使,是天数也。"③处于同一社会层面("两贵"或"两贱")的个体之间,总是难以彼此支配,这里的"天数",便指"两贵""两贱"之间以上交往关系中的必然趋向,在"数"之前冠以"天",主要突出了这种必然包含近乎自然(天)的性质。

然而,如前所述,以"数"为存在形态,必然性同时又关涉一定的时空关系,"数"本身则可视为必然性在一定时空关系中的体现。这里所说的时空关系,并不仅仅表现为抽象的形式,而是以内在于一定时间、空间中的具体条件为其内容。以气候的变迁而言,尽管地球上不同地区进入冬季的时间各有差异,但一旦进入冬季,温度便将低于夏季,这又具有必然性,后者缘自地球与太阳的关系以及地球本身的

---

① 《荀子·天论》。
② 《荀子·强国》。
③ 《荀子·王制》。

变化。然而,冬季何时降温、气温降到何种程度,则与一定时空关系中的气象条件,包括某种冷空气的生成、扩散等相联系。地球上某地在冬季的某日气温达到某度,可以视为"数",这种"数"既受到内在于地球和太阳关系中的普遍法则的制约,又基于一定时空关系中的气象条件;前者使之区别于纯粹的偶然,后者则使其不同于绝对的必然。社会领域中的"数",同样体现了以上特点。以上文提及的秦国四世的强盛来说,秦国一方面在这一历史时期顺应了社会变迁的大势,另一方面又先后出现了秦孝公、秦惠王、秦武王、秦昭王等有作为的君主,前者涉及历史的必然趋向,后者则表现为一定时空关系中的条件,二者的交融,决定了秦"四世有胜"之"数"。作为必然趋向与一定时空关系的结合,以上视域中的"数"并不具有神秘性,毋宁说,它更多地呈现出现实性的品格。

这里似乎可以区分特殊中的普遍、必然与特殊化的普遍、必然。从道不离器的层面看,道内在于特殊之中,并相应地与时空关系相涉,不过,道与一定时空条件的这种联系,更多地表现为特殊(器)之中蕴含普遍、必然(道)。较之寓于器之道,"数"主要以普遍、必然与一定时空条件的结合为其特点,通过二者的这种融合,普遍、必然在一定意义上取得了"特殊"的形态,"数"本身则作为普遍的特殊化而表现为一种具体的存在趋向或存在形态。以普遍寓于特殊为形式,道首先呈现普遍、必然的形态,所谓"形而上者谓之道,形而下者谓之器"①"一阴一阳之谓道"②,便分别从存在的统一性与存在的过程性展现了这一点;以普遍的特殊化或必然之势与特定时空的交融为趋向,"数"则突显了事物在具体存在过程中的定向性。论"道",既

---

① 《周易·系辞上》。
② 同上。

不能使道离于器,也不能将道等同于器,由器而得道(从特定之器,揭示普遍之道),便体现了这一点。言"数",则普遍、必然与特定的时空条件往往相互交错、彼此交织,仅从普遍、必然,或仅从特定的时空条件,都无法推知其"数"。

从更内在的层面看,"数"本身又有不同的形态。金岳霖曾区分了"势数"与"理数","理数"主要与类的存在与发展相联系,"势数"则体现于个体的存在和发展过程。[1] 二者都既涉及必然性,又关乎不同的时空关系。以能源的运用而言,地球上石油的储藏量是既定的,在目前的条件下,人类每年使用石油的数量也可大致计算出来,如果将地球上石油的储藏量与目前人类每年的消耗量作一测算,并假定石油年消耗量基本稳定,那么,便可大致了解地球上的石油将在何时用尽。石油在某一时间耗尽,体现的是人与自然互动过程中的一种"数",其中既内含必然趋向,又与一定的时空关系相涉。不难看到,这里的时空涉及较大的时间尺度,并相应地关乎类。[2]

与类相对的是个体,"数"不仅内在于类,而且也体现于个体。人皆终将走向死亡,这具有普遍必然性,但特定个体的生命究竟在何时终结,这又取决于个体所处的具体时空关系以及内在于这种时空关系中的各种因素,包括遗传、环境、个体的生活方式、某些突发的事变,等等。个体在某时走向死亡,可以视为其生命存在过程中的"数",这种"数"具体便表现为"人必有一死"所体现的必然趋向与一定时空关系中各种具体因素的交融。当然,个体存在于其间的时空条件相对于前面能源变化所涉及的时空关系而言,所呈现的是较小的时间与空间尺度。这种不同的时空关系与类和个体之别呈现某种

---

[1] 金岳霖:《论道》,商务印书馆,1987年,第175—176页。

[2] 金岳霖在说明"理数"时,曾举过类似的例子。参见《论道》,第176页。

相关性。

时空关系的融入,使"数"所内含的必然性同时呈现某种定向性。在类的层面,时空关系对事物衍化的趋向具有一定的限定作用,以前文提到的能源使用之"数"而言,特定的空间(地球中的不同区域)、一定的时间段(人类以某种方式消耗相关能源这一特定历史时期),使某种能源(如石油)演变的必然趋向具有了定向性(石油这一能源将逐渐走向枯竭)。同样,个体生命存在所处的时空环境,也使其衍化过程中的"数"呈现某种定向性:遗传、环境、个体的生活方式等时空关系中的因素,在某种意义上规定了个体生命的期限。

"数"所体现的必然趋向与一定时空关系的交融,同时也使其中所内含的必然性不同于逻辑意义上的必然。逻辑意义中的必然具有形式化的特点(不涉及实质的内容),此种形式化的规定使之超越特定的时空关系。这一论域中必然性的体现形式之一,是演绎推论的前提与结论之间的蕴涵关系;在有效的演绎推论中,结论蕴涵于前提之中,二者的关系具有必然性,这种必然性并不受制于时空关系。现代逻辑中的重言式(tautology)以另一种方式体现了逻辑的必然:作为逻辑上永真的形式,其真值超越一切时空,从而表现为严格意义上的必然。相形之下,"数"体现的是物理世界中的必然趋向,关乎事物实质的衍化过程,前文提及的能源(石油)、人的生命,便都表现为实质意义上的物理形态。无论在类的层面,抑或个体之域,"数"都涉及一定的时空关系。与时空关系的如上相涉,使事物变化发展过程中展现的必然趋向,有别于形式层面的逻辑必然。

然而,尽管"数"不同于逻辑的必然,但它并非不可把握。《易传》已涉及"数"与"知"的关系:"极数知来之谓占,通变之谓事。""极其数,遂定天下之象。"①这里的"数"既涉及《易经》中的象数,也关乎更普遍意义上内含必然趋向之"数",事实上,《易经》中的"数",本身便包含普遍必然之意,唯其如此,故可"定天下之象"。所谓"极数知来",也就是通过从本原的层面把握"数"②,以预测未来。"极数"与"通变"的联系,则体现了明其变迁、变异(通变)与把握必然的统一。在此,"知来"(对未来的预测)是以认识"数"为前提的。尽管在狭义上,"极数知来"关乎占卜,但在宽泛的意义上,它则以人的活动为指向,表现为基于"数"的把握而展开的推论、预测活动。

《易传》所内含的如上广义意蕴,张载曾给予较具体的考察。在关注"几"的同时,张载也对"极数知来"作了阐述:"开物于几先,故曰知来;明患而弭其故,故曰藏往。极数知来,前知也。前知其变,有道术以通之,君子所以措于民者远矣。"③"开物"可以视为人变革对象的活动,将"知来"与"开物"联系起来,体现了展望未来与人的活动之间的关联。以"极数"为前提,"知来"对未来发展和变化前景的预见,超越了仅仅根据偶然现象所作的推知。王夫之在诠释张载的以上思想时,便指出了这一点:"尽其数之所有,而万变皆尽,来者无穷,莫之能逾也。""理无不通,故推而行之皆顺。"④在此,"极数"与"明理"呈现了内在的相通性,二者赋予预见、推知以确定性。作为对未来必然发展趋向的推知,这种预见最终服务于开物

---

① 《易传·系辞上》。
② 王夫之在解释《易传》所说的"极数"时,曾指出:"极,根极之也。""根极"亦即从本原的层面加以把握。[参见(清)王夫之:《周易内传》卷五上,《船山全书》第1册,岳麓书社,1996年,第530页]
③ (宋)张载:《正蒙·大易》,《张载集》,中华书局,1978年,第49页。
④ (清)王夫之:《张子正蒙注》卷七,《船山全书》第12册,岳麓书社,1996年,第284、285页。

成务的活动,并为人们选择适当的实践方式("有道术以通之")提供了根据。

如前所述,"数"既内含必然趋向,又与一定的时空关系相关。必然趋向关乎普遍法则(道、理),时空关系则涉及具体的条件。从理论上看,如果既把握必然法则(明其理),又切实地了解一定时空关系中的具体条件(知其事),则事物衍化之"数"便可以加以把握。以气温的变化而言,在认识气候变化的必然之势以及一定区域在一定时间段的气象情况之后,便可以对该区域在某一时间段的气温加以预测,这种预测的准确度,与认识的深入性和真切性相联系。一般而言,对气候变化的必然之势与相关气象状况的认识越是具体、深入,预测便越准确,现代的气象学已体现这一点。某时某地出现何种气温,可以视为气象变化中的"数",通过明理(认识气象变化的必然之势)与知事(了解一定时空中的气象状况)以作出气象预测,则是对气象变化以上之"数"的把握。

通过把握"数"以预知未来(极数知来),其实践意义首先在于为行动的选择提供根据。实践过程的展开既涉及理与道,也关乎事与物,前者主要表现为普遍的法则或普遍的必然,后者则内在于一定的时空关系。普遍的法则无疑对人的实践与行动具有引导作用,但从逻辑上说,必然性本身主要表现为普遍的发展定势,停留于这种一般的形式之上,其引导意义往往无法摆脱抽象性。另一方面,特定时空关系中的事与物则受到这种时空关系本身的限定,难以展现普遍的发展趋向。相对于此,"数"可以视为必然性在一定时空关系中的体现,其中既内含事物变化的普遍趋向,又关涉一定时空中的事与物,"数"的这一特点,使基于"数"的"前知"同时被赋予具体的内容。如前文所提及的,冬季温度较之夏季会下降,这是一种必然趋向,仅仅了解这一点,固然无法预知某地某日的温度,但将这一必然趋向与综合地把握相关时空关系中的气象状况结合起来,则可以对该地在某一时间段中的气温做出较为具体的预测,并由此为相关的实践活动提供选择的根据。在谈到"数"与人的活动的关系时,荀子曾指出:"必时藏余,谓之称数。"[1]所谓"必时藏余",也就是依据对自然变化的必然法则与时间条件的把握("必时"),来展开人的生产、储备("藏余")等活动,这种活动同时被视为合乎"数"("称数")的过程。这里无疑已注意到把握"数"对人的实践所具有的引导意义。

三 "运"与人之"在"

"数"所内含的必然趋向更多地呈现确定性。实践活动在现实的展开过程中既有相对确定的一面,也常常面临不确定性的问题,后者在"运"或"时运"之中得到了具体的体现。与"数"的相对确定趋向不同,"运"或"时运"首先与偶然性相联系,它从不同方面影响、制约着实践过程,并使之呈现复杂的形态。

较之宽泛意义上的偶然性,"运"更直接地与人的活动相关,可以视为体现于人的存在过程及多样活动中的偶然性。作为影响行动的因素,"运"既可以是有利于行动的积极条件,也可表现为行动过程的不利条件。相对于"数"所具有的稳定性,"运"更多地呈现可变性。这种变动不仅涉及"运"的形成或消失,而且关乎不同性质的"运"之间的转化。日常语言中"时来运转"这一表述,已涉及"运"的以上特点。"运转"意味着"运"的变化,这种变化可以指"运"从无到有的发生过程,也可表现为"运"从消极形态向积极形态的转化。"运"的如

---

[1] 《荀子·富国》。

上变化,无法与"时"相分:"运转"以"时来"为前提。这里的"时"既涉及广义上的时间绵延,也关乎具体历史条件的衍化。以体现于实践过程的偶然性为实质的内容,"运"的转换无法离开时间的绵延与历史条件的变化。

作为可转换的偶然性,"运"既不同于纯粹的必然,也有别于绝对的不可能:纯粹的必然无法改变,绝对的不可能则不存在发生或变化的问题。就其介乎二者(纯粹的必然与绝对的不可能)之间而言,"运"同时取得了某种可能的形式。事实上,偶然性与可能性本身便彼此相关,如前文(第三章)所提及的,黑格尔已注意到这一点,并认为可能性可以理解为外在的偶然。① 在相近的意义上,偶然也可看作是可能的表现形态:在时间的历史衍化中,它可能出现(不同于绝对的不可能),也可能不出现(区别于纯粹的必然)。"运"与可能的这种关联,从一个方面表现了其不确定性。

以偶然与可能的变动为内容,"运"不仅呈现积极(有利于人的行动)或消极(不利于人的行动)等不同的性质,而且具有量的规定,并相应地可以从量的层面加以考察。通常所说的概率或几率,便可视为"运"的量化形式。从数学(概率论)的角度看,概率表现为 0 到 1 之间的实数,把握概率则意味着对某种现象发生的可能性作数量关系上的确认。一般而言,绝对不可能出现的现象,其概率值为 0,必然出现的现象,它的概率值则为 1,各种可能出现、也可能不出现的现象,其概率值便在 0 到 1 之间。尽管"运"未必都能从概率的层面加以推算,但从逻辑上说,作为介乎必然发生与绝对不可能出现之间的偶然现象,"运"也存在是否出现的概率或几率问题。在可能的情况

---

① 参见〔德〕黑格尔:《小逻辑》,贺麟译,商务印书馆,1980 年,第 300—301 页。

下从量化的层面把握"运",对实践活动的展开无疑具有积极的引导意义。

当然,"运"的几率性或概率性,并不意味着它可以完全进入人的预见之域,事实上,作为偶然性的现象,"运"往往具有难以准确预期的特点,其形成既非出于人的有意安排,也非基于预先推知,从而具有随机性、不确定性。从某些方面看,不确定性似乎主要呈现消极的意义:它在某种意义上使人的实践活动缺乏稳定的品格。然而,在实践过程中,"运"并非仅仅具有消极的性质。行动、实践过程首先涉及选择、决定,这种选择、决定不仅以人的价值目的为出发点,而且需要考虑现实世界的具体背景和状况。从现实世界的存在和发展看,其中既包括必然趋向,也内含各种形式的偶然性,以人的活动为视域,后者(偶然性)即表现为"运"。在实践过程中,"运"往往呈现为某种"变数"①,它作为非预期的因素而制约实践过程。如果仅仅着眼于必然趋向而忽略以"运"等形式表现出来的偶然因素,那么,一旦出现偶然的变数,便往往容易使行动陷于被动之境甚至导致失利。反之,若能充分考虑现实世界及实践过程本身之中可能发生的偶然因素,则可以为应对各种可能的变数预留充分的空间,从而始终保持人在实践过程中的主动性。通常在行动之前设想最不利的情况,包括所谓"作最坏打算",实际上也就是充分考虑各种可能出现的变数,尤其是可能出现的不利变化,由此对行动作出更自觉的规划与引导。

对行动的引导主要体现于行动发生之前。行动完成之后,总是形成不同的行动后果,后者对行动者本身及行动者之外的个体或群

---

① 就语义而言,"变数"亦关乎"数",不过,如上所述,在哲学的视域中,"数"本身表现为事物蕴含的必然趋向在一定时空关系中的体现,其中的时空关系或时空条件包含着可变性,"变数"所涉及的主要是与一定时空条件相关的可变因素。

体都会产生不同的影响,与之相关的是行动责任的承担问题。一般而言,如果行动过程由行动者所控制,则行动者便应当对行动过程及其结果负责。然而,在现实的存在中,行动者及行动过程每每受到各种偶然之"运"的制约:行动者的智力与体力包含由基因所规定的天赋差异,获得不同的天赋对个体而言是一种"运";行动者的社会背景也呈现多样的形态,无论是宏观意义上生活在某种社会体制中、身处治世或乱世,抑或微观层面上出身于名门望族或贫寒之家,等等,都具有受制于"运"的性质;从行动本身看,如前所述,其具体展开过程又可能受到各种无法预测的因素的影响。上述方面在非行动者本身所能完全控制这一点上具有相通性,不过,它们对行动的实际影响又有所不同。自然层面的天赋因素在获得之时固然具有偶然性,并相应地表现为"运",但在个体后天的成长过程中,常常逐渐成为可预期的因素:在行动过程中,个体的能力,包括受到天赋影响的智力因素与体力因素,都构成了行动展开过程中可预期的方面,具有某种智力或体力方面特长的个体之被选择参加某种活动,也是基于如上的预期。以身高而言,个体拥有某种形体高度,这首先表现为与基因相关的天赋之"运",但相关身高对某些活动(例如体育竞技)的影响,却具有一定的可预期性。就社会的层面而言,个体处于何种社会体制、何种社会状态(乱世或治世),固然无法由其决定,从而具有"运"的性质,然而,一定的社会体制、社会状况对个体行动可能产生的影响,却具有某种可预期性。以政治活动而言,在君主专制的社会体制中,如果对君主的至上权威提出挑战,那么由此导致的后果便多少可以推知。在以上情形中,广义之"运"通过与社会领域不同因素的交互作用,已不再仅仅表现为不可预测的随机因素,行动的后果,也难以完全归之于个体无法决定的偶然因素,从而,行动者同样需要对其承担某种责任。①

在此,似乎应区分"运"的不同情形:其一,难以预测、带有随机性的偶然现象;其二,在某些层面表现为偶然之"运",但从具体的社会背景看又不同于纯粹的偶然性。对于前者所引发的行动后果,行动者每每很难负责,基于后者而形成的行动后果,则行动者仍需承担某种责任。开车途中突遇地震,以致车毁人亡,个体无法对此负责;篮球队员在球赛中失分,却不能归之于身材不够高:尽管个体拥有何种身材对他而言是一种偶然之"运",但这种"运"在其作为篮球队员而进行训练、比赛的过程中,已转换为可预测的因素,从而其行动不能仅仅归咎于最初之"运",而需由其承担应负之责。

与上述情况相关的是行动的理解与解释的问题。"运"作为行动过程中体现的偶然性,同时为行动的解释、评价提供了依据。在讨论

---

① 从另一方面看,正是上述因素在社会衍化中所具有的可预测性,使社会正义的实现既变得必要,又具有可行性。个体的先天差异、处于何种社会背景等对不同的个体而言固然是偶然之"运",但它们对个体的影响又具有可预测性,后者为制约这种偶然之"运"的作用提供了可能。事实上,社会正义的体现之一,就在于通过确立某种规范系统及运作体制,使个体在先天差异、存在背景上的偶然之"运"对他在社会生活中可能带来的消极影响降低到最低限度。顺便指出,罗尔斯在谈到正义时,曾从一个方面涉及了如上问题,在他看来,个体在天赋的能力、一开始所具有的社会背景等方面的差异,具有偶然性,唯其如此,故这种因素无法成为社会资源分配的根据:不能因为个体在天赋等方面具有优势,就认为他应该(deserve)在社会资源分配中占有利地位(参见 John Rawls, *A Theory of Justice*, Harvard University Press, 1971, pp.101-105)。相反,"世界的任意性(arbitrariness)必须通过调整原初契约状态的环境来纠正"(Ibid., p.141),这里的"任意性"便与个体的天赋、最初境遇等偶然因素相联系,罗尔斯所提出的差异原则亦与克服以上因素对社会正义可能产生的影响相关。尽管如诺齐克所批评的,以上看法可能导向对个体权利的限定,但从社会的层面看,在天赋能力、出身等偶然之"运"对个体发展具有可预期的影响这种背景下,通过一定的社会体制、程序、规范的作用对这种偶然因素加以合理制约,无疑有助于建立公正的社会秩序。这里同时展现了社会领域中偶然之运可预测之维的复杂性:它既在一定条件下关乎个体责任,又涉及社会层面的调节和作用。

人的不同行动结果时,朱熹与他的学生之间曾有如下对话:"问:'范氏谓天下之理,正而胜者常少,不正而胜者常多。'曰:'此当以时运言之。譬如一日与人一生,能有几多好底时节。'"①在现实生活中,正直之士常常失意,心术不正者却往往得势,如何理解这种现象?在以上对话中,朱熹便以"时运"加以解释。在此,"运"或时运被视为某种行动结果所以发生的缘由。从现实的情形看,个人在社会中的遭遇,总是受到多重因素的制约,其中既有个体可以把握的方面,也有个体无法控制的偶然因素,朱熹以"时运"解释人的所作所为与其所遭所遇之间的关系固然未能反映人在世过程的多重方面,从而具有抽象的性质,但其中也多少注意到了偶然因素在行动发生过程中的作用,以此作为解释行动及其结果的根据,也相应地有其历史的理由。在社会的变迁中,常常有所谓"世无英雄,遂使竖子成名"的现象,对于成名的"竖子"而言,某一时期没有出现具有雄才大略、能够叱咤风云的人物,是其所遇的"时运",后者同时为其登上历史舞台提供了契机。这种历史现象亦从一个方面体现了"时运"的作用。

对"运"的关注,固然对实践、行动具有引导意义,但行动本身不能依赖于"运"。作为随机现象的"运"既非人所能准确预测,也无法通过人的努力完全加以支配和控制,实践活动若纯然基于"运",则其成功与否便完全取决于人自身力量之外的因素。这样,在肯定"运"可能对实践产生影响的同时,又需要超越"运",后者意味着避免行动的侥幸性。上述意义上的超越"运",与注重人自身的作用具有内在的关联。以道德领域的实践而言,在有些情况下,行为主体可能虽无自觉的道德意向,却碰巧做了合乎道德原则的事。例如,某人在驾车

---

① (宋)朱熹:《朱子语类》卷四十七,《朱子全书》第 15 册,上海古籍出版社、安徽教育出版社,2002 年,第 1637 页。

时,可能因疏忽而将车开上人行道,但无意中却撞倒了当时正试图劫杀一位行人的凶徒,并使受害者由此获救。就其客观上制止了犯罪并使受害者得救而言,以车冲撞凶徒无疑合乎道德的原则,然而,这种行为本身又出于偶然性,故可归入广义的道德运气之域。①这种缘于道德运气的行为,无法视为真正意义上的道德行为:严格而言,唯有基于自觉的道德意识或内在的德性,行为才具有真实的道德意义。早期儒家文献《性自命出》曾指出:"虽能其事,不能其心,不贵。"在引申的意义上,这里的"能其事"与完成某事相涉,"能其心"则关乎自觉的意识。所谓"能其事"而"不能其心",意味着虽完成某事,但却缺乏自觉意识的参与,对早期儒家而言,这类行为并无真正值得肯定的价值,故"不贵"。基于"运"的侥幸之事,在某些方面近于"能其事"而"不能其心"。可以看到,在实践过程中,一方面要充分关注"运"对行动可能具有的影响,另一方面又不能将行动建立在"运"之上。上述两个方面既涉及对必然与偶然关系的定位,也关乎以自觉的意向、内在的能力超越偶然的运气。

作为实践过程中的相关方面,"运"与"数"并非彼此相分。如前所述,就其存在形态而言,"数"与"运"都不同于本然意义上的必然与偶然,而是必然与偶然在人自身存在之域的体现,或者说,是进入知行过程中的必然与偶然。在实际的作用过程中,"数"与"运"往往彼此交融:"运数"这一表述,便从一个方面表明了这一点。从现实的世界看,其存在与发展的过程总是交错着必然的趋向与偶然的变化,

---

① 从狭义上说,"道德运气"(moral luck)这一概念由伯纳德·威廉姆斯、托马斯·内格尔(Thomas Nagel)较为明确地引入伦理学。威廉姆斯将道德评价与运气好坏联系起来,对他而言,人既有内在运气,如是否具有某种天赋,也有外在运气,如各种人生遭遇,这些方面都会影响行动者对其行为进行反思性评价。本文的"道德运气"是就广义而言,如上述例子所表明的,指由某种偶然因素的作用而使相关行为具有合乎道德的形式。

现实的存在形态及其变迁可以视为这种互动的产物。在解释历史上的治乱过程时,张载便指出:"古者治世多而后世不治,何也?人徒见文字所记,自唐虞以来论其治乱,殊不知唐虞以上几治几乱,须归之运数。"①这里所说的"运数"即表现为必然与偶然的交互作用,而历史的变迁则被视为这种作用的结果。对历史的以上理解无疑具有抽象性,但其中也有见于历史变迁有其自身的内在趋向,这种变动趋向既关乎必然,也涉及偶然。就个体而言,其人生过程中的所遭所遇,也每每被归之于"运数",黄宗羲便强调了这一点:"万事之来,吾有以致之而后至,乃人世富贵贫贱,生死祸福,多有不召而自至者。同是圣人也,而得位不得位,尧舜何以至寿,颜子何以至夭?皆无以致之者。此则气化不齐,运数之自为醇驳。人生其中,不能不受制而无可奈何。"②这里的运数,也兼涉必然与偶然。认为人在运数之前完全无可奈何,固然有某种消极意味,但其中亦注意到:存在过程中必然与偶然的交融既非人作用的产物,也非人所能完全支配。金岳霖从更普遍的层面考察了事物的变迁:"说一件事体适然地是怎样,就是说不仅有必然的,固然的,理由使它那样,而且有一时一地底环境总和使它那样。"③所谓"一时一地底环境总和",便可视为内含"数"(必然)与"运"(偶然)的综合存在形态,特定的事与物之形成,既非由单纯的必然(数)所决定,也非仅仅缘于偶然现象(运),而是基于以上的综合存在形态。现实存在过程中"数"与"运"的交错,与实践过程中二者的互动,具有内在的相关性。

这里似乎可以对"命运"作一分析。命运常常被赋予某种神秘的

---

① (宋)张载:《横渠易说》,《张载集》,中华书局,1978年,第189页。
② (清)黄宗羲:《孟子师说》卷五,《黄宗羲全集》第1册,浙江古籍出版社,1985年,第124页。
③ 金岳霖:《论道》,商务印书馆,1987年,第171页。

形式,用以解释在个体或类的存在、发展过程中所出现的特定归宿或结局。如果撇开其神秘的形式,从另一角度加以理解,则可以将命运视为"命"与"运"的交融。就其包含必然的演化趋向而言,这里的"命"与"数"有相通之处,当然,如前所述,"数"体现于一定的时空关系之中,"命"则往往被视为更宽泛、抽象的趋向;相对于"命","运"更多地涉及行动过程中的偶然性。从日常的现象看,种瓜得瓜、种豆得豆,这是自然的演化过程,其中蕴含着作为必然趋向的"命";特定之"瓜""豆"的种子能否分别萌芽、生长为"瓜"与"豆",则取决于各种条件,包括适当的光照、水分、养料,等等,这些条件是否出现,每每具有偶然性,在此意义上,它们同时呈现为"运"。所种之瓜、所植之豆既可能最后分别生长、成熟为"瓜""豆",也可能因生长所需条件的缺乏而中途枯萎,二者表现为"命"(种瓜得瓜、种豆得豆)与"运"("瓜"与"豆"各自生长所需条件的是否满足)交互作用的不同结果,无论出现哪一种情形,对相关的"瓜""豆"之种来说,都是一种广义的"命运"。不难看到,这一意义上的命运,即以必然趋向与偶然因素的综合作用为其形成的前提,后者与"运"和"数"的互动呈现某种相通性。

从变化与发展的过程看,"运"与"数"交融的最初形态,也就是前文所提到的"几"。作为"数"与"运"统一的最初体现,"几"同时表现为事物变化的契机,所谓知"几",也就是及时把握具有正面价值意义的发展趋向,以达到相关的价值目标。"几"的形成,意味着事物发展的可能形态已开始向现实形态转化,这种转化既基于现实所蕴含的必然趋向,又受到各种偶然因素的制约。然而,在"几"的形态下,可能向现实的转化尚处于初始的阶段,这一过程的完成,离不开"数"与"运"的互动。"数"与一定时空条件相结合,形成了事物发展的定向,"运"作为非预期的偶然因素,则构成了事物发展的变数,二者从不同的方面制约、影响着事物的发展。以树种的衍化而言,树的种子之转化为萌芽,既以植物生长的法则为内在根据,又取决于树种能否处于气候、土壤等方面都比较适宜的环境,后者对特定的种子而言具有偶然性。树种始萌,可视为其衍变之"几",但它能否进一步向枝繁叶茂的形态发展,则不仅关涉植物发展的法则,而且也受到各种偶然因素的制约,如果出现严重的干旱、山火等自然灾害,那么,树种即使已萌,仍可能夭折。在树木衍化的如上情形中,自然灾害并非特定树种所内含的必然规定:其出现对该树木的生长具有偶然的性质,然而,它又影响着相关树木从萌发到生长的现实过程。从人的实践(如植树造林)看,在把握必然趋向("数")的同时,需要对非预期的各种偶然因素("运")给予充分的关注,并在实践的规划中留有相应的空间,以应对可能出现的不利变化。可以看到,"见几而作""极数前知""慎处时运"相互联系,构成了实践过程有效展开的综合前提。

第六章
实践理性及其原则

　　人的实践过程不仅受到可能、必然、偶然等形上规定的制约,而且内含规范性。在实践的层面,规范性具体涉及做什么、如何做等问题,后者进而关涉实践理性。作为理性在实践领域的体现,实践理性以如何使存在合乎人的理想及人的合理需要为关切之点。从形式层面的正当,到实质意义上的善,从价值的多重内容,到价值实现的方式,实践理性体现于不同的方面,其中既涉及主体的欲求、需要,也关乎实然、当然、必然。在正当、向善、有效等实践理性原则中,上述方面的相关性进一步得到了具体的展现。

一 广义视域中的实践理性

亚里士多德曾区分了理论、实践、生产或制作(productive)等不同的思想与知识形态,并认为,"理论知识(theoretical knowledge)的目的是真理,而实践知识(practical knowledge)的目的则是行动"①。康德进一步分别对纯粹理性与实践理性作了考察,前者(纯粹理性)涉及理性的理论运用或思辨运用,后者(实践理性)则关乎理性的实践运用。在康德那里,理性的实践运用首先与道德领域相联系,它所关心的不是存在的实际根据,而是其应当发生的法则。② 实际的根据属实然,"应当发生"所指向的则是当然,以"应当发生"为关注之点,实践理性更多地侧重于当然。在此意义上,实践理性与理论理性之别,与应然(当然)和实然之分呈现相关性。

对康德而言,实践理性同时与人心的机能相联系。如前文(第三章)所述,他曾将人心的机能区分为三种,即"认识机能、愉快与不快的情感和欲求的机能"③。认识机能关乎认识过程中的思维活动,欲求的机能表现为意志的自我要求,愉快与不快的情感则涉及审美领域中的情感认同、情感接受。其中,欲求的机能所涉及的主要便是实践理性。在谈到理性的实践运用时,康德即指出,理性在实践层面关

---

① 参见 Aristotle, Metaphysics, 993b20,1025b25, *The Basic Works of Aristotle*, Random House, 1941, p. 712, p. 778。

② Kant, *Grounding for the Metaphysics of Morals*, Hackett Publishing Company, 1993, pp. 29-35.

③ 〔德〕康德:《判断力批判》上卷,宗白华译,商务印书馆,1985 年,第 15 页,译文据英译本略有改动,参见 Kant, *Critique of Judgment*, Hafner Publishing Co., 1951, p. 13。

乎主体的欲求能力。① 如后文将进一步分析的,在康德那里,实践理性论域中的欲求,主要体现于意志的自我立法,从而不同于感性的意欲。

可以看到,亚里士多德与康德从不同的层面,对理性的理论形态与实践形态作了区分,这种区分无疑有见于理性在作用对象、作用方式等方面的不同特点。理性的实践形态内在地涉及对实践的理解,从总体上看,亚里士多德所说的实践,主要限于社会伦理、政治等领域,他将实践与生产或制作区分开来,便从一个方面表明了这一点:对亚里士多德而言,实践作为社会伦理、政治领域的行为,不同于作用或变革自然对象的活动。康德大致沿袭了亚里士多德以来的哲学传统,并相应地首先将实践与道德之域联系起来。对实践的这种理解,不免忽视了其丰富的内容,基于这一看法的实践理性,其内涵也或多或少被狭隘化了。作为人的基本存在方式,实践既体现于社会领域中人与人的互动,也展开于人作用于广义世界(包括自然对象)的过程;既影响和改变人自身,也影响和改变人内在于其中的世界。就此而言,实践不仅成就人自身,而且也成就世界。事实上,实践在广义上便表现为成就人自身与成就世界的过程。以这一视域中的实践为指向,实践理性构成了成就人自身与成就世界所以可能的条件,其意义也具体地展现于这一过程。

与广义的实践过程相联系,实践理性以不同于理论理性的方式,展示了人与世界的关系。在理论理性中,问题主要是人的认识如何合乎外部存在,包括如何正确地认识世界或如其所是地把握世界;在实践理性中,问题则更多地呈现为存在如何合乎人的理想和人的合

---

① Kant, *Critique of Practical Reason*, Cambridge University Press, 1997, pp. 17-18.

理需要。存在之合乎人的理想和人的合理需要,意味着存在本身的某种改变,这种改变乃是通过人的行动过程和实践活动而实现的。以存在的改变为指向,实践理性所关注的,首先也是人的行动过程和实践活动:通过对行动和实践的引导和规范,使行动和实践所作用的对象合乎人的理想与人的合理需要,构成了实践理性的内在特点,后者同时决定了实践理性的侧重之点主要不是明其真,而是求其善:人的理想以及人的合理需要属价值之域,价值的肯定形态则体现为广义的善。

当然,以善为内容的价值形态既可以体现于形式的层面,也可以内在于实质的层面。如后文将具体论述的,在形式的层面,实践理性主要表现为正当原则(the principle of rightness),其内涵在于合乎一定的价值原则或实践规范:行动和实践唯有与相关的价值原则或实践规范一致,才具有正当性。[1] 在实质的层面,价值理性则表现为向善原则(the principle of goodness),其要义在于行动或实践过程合乎行动主体或实践主体的合理需要,这种合理需要的满足同时意味着价值(善)在实质意义上的实现。[2] 此所谓"合理",主要是指对人的存在和发展呈现积极或正面的价值意义,而合理的需要则意味着这

---

[1] 这里的"正当"是就广义而言,其涵义与 right 一致,而与法律、政治之域中的 legitimacy 有所不同:后者(legitimacy)与"合法"相通,前者(right)则侧重于广义的"对"。当然,在更深层的意义上,法律、政治之域中的"正当"或"合法",往往也表现在合乎一定的法律规范或政治原则,就此而言,这一视域中的"正当"或"合法"与更广意义上的"对"并非完全无涉。顺便提及,罗斯(D. Ross)在讨论"正当"与"善"的问题时,也曾以 right 表示"正当"(参见 D. Ross, *The Right and the Good*),不过,罗斯所说的 right 主要就伦理领域而言,相应于实践的广义理解,作为实践理性原则的"正当",则不限于伦理领域,详后文。

[2] 在道德领域,"善"(goodness)首先与个体的德性、品格等相关,这一视域中的"善"可以视为狭义上的善。向善原则所体现的"善"是就广义而言,其涵义不限于道德领域,而是更多地与宽泛意义上正面或积极的价值(positive values)相涉,后者同时包含实质的内涵。

种需要对人的存在和发展具有正面的价值意义。与人的存在境域的具体性相联系，所谓合理需要也包括不同的内容，并呈现历史的品格。以维持生命存在这一基本的需要而言，在社会发展的一定阶段，合理的需要可能主要表现为果腹与蔽体，在更高的历史发展阶段，则让食物更富有营养与滋味、使服饰更舒适和美观，同样也可以表现为相关历史境域中的合理需要。行动与实践过程同时涉及手段与方式，就行动和实践过程中的手段、方式而言，实践理性又具体展开为有效原则(the principle of effectiveness)，其内在的要求在于合乎实然(事实)与必然(存在的法则)：实践活动的有效展开，既基于事(实然)，也依乎理(必然)。如果说，正当原则与向善原则主要从价值的形式之维与实质之维体现了理性与实践的关系，那么，有效原则更多地从手段、方式、程序上展示了理性的实践形态。在以上视域中，行动和实践的理性品格，主要便表现为行动和实践过程本身合乎社会规范、体现合理需要、依乎存在法则。

以正当、向善、有效为相关原则，实践理性在更内在的层面指向人的自由。如康德已注意到的，从观念的层面看，实践理性涉及人的欲求。在道德的领域，当向善的欲求与一定的价值原则或规范相一致时，行为便将获得从心所欲不逾矩的品格，道德实践的主体则由此走向自由之境。在人与世界更广意义上的互动中，实践主体的欲求与合理的需要相融合，当二者在实践过程中契合于事与理时，作为实践主体的人即进一步在变革世界的意义上获得了自由。可以看到，道德之域的自由基于主体意欲与当然之则的相融，人与世界互动中的自由，则以意欲、需要与实然、必然的统一为前提。在正当原则、向善原则、有效原则与意欲、需求的互动之后，是人的意欲、需求与当然、实然、必然之间的相互关联。通过以上互动与关联，实践理性同时赋予行动和实践过程以自由的品格。

康德在谈到实践理性时,已注意到实践理性与人的自由之间的关联。在他看来,意志自律是道德领域中实践理性的体现,而它同时又以自由的预设为前提。由此,康德指出:"我们已最终把道德的确定概念追溯到自由的理念。"① 当然,康德所关注的,主要是意志的自主与普遍法则之间的关系:普遍的法则被理解为主体意志自我立法的产物。作为立法者,"意志不是别的,就是实践理性"②。这样,对康德而言,实践理性似乎以意志自主的形式,为人的自由提供了担保。将实践理性与人的自由联系起来,无疑注意到了实践理性不同于思辨理性的特点,不过,在康德那里,通过实践理性而引入人的自由,与他的认识论与形而上学立场又存在内在关联。如所周知,在认识论与形而上学的论域中,康德对现象与物自体作了区分,并认为人的认识所及,仅限于现象,而现象之域又受到因果律的制约,其中不存在自由的问题。就人自身的存在而言,按康德的理解,其性质呈现二重性:作为感性的存在,他属现象之域,并受因果律的制约;作为理性的存在,他则是存在本身,后者使之超越了现象之域,并具有自由的意志。在康德看来,实践理性之域这种超越现象的存在,与认识之域的物自体具有相通之处,它超出了人的认识范围:"甚至对自己本身,通过内部感觉而获得的知识,人并无充分根据知道他自身是什么。"③ 这里的人自身,近于认识论领域中的物自身,正如思辨(理论)领域的物自体无法认识一样,实践领域的物自体(作为自由意志主体的理性存在)也无法认识。

康德的以上看法有见于实践理性与自由的相关性,然而,把实践

---

① Kant, *Grounding for the Metaphysics of Morals*, Hackett Publishing Company, 1993, p. 51.
② Ibid., p. 23.
③ Ibid., p. 53.

理性的主体视为类似物自体的存在,以此作为超越现象领域的因果律、达到自由的前提,这无疑将实践理性奠基于超验的基础,从而多少使之抽象化了。实践理性确实有其本体论的根据,但这种根据并非如康德所理解的那样,在于实践领域中的人构成了存在本身(类似物自身),而非仅仅是现象。从形而上的形态看,人既是现实世界(实然)中的存在,也不断走向当然的世界;既受到必然法则的制约,从而表现为必然世界中的存在,也面向可能的世界,并能够通过自己的知与行,化可能的世界为价值的世界,从而成为自由的存在。作为实践理性的主体,人不仅内含行其当然的意向,而且具有择善而为、依乎必然的要求与能力,前者涉及形式层面的价值原则,后者则展现了实质意义上的价值关切以及对现实世界中事与理的注重。体现于实践理性的这种能力尽管有别于感性经验,但它并非先天的预设,其形成离不开现实的知、行过程。作为实践理性的体现,人的能力构成了走向自由的内在根据,而这种能力生成的历史性和具体性,则表现了理性主体的历史性和具体性。人的存在的这种具体性,使之区别于康德视域中的物自体,从另一层面看,它则同时构成了实践理性的现实前提或本体论根据。

从理性本身看,实践理性作为理性的实践运用,与理性的理论运用或理论理性无疑表现了不同的趋向。理性的理论运用或理论理性首先以说明世界为目标,与之相关的活动主要表现为认知,其过程具有描述性的特点。实践理性则以改变或成就世界为指向,与之相关的活动更多地展开为评价,后者同时呈现规范性的特点。在规范性的层面,理性既涉及目的之合理性,也关乎手段的合理性,前者(目的之合理性)以价值意义上的正当性为内涵,后者(手段的合理性)则以行动的有效性为指向;对以上二者的双重关注,构成了实践理性有别于理论理性的又一特点。当然,如康德所指出的,"归根到底,只能有同一种理性"①,作为同一理性的不同形态,实践理性与理论理性并非彼此隔绝。事实上,说明世界与改变世界本身具有内在的关联性,对世界的理解以改变世界为价值目标,世界的变革则基于对世界的理解。同样,对事物及世界的认知总是受到评价过程的引导,合理的评价则以真实地把握世界为前提。在更本原的层面,实践理性与理论理性的如上关联所体现的,是真与善之间的交融。

二 实践理性的诸原则

以规范性为内在向度,实践理性的内涵首先体现于理性的基本原则:正是在这些基本的原则中,实践理性的规范意义得到了具体的展现。康德在将实践理性主要限定于道德领域的同时,又把关注之点着重指向理性准则和理性法则,无疑也有见于此。在实践理性之域,康德所突出的首先是普遍性原则。对康德而言,实践理性体现于道德实践,而道德行为的基本要求则是:"仅仅这样行动:你所遵循的准则(maxim),同时应当能够成为普遍的法则(universal law)。"②康德同时将此视为绝对命令(categorical imperative),按其看法,"实践领域一切合法性的基础,客观上就在于规则及普遍的形式(the form of universality)"③。

康德对普遍性原则的强调,更多地着眼于形式的层面。事实上,如上所示,在康德那里,普遍的法则(universal law)与普遍的形式(the form of universality)往往彼此相通。从道德实践的层面看,康德将普

---

① Kant, *Grounding for the Metaphysics of Morals*, Hackett Publishing Company, 1993, p. 4.
② Ibid., p. 30.
③ Ibid., p. 38.

遍性原则放在优先的地位,主要试图以此担保道德行为的合理展开以及道德秩序的建构。按康德的理解,行为的可普遍化,是道德行为所以可能的前提,这种普遍化本身又源于规则或法则的引导和制约,理性的主要作用,便在于提供这种规则或法则:"我们要求于理性的,除了行为的规则(rule of conduct)之外,没有任何其他东西。"①康德所谓理性立法(the legislation of human reason),首先也与普遍法则相关。从社会的层面看,行为的普遍性原则使共同体中不同个体的行为避免了彼此的冲突,从而为社会道德秩序的形成提供了担保。康德对普遍性原则的强调,显然注意到了以上方面。

然而,就其本身而言,康德所突出的普遍性原则往往缺乏实质的内容而呈现为某种空泛的形式,康德将普遍的法则同时理解为普遍的形式,也从一个方面表明了这一点。如前文已提及的,从规范的意义看,在实践理性的领域,更应当注意的是正当原则(the principle of rightness)、向善原则(the principle of goodness),以及有效原则(the principle of effectiveness)。

(一)正当原则(the principle of rightness)

实践理性首先涉及正当原则。在实践的领域,行为的"正当"和"非正当"与"对"和"错"的涵义大体一致,其判断的标准就在于是否合乎相关的原则或规范:凡是合乎相关原则或规范的行为即为"正当"或"对",反之则"非正当"或"错"。在此,"正当"主要关乎行为的伦理、政治、法律等性质,"对"则涉及更广的实践领域,两者在不同的意义上表现为一种社会的认可以及实践的认可(social approbation and practical approbation)。行为的"正当",意味着在道德、政治、法

---

① Kant, *Critique of Pure Reason*, Translated by N. K. Smith, St. Martin's Press, 1965, p. 643.

律等领域合乎相关原则或规范,从而在社会的层面获得认可;行为在更广实践领域中的"对",则表明其合乎所涉领域的行为原则或规范,如生产劳动中的程序性要求、技术操作中的规程、军事或体育活动中的动作要领,等等,从而达到预期的实践目标。相对于康德的普遍性原则,以上视域中的正当原则无疑包含更具体的内涵。

制约行动的原则与规范并非先天预定,而是形成于多方面的社会实践过程。作为社会历史的产物,原则与规范本身可以视为人类长期实践经验的沉淀,其中凝结了历史的智慧,而这些原则、规范本身之被认同和接受,则既基于实践的确证,也表现为社会的选择。这里的社会是就广义而言,它既涉及多样的形态,也包含社会之为社会的普遍规定,与之相联系,为社会所确认的原则、规范也既呈现历史的品格,又具有普遍的内涵。以智慧的历史沉淀为前提,普遍的原则和规范为个体的行为选择提供了根据:从应当做什么的层面看,原则与规范规定了什么可以做、什么不应做;从应当如何做的维度看,原则与规范又制约着行动的手段、方式、程序,由此为个体的行为提供积极的引导,使之无需进行重复性的探索。当个体的行为与上述原则、规范相一致时,行为便既呈现出正当性,又具有"对"的性质:如果说,行动的正当性表现为社会的认可,那么,行动之"对"则体现了更广意义上的实践认可或实践确证。通过依乎原则、循乎规范,一方面,社会共同体中多样的行为超越了偶然、随意的形式而表现出有序的形态;规范所内含的普遍性、确定性,使其引导的实践活动不再仅仅受制于特定境域的偶然性,实践过程中的秩序由此逐渐形成;另一方面,个体自身也不断融入社会,其行为则通过这一过程而为社会所接纳。

一般而言,实践活动包含个体的参与,行动也由个体完成,就此而言,实践和行动总是具有个体性之维,但无论是对外部世界的作用,还是表现为人与人的互动,实践和行动又包含社会性。作为实践理性的原则,正当性以合乎普遍原则与规范为内容,后者首先通过社会共同体的认可而获得社会的品格,这种社会认可使实践理性的原则和规范不同于无条件的、绝对的先天形式。可以看到,在实践理性的领域,原则和规范担保了行动的普遍性,而普遍性的意义则首先在于确认实践和行动的社会性。这里的社会性不仅仅表现为行动的展开有其社会背景并涉及一定的社会关联,而且体现在行动本身传承了凝结于相关实践领域的历史经验与历史智慧。与社会认可相联系的是实践认可,后者从实践和行动过程的环节、手段、程序等方面,体现了行动的合理性,这种合理性构成了正当原则的另一重内涵。

要而言之,作为实践理性的原则,正当性以合乎普遍的规范为内在要求,后者所体现的是行为的社会认可与实践认可。在具体的实践和行动过程中,实践的规范从普遍的层面规定了应当做什么以及应当如何做,正当原则由此既构成了行为选择的根据,又引导着行动的展开。

(二) 向善原则(the principle of goodness)

在实践理性的领域,需要关注的另一重原则涉及广义的善,可以表述为向善原则(the principle of goodness)。这里的"善"(goodness)并不限于伦理之域,而是具有更宽泛的涵义。作为正面或积极意义上的价值,其内涵在于合乎合理的需要。中国哲学曾对"善"作了如下界说:"可欲之谓善。"[①]这里的"可欲"不同于单纯主观层面的欲求(desire),在广义上,它既指值得追求的,也指人的存在所实际需要的,从后一方面看,善同时体现了人的需要,与之相联系,所谓向善,意味着使行动结果合乎人的合理需要。相对于主观的欲求(desires

---

① 《孟子·尽心下》。

or wants），需要（needs）更多地涉及人存在与发展的现实条件。就感性存在的层面而言，饥而欲食、渴而欲饮，其中的"欲"所体现的是欲求；生命的维系离不开食物和水，这里的生命与食物及水之间的关系，体现的则是客观的需要。不仅物质层面的需要具有现实性，而且德性的培养、境界的提升等精神层面的需要，也包含现实的品格：后者体现的是人自我实现以及多方面发展的历史需要。以上事实同时表明，人的需要本身包含多重方面：从生命存在的维护，到日用常行的展开；从不同实践领域目标的达到，到人的自由全面发展，需要呈现多样的形态。从基本或原初的层面看，向善在于满足维持生命存在的需要；在终极的意义上，向善则体现于合乎人走向自由的存在形态这一需要。二者同时与成己与成物的过程呈现一致性：成己与成物的具体涵义在于成就人自身与成就世界，前者展现了人的自我实现这一内在价值需要，后者则意味着通过化自在之物为为我之物以实现人多方面的合理需要。所谓合理的需要，既在于体现人自身存在、发展的内在要求，也意味着与一定的历史发展状况相一致。这一意义上的合理需要，在不同的存在背景之下又有不同的表现形式。

　　作为实践理性的相关方面，正当原则与向善原则都包含价值意义，但二者同时呈现形式与实质之别。以社会认可与实践认可为指向，正当原则无疑展现了一定的价值取向，但这种认可又以合乎普遍原则和规范为前提：与普遍原则和规范的一致，构成了判断行为是否具有正当性或是否"对"的标准。实践及行动与规范的以上关系，更多地呈现形式的特点。这一意义上的正当，与中国哲学所注重的"义"具有相通性：义者，宜也，后者（宜）包含当然之意。行为之正当，表明行为之合乎义，后者意味着与当然之则（规范）的一致。相对而言，向善原则首先涉及实质层面的价值确认，从深层的方面看，这种价值确认体现了与中国哲学中的仁道相一致的取向：仁道的根本涵义在于肯定人不同于外在之物的内在价值,这种肯定从实质的方面构成了价值追求(向善)的出发点和具体内容。进而言之,以上价值追求同时基于现实的需要以及具体的实践背景,这种现实的需要和具体背景也不同于抽象的形式而包含实质的内容。就上述方面而言,正当原则与向善原则既涉及形式与实质之辨,也关乎仁与义的关系。

实践理性的价值之维,康德已有所注意。在突出普遍性原则的同时,康德又从道德实践的角度,强调理性的存在(人)"自身就是目的"①,而实践命令(practical imperative)也基于对人的这一理解:"如此行动,即无论是对你自己的人格中的人性,还是对其他人格中的人性,你永远都要同时把他们当做目的,而绝不仅仅当做手段。"②人是目的,意味着人自身就包含内在价值,对人的存在价值的这种肯定,无疑具有实质的内涵。不过,在康德那里,人是目的的原则,与行动的现实过程往往彼此分离,这种分离首先表现在对行动结果的悬置。对康德而言,真正的道德行为表现为仅仅关注道德律令本身,而完全不考虑行为可能产生的结果。从现实的形态看,如果与行动的具体结果相隔绝,则行动所依循的原则往往呈现为缺乏实质内容的空洞形式。事实上,与注重普遍的形式相应,康德在肯定人是目的的同时,又着重从普遍性的维度理解这一原则,认为它之所以能够成为实践理性的原则,缘由之一在于具有可普遍性,与之相对的原则则缺乏这种性质。③ 同时,如上所述,康德一方面将实践理性的主体视为类似物自体的存在,由此略去了其现实的品格,另一方面又悬置了实践

---

① Kant, *Grounding for the Metaphysics of Morals*, Hackett Publishing Company, 1993, p. 41.
② Ibid., p. 36.
③ Ibid., pp. 36-38.

活动展开的具体情境,从而把人自身以及人的存在境域都抽象化了。对行动结果的过滤、对人的存在及其背景的以上理解,使康德所提出的人是目的这一原则虽涉及实质层面的价值,但却未能获得具体的内容。

相对于康德的如上视域,体现实践理性的向善原则呈现不同的意义。以多方面的合理需要为关注之点,向善原则不仅包含实质的价值内涵,而且基于人的现实存在,人的存在的这种现实形态既体现于人的社会性、历史性,也表现在人对不同价值目标的具体追求之中,后者决定了实践过程、行动过程与实践结果、行动结果难以截然分离:价值目标的实现,总是落实于具体的实践结果。作为实践理性的现实体现,向善原则不仅关涉"应当做什么"与"应当如何做",而且以行动本身"意味着什么"为关注之点,后者蕴含着对行动结果的预期和评价。与肯定行动过程与行动结果的统一相应,向善原则同时要求根据具体的实践情境考察行动的价值意义,从而将实践的具体背景引入了实质层面的价值评价,由此进一步扬弃了康德视域中实践理性的抽象性。

在注重行动的价值意义方面,功利主义表现出与康德相对的另一重趋向。边沁曾对功利原则作了如下概述:"它根据看来势必增大或减少利益有关者之幸福的倾向,或者在相同的意义上,促进或妨碍此种幸福的倾向,来赞成或反对任何一项行动。我说的是无论什么行动,因而不仅是私人的每项行动,而且是政府的每项措施。"[①]穆勒的看法也与之类似,他将功利原则理解为"最大幸福的原则",认为:"最大幸福的原则(Greatest Happy Principle)主张,行为之对

---

① Jeremy Bentham, *An Introduction to the Principle of Moral and Legislation*, Hafner Publishing Co., 1948, p. 2.

(right)与它增进幸福的趋向成比例;行为之错(wrong)与它产生不幸福的趋向成比例。"①从实践和行动的层面看,幸福的增进与否,具体表现为行动的结果,以此作为赞成或反对行动的标准,意味着以行动的结果来评判其价值。相对于康德,上述观念无疑从更实质的层面肯定了行动的价值意义。

就其确认实质的价值内涵而言,功利主义的功利原则与体现实践理性的向善原则显然有相通之处。然而,在对价值内涵作进一步理解时,功利原则与向善原则便呈现内在的差异。功利主义在总体上奠基于经验主义,从边沁的如下论述中,便不难注意到这一点:"自然把人类置于快乐和痛苦这两位宰制者的主宰之下。只有它们才告知我们应当做什么,并决定我们将要做什么。无论是非标准,抑或因果联系,都由其掌控。它们支配我们所有的行动、言说、思考;我们所能做的力图挣脱被主宰地位的每一种努力,都只是确证和肯定这一点。""功利原则承认这一被主宰地位,把它当作旨在依靠理性和法律之手支撑幸福构架的基础。"②快乐和痛苦固然不限于感性之域,穆勒对快乐的质与量的区分,也涉及这一点,③但从原初的形态或本原上看,苦乐首先与感性经验相联系,与之相联系,将功利原则建于其上,也意味着赋予感性经验以优先性。相形之下,向善原则以实践主体的合理需要为价值判断的依据,与人的自由、全面发展的历史走向相一致,这种需要包括物质层面与精神层面、感性之维与理性之维等多重方面,对合理需要的理解和确认,并不限于感性经验,而是基于包括理性在内的更广视域。

---

① John Mill, *Utilitarianism*, J. M. Dent & Sons Ltd, 1972, p. 6.

② Jeremy Bentham, *An Introduction to the Principle of Moral and Legislation*, Hafner Publishing Co., 1948, p. 1.

③ John Mill, *Utilitarianism*, J. M. Dent & Sons Ltd, 1972, pp. 7-9.

功利原则的另一趋向,是追求利益的最大化。边沁以"势必增大或减少利益有关者之幸福"为行动选择的根据,穆勒强调"最大幸福",都从不同方面表现了这一点,当代具有功利主义倾向的哲学家帕菲特,同样认同以上原则。在他看来,行动的选择往往与"使事情趋向最好"(make things go best)的原则相涉,后者意味着达到最佳的结果,而所谓最佳的结果,就是每一个人都有充分的理由想要达到的结果,尽管这里所说的最好或最佳不限于直接的功利后果,但在实质的层面,它与利益最大化的原则却具有某种相通性。① 从价值取向看,利益最大化的追求,蕴含着走向"放于利而行"②(片面求利)的可能,尽管后来的功利主义者如穆勒一再申述利益最大化并不仅仅涉及行为者自身,而是所有与该行为相关的人,然而,当利益或幸福成为追求的主要目标时,广义之"善"的其他方面往往便会被掩蔽:体现正面价值的"善"本来与人的多方面需要相联系并在深沉的意义上以人的自由、全面发展为内容,但单向的利益追求却常常将以上方面推向边缘。较之功利原则,向善原则基于对"善"的广义理解,拒绝以快乐、利益等为唯一追求的目标。以人的多方面合理需要为关注之点,向善原则赋予价值追求以更深广的内涵。

---

① 参见 D. Parfit, *On What Matters*, Oxford University Press, 2011, Vol. One, pp. 250-255, pp. 373-418。顺便指出,帕菲特在伦理学上甚为推崇具有功利主义趋向的西季威克(Sidgwick),尽管他对西季威克也有所批评,但对其包含功利主义内涵的观念往往持肯定态度,以下评论便体现了这一点:"西季威克正确地指出,我们有理由特别关注我们自己未来的幸福(well-being)。"(Ibid., p. 136)这种看法也从一个方面表现了帕菲特自身的理论倾向。当然,帕菲特在具体的讨论中更多地运用"后果论"(consequentialism)这一概念,并区分所谓行为后果论(act consequentialism)与规则后果论(rule consequentialism),不过,从理论内涵看,功利主义与后果论具有交错性。以具体的代表人物而言,西季威克通常被视为功利主义者,但帕菲特则将其归属于后果论,这一现象也显现了功利主义与后果论的相关性。

② 《论语·里仁》。

利益最大化以所谓"最大化"为追求的目标,然而,何为利益的最大化? 对是否达到最大化如何加以判断、确认? 边沁曾提出了计算快乐总量的如下方式:如果行动造成的快乐之总和大于痛苦的总和,则行动在总体上便对相关个体呈现有利的倾向。[1] 但快乐与痛苦本质上并不仅仅是一个量的概念,所谓"快乐的总和"与"痛苦的总和"相应地也无法确切地进行计算。广而言之,利益或价值本身难以完全加以量化,以"最大化"这种量化概念去规定功利原则,无疑具有抽象性。与"何为利益的最大化"相关的是"如何实现利益的最大化",前者("利益最大化")本身的难以界定性,决定了后者("利益最大化"实现过程)无法避免空泛的性质,二者从不同方面表现了利益最大化这一功利主义原则的抽象性质。相对于功利原则的如上趋向,向善原则更多地基于一定条件下的价值确认,这种确认既与相关主体的合理需要相联系,又兼及一定的实践背景,包括相关情境在历史与现状方面所涉及的多重关系,等等。它一方面并非以功利为唯一的指向,另一方面也不以"最大化"为绝对的目标,而是表现为在一定条件下对主体合理需要的肯定。这里既关注价值的多重维度(非限于单一的功利),也承认价值实现的相对性(不同于绝对意义上的利益"最大化"),其中包含对实践主体以及实践背景的具体考察、权衡、判断。如果说,以利益最大化为目标的功利原则表现为一种抽象的价值追求,那么,向善原则所趋向的则是具体的价值确认。

相应于利益最大化的指向,功利原则以"最大多数人"为关注对象,穆勒便指出:"那个标准(指功利主义的标准——引者)并不是行为者自身的最大幸福,而是最大量的总体幸福(the greatest amount of

---

[1] Jeremy Bentham, *An Introduction to the Principle of Moral and Legislation*, Hafner Publishing Co., 1948, p. 31.

happiness altogether）。""作为功利主义正确行为标准的幸福并不是行为者自己的幸福,乃是所有与该行为相关的人的幸福。"①然而,与利益最大化相近,"最大多数人"或所有与某一行为相关的人本身是一种十分抽象的观念:一方面,它蕴含着对特定个体的漠视,正是有鉴于此,后来罗尔斯对功利主义提出了批评;另一方面,它又承诺了一种虚幻的共同体,事实上,边沁已承认,"共同体是个虚构体"（fictitious body）"②,这里多少表现出对实践主体的抽象理解。与之相异,在向善原则中,实践的主体表现为社会历史领域中的具体存在,它既是内在于群体的个体,又是一定实践背景中价值关系的具体承担者。作为社会群体中的个体,他在实现自身价值的同时,不能无视群体的价值;作为一定实践背景中价值关系的具体承担者,价值内容的实际确认和实现又离不开对相关实践情境的具体把握。

价值确认的以上具体性,与作为实践主体的人自身存在的具体性难以分离。人自身的这种具体性首先体现于存在的多方面性,后者同时规定了价值之源——需要的多重性。具体而言,人的需要既体现于感性的层面,也展开于理性之维;既关乎外在之物,也涉及内在精神,不同层面的需要,本身又呈现不同的价值意义。孟子曾指出:"人之于身也,兼所爱。兼所爱则兼所养也,无尺寸之肤不爱焉,则无尺寸之肤不养也。所以考其善不善者,岂有他哉,于己取之而已矣。体有贵贱,有小大,无以小害大,无以贱害贵。"③这里的"善",即具有正面意义或肯定意义的价值,"考其善不善者",意味着确认不同的价值性质。所谓"贵贱""小大",则表现为在感性与理性、外在之

---

① John Mill, *Utilitarianism*, J. M. Dent & Sons Ltd, 1972, p. 10, p. 16.

② Jeremy Bentham, *An Introduction to the Principle of Moral and Legislation*, Hafner Publishing Co., 1948, p. 3.

③ 《孟子·告子上》。

物与内在精神等视域中的不同价值意义。在以下论述中,孟子对存在的不同价值意义作了具体的阐释:"鱼我所欲也,熊掌亦我所欲也,二者不可得兼,舍鱼而取熊掌者也。生亦我所欲也,义亦我所欲也,二者不可得兼,舍生而取义者也。生亦我所欲,所欲有甚于生者,故不为苟得也;死亦我所恶,所恶有甚于死者,故患有所不辟也。如使人之所欲莫甚于生,则凡可以得生者,何不用也;使人之所恶莫甚于死者,则凡可以辟患者,何不为也。由是则生而有不用也,由是则可以辟患而有不为也。是故所欲有甚于生者,所恶有甚于死者,非独贤者有是心也,人皆有之,贤者能勿丧耳。"①"鱼"与"熊掌",体现的是感性层面的不同价值意义,"义"与"生"则涉及理性责任的承担与感性生命的维护。这里包含对一定背景之下不同价值性质的分析、比较、权衡,而向善意义上的价值选择,则基于这种具体的考察。孟子将"义"放在优先的地位,无疑体现了对理性责任的注重,不过,这种优先和注重,又是以分析、比较、权衡不同的价值意义为其前提。从实践理性的视域看,以上取向既不同于悬置实质的价值考虑(康德),也有别于单向地追求利益的最大化(功利主义)。

类似的观念也存在于荀子。尽管在价值立场上,荀子与孟子表现出不同的趋向,但在注重实质的价值意义以及对价值的具体确认方面,二者又具有相通之处。在谈到如何对具有不同价值性质的对象加以取舍时,荀子指出:"欲恶取舍之权:见其可欲也,则必前后虑其可恶也者;见其可利也,则必前后虑其可害也者,而兼权之,孰计之,然后定其欲恶取舍,如是则常不失陷矣。"②"可欲"与"可恶"分别体现了正面的价值意义与负面的价值性质,从实践或行动的层面看,

---

① 《孟子·告子上》。
② 《荀子·不苟》。

这种价值性质既涉及行动的主体,又关乎行动的对象;既与对象的自身规定相关,又与一定的实践情境相涉,价值意义的确认,以上述各个方面的情况为现实的根据。荀子特别强调了具体考察的必要性,所谓"前后虑""兼权之""熟计之",等等,便以具体地把握行动主体、行动对象、行动情境的不同方面为指向,其中所体现的,是对一定行动背景中相关价值意义的具体确认;行动的选择(取舍),即以这种具体的价值确认为前提。

可以看到,作为实践理性的体现,向善原则以实质的价值承诺为内容:以向善原则为根据,实践和行动的合理性表现为在实质的层面追求和实现价值。实质的价值确认既以人的合理需要为根据,也基于相关的实践境域。从终极的意义看,合理的需要所体现的是人走向自由、全面存在形态的内在要求,它在人的现实存在过程中取得了多方面的表现形式。与之相关的价值实现过程既从肯定人之为人的内在价值出发,又以行动主体、行动过程、行动情境的现实把握为前提,从而不仅具有实质的价值指向,而且展开为具体的价值确认,后者在克服康德将价值内涵形式化的同时,也扬弃了功利主义对价值追求的抽象理解。

(三) 有效原则(the principle of effectiveness)

价值在实质层面的实现,涉及一定的手段、程序和方式。以广义之善(价值)实现的方式为关注之点,实践理性具体表现为有效原则。如前所述,正当原则要求行动合乎普遍的原则和规范,并以此判定行动的正当与否或对错;向善原则以满足合理的需要为行动选择的根据,由此体现实质的价值追求。相形之下,有效原则关乎价值实现的方式、过程,其现实之旨在于为达到具体的价值目标提供有效担保。

价值的实现离不开多方面的实践和行动过程。实践和行动一方面表现为具有目的指向的过程,另一方面其展开又以存在本身的法则为根据,这里所说的存在法则既涉及自然,也关乎社会,无论是对自然的变革,抑或社会领域的活动,实践过程都基于存在的法则。实践计划的形成、实践程序的确定、实践手段和方式的选择,都需要依据存在的法则。存在的法则可以视为实然与必然的统一,唯有本于实然与必然,实践活动才能有效地展开并达到预期目标,与此一致,作为实践理性的体现,有效原则的内在涵义体现于合乎存在法则。不难看到,这里的有效性并不限于目的与手段的关系:在目的—手段的层面,所谓有效往往体现于手段在实现目的过程中的作用(手段能够有效地达到目的)。相对于此,实践理性层面的有效原则具有更本原的意义:它所涉及的乃是实践过程与现实存在的关系。这一层面的有效原则,意味着从知行之辩,进一步引向广义的心物和名实关系,行动和实践也相应地不再仅仅限于知行之域,而是关乎更广的实践背景。从实践理性中的有效原则看,手段之实现其对于目的所具有的功能和作用,本身也以合乎存在法则为前提。以实践和行动过程与存在法则的一致为内容,有效原则同时展现了其本体论之维。

  作为实然与必然的统一,广义的存在法则构成了实践过程的本体论根据。就人的认识维度而言,实然与必然分别表现为"事"与"理",有效原则在此意义上离不开对"事"与"理"的把握。事实上,实践过程与存在法则的一致,本身有其认识论的前提:实践计划的形成、实践程序的确定、实践手段和方式的选择,都基于对"事"与"理"的认识。综合以上两个方面,有效原则具体便表现为通过把握"事"与"理",使实践过程合乎存在的法则,由此为价值目标的实现提供有效担保。

  如前所述,康德首先将实践理性与人的欲求机能联系起来。欲求在内在的层面上诚然体现了人的意欲,但从人的现实存在看,它又与客观的需要相联系:欲求本身在某种意义上可以视为需要的主观体现。就实践理性内含的基本原则而言,正当原则包含着对意欲或欲求的引导与约束,向善原则表现为对满足合理需要的确认,二者从不同方面体现了广义的欲求机能。不过,作为理性在实践领域的运用,实践理性所涉及的,不仅仅是人的欲求机能,如前文所论,它同时又基于作为实然与必然统一的存在法则,忽略了现实的存在法则,实践过程的理性化或合理性便无法真正实现。在这方面,康德的看法无疑需要再思考。如所周知,在理论理性的领域,康德所侧重的是人为自然立法,后者(人的自我立法)在某种意义上似乎趋向于消解存在自身的法则。与理论理性中的这一基本立场相联系,在实践理性的领域,康德更多地强调理性的自我立法,①对道德原则的现实根据则往往未能给予必要的关注。对实践理性的以上理解,多少表现出抽象的走向:它在相当程度上悬置了作为道德实践背景的社会历史联系以及其中所体现的内在法则,从而难以避免自我立法与现实存在形态之间的张力。尽管康德对实践理性的理解主要限于道德领域,但从逻辑上看,如果以上立场引向更广意义上的实践领域,则后者(更广的实践领域)所关涉的实然(事)与必然(理)便无法获得适当的定位。以此为进路,不仅行动规范本身的形成,而且价值在实质层面的实现,都将失去现实的根据。克服对实践理性的以上抽象理解,无疑需要引入有效原则:以合乎存在法则为指向,有效原则在承诺实然(事)与必然(理)的同时,也对康德视域中实践理性的抽象性作了进一步的扬弃。

正当原则、向善原则以及有效原则并不是以相互并列或前后相继的形式制约人的行动。在现实的行动或实践过程中,它们往往彼

---

① 康德一再提到意志的立法,然而,如前文所论,他所说的意志,也就是实践理性。

此作用,从不同方面交互地影响人的活动。大致而言,正当原则更多地体现了社会层面的实践秩序,这种秩序既折射了实践的历史发展,又体现了一定社会背景中实践的普遍之维(实践作为人的活动所具有的普遍品格),康德对普遍性的强调,首先侧重于以上方面。向善原则主要与实质的价值关切相联系,所体现的是人的存在过程中多样的价值目的、价值理想。实践过程既以一定的社会秩序为背景,又落实于具体的价值目标,二者的内在联系决定了正当原则与向善原则无法彼此分离。有效原则进一步从社会要求、价值目的与存在法则之间的关系上,为实践过程提供了现实前提和担保。三者的交互作用既使实践活动的展开成为可能,又在形式与实质的层面赋予实践过程以制约人的存在和发展的价值意义。

三 实践理性与实践过程

如上所论,作为实践理性的不同体现,正当原则、向善原则、有效原则并非彼此隔绝。实践活动的展开既关乎正当或对错,也涉及有益与否(善或价值),价值是否得到实现,则牵连行动的有效性,以上诸方面的联系,从本原的层面规定了正当原则、向善原则、有效原则之间的相关性。

实践理性诸原则之间的彼此相关,首先呈现为内在的一致性。就正当原则而言,其基本要求是行为合乎普遍原则或规范:只有与一定原则或规范一致的行为,才合乎"义",亦即具有正当的性质。然而,以上的关联体现的主要是形式的价值关系,如果不限于形式的层面,则正当性的确认便无法离开实质的价值视域。从实质的层面看,正当性的根本意义,就在于合乎人走向自由、全面发展的历史趋向,这种趋向展示了广义上的善(the good),后者作为仁道的深层体现同时构成了向善原则的具体内容。进而论之，对人的自由、全面发展的历史内涵以及实现方式的把握，最终基于现实的事与理，二者的这种关联所展现的，则是有效原则。与仁和义、事和理的以上统一相联系，正当原则、向善原则与有效原则无疑也展现了内在的一致性。

向善原则以合理需要的满足为内容，后者意味着价值在实质层面的实现；有效原则进一步涉及价值实现的方式、过程。无论是价值目标的确立，还是价值目标的实现，都离不开价值原则、规范的引导：需要的评价（对合理需要的确认），总是以一定的价值原则为依据，实现价值目标的手段、方式，也既本于必然，也依乎当然。不难注意到，正当原则从普遍规则、程序等方面，为行动的有益（体现广义之善）、有效（成功地达到价值目标）提供了形式层面的担保。从另一方面看，正当原则如果仅仅限于自身，则往往容易流于空泛和抽象，向善原则与有效原则通过赋予实践过程以实质的内容，对正当原则的抽象性作了扬弃。如果说，正当原则以"对"（right——合乎规范意义上的正确）担保"善"（good——价值在实质层面的实现），那么，向善原则与有效原则更多地表现为以"善"（实质的价值）确证"对"（形式的正当）。要而言之，正当应体现善，唯有如此，它才能扬弃自身的抽象性；有益或向善则应合于正当，唯有如此，才能避免使价值目的仅仅限于个体性的、片面的需求，并由此超越价值追求的偶然性、无序性。"体现善的正当"与"表现为正当的善"从不同的方面突显了正当原则与向善原则的内在统一。

进一步看，如果说，向善原则首先体现了实践的合目的性、有效原则更多地体现了实践的合法则性，那么，正当原则则进一步赋予实践的合目的性与合法则性以社会层面的正当性。在以上关系中，一方面，当然（形式层面的合乎规范和实质层面的合乎需要）与必然（合乎法则）之间呈现了内在的统一，另一方面，追求价值（实现合理的需要及目的)、基于必然(依循法则)与走向正当(合乎规范)之间,也彼此相融。以上述统一为指向,实践理性在更深的层面展示了其具体内涵。

当然,正当原则、向善原则与有效原则之间的相关性,并不仅仅表现为彼此的一致,其间往往呈现某种紧张。在实践过程中,某种行动可能合乎一定的原则和规范,从而具有正当性,但却不一定呈现实质的价值意义。以传统社会中妇女的守节而言,如果某一妇女因守节而死,则这样的行为选择无疑合乎那个时代所倡导的宁可饿死也不能失节("饿死事小、失节事大")这一原则,从而呈现正当性;然而,从其否定自身的生命存在看,则这种行为又表现出消极的价值意义。与上述情况相对,某种行为也许具有实质的价值意义,但却可能不合乎普遍的规范或原则。如"不说谎",这是道德行为的普遍准则,但当某一歹徒欲追杀无辜者、说出后者的真实去向将危及其生命时,向歹徒说谎便呈现二重意义:就其使无辜者的生命免受伤害而言,这一特定条件下的说谎显然体现了实质层面的价值意义,但就其不合乎一般的行为准则(不说谎)而言,则似乎又缺乏正当性。解决以上张力既涉及具体行动情境的考察,也关乎实践理性原则本身的定位。从后一方面看,这里首先需要注意正当性所涉及的诸种原则及其不同内涵。实践过程不仅展开于多样的领域,而且关涉存在的不同层面,实践的原则和规范也相应地呈现多方面性与多层面性。以前面提到的妇女守节而言,其原则(宁可饿死而不能失节)涉及一定历史条件下对夫妇关系的规定(妇从属于夫)与人的生命价值的确认。从人的存在看,相对于妇对于夫的从属性,人的生命价值无疑具有更重要的意义;以正当原则为视域,与后者(维护生命存在)一致的行为规范也具有更普遍的意义或处于更本原的层面。这样,从逻辑上说,当妇从属于夫这一特定历史条件下的规范与维护生命存在这一更本原的规范形成张力时,行为的选择无疑应当以后者(维护生命存在)为更普遍的准则,而这一准则本身又与实质意义上的价值评判相一致:在此,行为的正当性(与更普遍意义上的规范相一致)与行为在实质层面的价值意义,已不再彼此冲突。可以看到,通过区分规范系统的不同层面及其不同的规范意义,行为的正当性与行为的价值意义之间的张力,可以得到某种化解。

与规范系统的不同层面相联系的,是价值意义的相对性。以上文提及的拒绝对歹徒说真话而言,这里既涉及社会交往过程中对他人的诚信(不说谎),也关乎对他人生命的维护,一般而言,坚持诚信是形成一定社会秩序的前提,然而,当不说谎这种表示诚信的方式将危及他人生命时,则对前者(诚信原则)便可以做出适当变通。这种变通的前提在于,人的生命存在较之一定条件下的交往形式(不对歹徒说谎)具有更根本的价值意义。从正当原则与向善原则的关系看,对生命存在的肯定所体现的是实质意义上的价值,但它同时又与人是目的这一具有普遍规范意义的原则相一致。质言之,一方面,当具有不同价值意义的行为彼此冲突时,主体应当选择具有更根本价值意义的行为,另一方面,在这种行为的选择中,合乎向善原则(实现更根本的价值)与合乎正当原则(与更普遍的规范一致)并非完全相互排斥。不难注意到,在实践理性的视域中,如果正当(合乎一定的规范)与善(体现实质的价值)在一定背景下形成某种张力,则应从更根本的价值层面或更普遍的原则上确定行为的根据,并由此化解二者的张力。

正当原则既与向善原则相涉,也关乎有效原则。行为的正当性与有效性的一致,为实践目标的达到提供了前提。然而,二者也可能形成某种张力。从现实的形态看,与人"在"世过程的多方面性相应,实践领域具有多重性,实践的原则也呈现多样性,这里首先需要关注义与利的关系。区别于"利"的"义",主要表现为一般的道德原则,与"义"相对的"利"则是特定的利益。实现特定利益的手段、方式、程序关乎利益实现过程的有效性,当特定的利益追求与道德原则发生冲突时,其背后往往便蕴含有效与正当之间的紧张,而见利思义,则意味着正当原则对有效原则的优先性,肯定这种优先性,对于避免"放于利而行"或为了实现特定的个体之利而不择手段,无疑具有积极的意义。

不过,广义的正当与有效之间的关系,还具有另一重面向。以外部世界为作用对象,实践过程往往涉及已有或既成的行动规范与一定条件下实践目标的有效实现之间的关系。以生产过程而言,这一实践过程存在着与一定劳动环节相联系的操作规程,作为必然之理的体现和实践经验的凝结,这种规程既赋予实践过程以合乎规范意义上的正当或"对"(right)的性质,也使之获得了变革对象并达到实践目的方面的有效性。然而,随着实践活动的发展,已有的规则、规程,可能无法适应新的实践过程的需要,为了提高生产过程的效率,便应当根据实践的需要与现实的"事"(实然)与"理"(必然),对既成规则、规程作必要的调整。如果仅仅限定于已有规则,则实践过程中的进步与发展常常会受到限制。事实上,生产活动中的技术革新,便既涉及器物层面的变革,也关乎已有规则、规程的转换,技术的进步和生产的发展则由此而实现。从实践过程中广义的正当或"对"(right)与有效的关系看,当二者之间形成以上张力时,体现价值需要的有效性无疑构成了需要关注的主导方面。

以上不同方面的互动同时表明,价值的实现过程总是与价值实现的方式相关,以后者为视域,则进一步涉及向善原则与有效原则之间的关系。有效性以价值在现实条件下的合理实现为指向,其意义在于为达到价值目标提供现实担保,就此而言,有效服从向善。当然,有效性追求与价值的实现之间,也可能发生复杂的情形。价值可以呈现正面或积极的性质,也可呈现负面或消极的性质。按其本义,向善原则应以正面、积极的价值的实现为指向,但在某些情况下,实践活动所选择的手段、方式,其有效性可能体现于负面价值意义的实现过程,当威力增强的武器被作为破坏性的手段运用于法西斯主义或恐怖主义的行动时,便不难发现这种情形,由此将形成向善原则与有效原则的紧张。以此为背景,可以看到,在实践理性的视域中,正面、积极的价值目标的确立,较之价值实现方式的选择,具有更本原的意义,这一关系同时意味着,实践过程中的向善原则优先于有效原则。

如何理解实践理性的基本原则,是实践哲学难以回避的问题。在当代哲学中,帕菲特(Derek Parfit)曾试图沟通康德的实践哲学与后果论(consequentialism),由此为后果论的实践原则提供论证。在帕菲特看来,康德的伦理学与后果论伦理学并非相互排斥,二者可以加以融合。他特别关注康德伦理学中有关法则普遍性的观念,认为这一观念包含某种普遍选择或普遍同意的要求,从而与契约论(contractualism)相通,帕菲特将其称之为"康德主义者的契约论公式"。由此,帕菲特又肯定,契约论与后果论在理论上彼此相通,并认为"康德主义者的契约论公式"与规则后果论(rule consequentialism)也具有一致性。规则后果论的基本观点是:每一个人都应遵循这样的原则,其普遍接受将使结果达到最佳状态。按帕菲特的理解,上述规则后果论可以与康德主义者的契约论结合起来,从而形成康德主义者的规则后果论:"每一个人都应遵循利益最大化原则,因为它是每个人都理性地愿意接受为普遍法则的唯一原则(the only principle that everyone could rationally will be universal laws)。"①这里表现出在后果论的立场上融合康德实践哲学的意向。

然而,从理论的层面看,以上尝试存在着多重问题。首先,康德哲学中的普遍性原则与契约意义上的普遍同意并不处于同一序列:契约意义上的普遍同意主要体现了共同体中个体的选择、立场、态度,康德的普遍性原则与之相对具有先天的性质,作为先天原则,这种普遍法则超越了个体的选择、立场、态度。帕菲特将普遍法则与普遍同意加以融合,似乎未能充分注意二者的以上差异。其次,就后果论而言,其利益最大化的原则往往与经验的权衡和考虑相关,而康德的普遍法则的基本前提,则是超越经验层面的权衡,二者在此意义上并不相融,与之相应,康德主义者的后果论是难以达到的。此外,根据帕菲特的看法,理性的特点在于基于好的理由去行动:在信念为真的前提下,如果我们去做具有好的理由的事,则我们的行动就是理性的。但是,理由总是涉及具体境遇:什么是好的理由,常常需要联系具体的境遇来判断,康德对普遍法则的界定则超越了特定情景。同时,理由往往关乎行动后果(行动的理由包含对行动可能形成之结果的预期),然而,如前文所论,康德的实践哲学以悬置对行动结果的考虑为其内在特点。从以上方面看,以理由为理解行动的出发点,显然不同于康德关于实践理性的看法。②

可以看到,康德的普遍性法则与后果论的利益最大化原则的内在理论差异,使二者的沟通很难成功。以实践理性为视域,真正有意义的进路是关注正当原则、向善原则、有效原则之间的关联。通过正

---

① D. Parfit, *On What Matters*, Oxford University Press, 2011, Vol. One, p. 411.
② 斯坎伦(Scanlon)已注意这一点,参见 T. M. Scanlon, How I Am not a Kantian, in D. Parfit, *On What Matters*, Oxford University Press, 2011, Vol. Two, pp. 118-119。

当原则与向善原则的融合,一方面,康德的普遍性原则被赋予实质的价值内涵,其形式化、抽象性趋向则由此而被抑制;另一方面,功利主义的价值原则得到了深化和扩展:实质的价值原则不再限于对特定功利目标的追求,而是获得了确认人的存在价值这一普遍的形式。在此意义上,实践理性相关原则的以上融合,可以视为对康德的形式主义与功利主义的双重扬弃。从另一方面看,正当原则与向善原则分别从形式与实质的方面体现了价值层面的理性,相对于此,以实践过程中手段、程序、方式为指向,基于"事"(实然)与"理"(必然)的有效原则更多地涉及逻辑—工具层面的理性,就以上意义而言,正当原则、向善原则、有效原则的结合,使实践理性同时体现了价值理性与逻辑—工具层面理性之间的交融。

进而言之,正当原则中的正当(right),同时与权利相联系,事实上,不仅在语义的层面,正当与权利无法截然相分("right"本身兼有正当和权利双重涵义),而且从实质的方面看,正当与权利也具有相关性:如果个体所做之事具有正当的性质,往往便意味着他有权利做该事,现代法律系统中的所谓"正当"防卫,便是指相关个体"有权利"实施的防卫。由此考察正当原则与向善原则的关系,则不难注意到,二者既表现为正当(right)与善(good)的一致,又从一个方面展现了权利(right)与善(good)之间所蕴含的统一性。如所周知,自由主义与社群主义之争构成了今日重要的思想景观,这一争论所涉及的问题之一,是权利(right)优先于善(good)还是善优先于权利。正当原则与向善原则的上述互融,无疑也为超越以上对峙提供了一种视域。

作为实践理性的体现,正当原则、向善原则以及有效原则同时从不同方面为实践领域中观念和行动的统一提供了担保。在考察理论理性时,康德曾肯定了认识的普遍形式(包括直观形式与知性范畴)

在整合感性材料、形成普遍知识中的作用。在主体之维,实践理性直接面对的首先是内在的欲求,主体的欲求又呈现为不同的方面,这些多样的欲求如果无法协调、统一,则行动便难以合理地实施或展开。这里,实践理性所内含的价值原则具有类似知性范畴的作用:在价值原则的引导、制约下,不同的欲求或者被认可,或者受到抑制,或者引向主导的方面,或者被置于从属之维,由此,多样的欲求获得了协调并形成彼此统一的秩序。

康德在某种意义上已注意到实践理性的以上作用。他一方面肯定了实践理性与人的欲求能力之间的联系,另一方面又区分了较高层面的欲求与较低层面的欲求:"因愉快或不快必然地和欲求(desire)机能结合着(它或是与较低层面的欲求一样,先行于上述的原理,或是从上述原理中引出,如同较高层面的欲求被道德法则所决定时的情形一样)。我们可以假定,它将实现从纯粹认识机能的过渡,也就是说,从自然诸概念的领域达到自由概念的领域的过渡,正如在它的逻辑运用中它使从知性到理性的过渡成为可能一样。"①这里所说的较低层面的欲求,近于感性的欲求,较高层面的欲求,则与善良意志(good will)一致,后者同时表现为实践理性。这样,对康德而言,在实践领域,一方面,理性的作用与高一层面的欲求作用一致,具体表现为自我立法:意志的自我立法,同时表现为道德主体的自我欲求(自我要求)。另一方面,理性的特点又在于不为偏离规范的欲求所左右而能对其加以统摄和抑制,康德之所以一再推重普遍的准则,其缘由之一就在于这些原则和规范能够抑制、限定欲求。

从更广的层面看,作为实践理性具体表现形式的正当原则、向善

---

① 〔德〕康德:《判断力批判》上卷,宗白华译,商务印书馆,1985 年,第 16 页,译文据英译本作了改动,参见 Kant, *Critique of Judgment*, Hafner Publishing Co., 1951, p. 15。

原则以及有效原则都关乎欲望(desires)与需求(needs)。以正当原则而言,一方面,它从形式及普遍的社会秩序等方面,为人的欲求规定了界限,另一方面,它又要求行动合乎普遍原则和规范,并使之成为道德主体的自我欲求;通过限制不合规范的欲求与承诺合乎规范的欲求,内在的欲求本身也得到了某种整合与范导。同样,向善原则既从实质的层面,规定了基于合理需要的价值目标(广义之善),又确认了价值本身的不同层面,从而使价值追求形成有序的系统。与之相联系,有效原则通过规定欲求与需要的实现方式,从达到价值目标的手段、程序等方面,引导欲求与需要的实现过程趋向有序化。可以看到,实践理性的原则从不同的侧面,为实践过程在观念、行动中的统一提供了担保。

从哲学史上看,普遍原则对欲求的整合、范导,往往未能得到充分关注。在这方面,休谟似乎具有一定的代表性。他曾提出"农夫难题",其大致内容如下:两位农夫的谷物在不同时间段成熟,如果谷物晚成熟的农夫帮助谷物先成熟的农夫收割,而谷物先成熟的农夫反过来又给予谷物晚成熟的农夫以回报,则二人都可以获益。然而,人的通常欲求往往是受别人的帮助,而自己不需回报,基于这一推测,谷物晚成熟的农夫势必不愿先去帮助另一农夫:他担心在提供帮助后对方不予回报。由于他不先对谷物已成熟的农夫伸出援助之手,他自己相应地也得不到对方的帮助,结果,二人都无法通过互助而受益。① 在以上这种假设的情形中,欲求似乎自发地左右着人的行动。然而,在现实的行动过程中,人的欲求总是同时受到规范的制约:受到帮助而不予以回报固然可以成为人的欲求,但这种欲求与礼尚往

---

① 参见 D. Hume, *A Treatise of Human Nature*, Oxford University Press, 1978, pp. 520-521。

来的日常规范以及更自觉意义上信守诺言的原则又彼此相冲突：在日用常行的层面，受人之助应予以回报构成了日常的行为规范；在自觉的实践活动中，做出承诺（你若帮助我，我将予以回报），则蕴含着理性的行为原则，这些原则和规范对人的欲求同样具有引导或约束的意义：它们对"受到帮助而不予以回报"或"承诺回报却不加以兑现"之类的欲求构成了内在限制，使其难以在实践活动中成为现实的选择。这里不难看到广义的价值原则对欲望的整合、调节。进而言之，理性的原则也可使欲望本身发生转换：以上述例子而言，当礼尚往来或遵守诺言等原则和规范获得自觉认同时，"受到帮助而不予以回报"或"承诺回报却不加以兑现"这一类欲求便将被"受到帮助而予以回报"或"履行承诺"的欲求所取代。休谟的以上假定，多少忽视了实践理性领域中普遍原则对内在欲求的统摄和制约，这种看法与休谟关于理性缺乏能动性的观点在逻辑上具有相关性。

要而言之，实践理性既与理论理性相涉，又表现为理性的实践运用。基于如何使存在合乎人的理想及人的合理需要这一实践关切，实践理性不仅涉及人自身的存在过程，而且关乎对象世界的变革。作为理性在实践领域的体现，实践理性既非限于康德哲学意义上的形式之域，也非囿于功利主义视野中的功利关切。以求其善为总的指向，表现为合乎普遍规范的正当原则、体现实质层面价值追求的向善原则、与价值实现方式相联系的有效原则彼此相关，从形式与实质的统一、正当与善的交融、目的与方式的互动等方面展示了实践理性的具体内涵，并实际地统摄、引导着实践过程。

第七章
实践活动、交往行动与实践过程的合理性

以正当原则、向善原则、有效原则为具体的内容，实践理性渗入并引导着实践过程。从宏观的层面看，人的实践活动展开于不同的领域，并呈现多样的形态。与本然的存在相异，实践活动既以人对外部世界的作用为形式，也涉及人与人之间的互动，相应于此，以对象的变革为内容的活动与体现人与人之间关系的交往，也往往彼此交错。作为自觉的行动过程，实践活动的展开同时面临合理性或理性化的问题，后者不仅与对象相涉，而且关乎实践主体。与实践对象及实践主体的具体性相应，实践活动的合理性或理性化也包含

多重内涵。在广义的视域中,实践过程的合理性或理性化既表现为合乎当然与必然,又展开为"情"与"理"的交融。

一　实践活动与交往行动

以人观之,与实践相关的存在领域大致可以区分为自然之域与社会实在。自然之域的存在是自然对象,社会实在则包括不同的体制与广义的生活世界。从"赞天地之化育"这一视域看,首先可以关注的是自然之域。广义的自然对象不仅涉及本然的存在,而且关乎人化的自然。后者具有二重性:它既打上了人的印记,又与人相对;既为人的存在提供了空间,又构成了人作用的对象。这一领域中的实践活动,主要表现为化本然之物为为我之物的过程。[1] 以自然对象的变革为内容,展开于自然之域的以上实践过程,同时具有对象性活动的特点。当然,需要指出的是,这里所说的自然之域中的实践并非仅仅涉及自然对象,事实上,在其展开过程中,相关的对象并未疏离于社会实在,肯定其为自然之域的实践,主要是就其行动指向(以自然对象的变革为内容)而言。

在自然之域的实践中,应当关注的基本形式是劳动。就其目标而言,劳动直接指向自然对象,并具体表现为人与自然之间的互动。这一意义上的劳动首先呈现否定性:劳动的作用在于改变对象的本然形态或既成形态,使之合乎人的不同需要,这种改变,同时表现为

---

[1] 从人与自然的关系看,化本然之物为为我之物不仅仅在狭义上表现为改变自然以合乎人的需要,而且包括人对自然环境与生态的维护,如保护原始森林等。然而,需要指出的是,即使在后一种情况下,依然体现了人对自然的作用:人所维护的自然、生态,已不同于本然的存在,它通过与人的独特联系(维护与被维护)而打上了人的印记。作为人的作用对象,被维护的存在同样有别于自在之物而表现为广义的为我之物。

对相关对象本然形态或既成形态的否定。劳动的意义当然并非仅仅限于否定,事实上,当劳动通过改变对象而使之合乎人的需要时,它同时也使外在于人的对象与人形成了某种联系,并由此建构了人化的世界。

当然,以变革对象为指向,并不意味着劳动仅仅限于主客体关系。在这方面,哈贝马斯的相关论点显然需要重新思考。如所周知,哈贝马斯曾对劳动与交往行动作了区分,在他看来,劳动作为目的性行动,主要涉及主客体关系,交往则关乎主体间关系。①对劳动的以上理解似乎多少趋于简单化。从现实的形态看,劳动固然以自然对象的变革为指向,但其展开过程却离不开人与人之间的相互关联。按其实质,劳动本身并不是孤立的、个体性的活动,从工具的制作和运用,到劳动过程中的分工与协作,都可以看到个体间的相互作用,即使是最简单的男耕女织,也包含着主体间的互动。荀子已有见于此,在谈到人不同于动物的行动特点时,荀子指出:"人……力不若牛,走不若马,而牛马为用,何也?曰:人能群,彼不能群也。"②服牛驾马(使牛马为人所用),可以视为人作用于自然的具体形式,它在广义上包括变革对象的活动。在荀子看来,以上过程的实现,以"群"为其前提,而"群"又基于人与人之间所建立的社会联系:正是通过合群,人不断地驾驭并征服自然。这样,"群"所体现的人与人之间的联系和互动,便并非隔绝于变革自然的过程之外,相反,它构成了后者所以可能的条件。荀子对"群"之作用的以上肯定,无疑已注意到:在人作用于自然的过程中,主客体关系与主体间关系并非彼此相分。较之哈贝马斯将劳动主要限定于主客体关系而言,以上看法似乎更有助

---

① 参见 J. Habermas, *The Theory of Communicative Action*, Vol. One, Polity Press, 1984。

② 《荀子·王制》。

于理解劳动的实质。

相对于自然对象,社会实在与人具有更切近的关联。作为社会领域的存在形态,社会实在不同于自然对象的特点,首先在于其形成、作用都与人自身之"在"相联系。在自然之域,对象可以"在"知、行之域以外,社会领域中的事物或社会实在则形成并存在于人的知、行过程之中。以体制(institutions)、组织(organizations)等为形式,社会实在更多地展示了社会历史的内涵,并呈现更为稳定的特点。从其具体形态看,上述形态的社会实在涉及经济、政治、法律、军事、教育、文化等各个领域。以现代社会而言,在经济领域,从生产到流通,从贸易到金融,存在着工厂、公司、商场、银行等各种形式的经济组织;在政治、法律领域,有国家、政党、政府、立法机构、司法机关等体制;在军事领域,有军队及民兵等正规或非正规的武装组织;在教育领域,有大、中、小学以及成人学校等各类教育、培训机构;在文化领域,有出版社、报刊、媒体、剧团、各种文学艺术的协会等组织和机构;在科学研究领域,有研究所或研究院、学术刊物、各类学会等组织形式,如此等等。

社会实在既与人的理想、观念相涉,又与人的实践活动息息相关。从现实的过程看,实践活动与社会实在之间存在某种互动性:一方面,社会实在不同于本然的存在而具有建构性,这种建构最终离不开人的实践活动;另一方面,实践活动本身又以社会实在为背景并展开于其中。进而言之,以体制、组织等形式存在的社会实在,其运作或现实作用,也无法与实践活动相分。政府的运行及其职能的发挥,有赖于政府各部门的行政活动;公司、企业作为市场经济的实体,其作用通过生产、开发、销售等活动而体现;剧团、乐队等文化机构的职能,奠基于其排练、演出等活动,如此等等。与体制、组织化的社会实在形成、运行的如上过程相应,其变革也无法离开实践活动。历史地看,政治、经济、文化领域中各种体制的变革,总是通过相关领域的实践过程而实现。

就实践活动本身而言,与指向自然对象的实践过程相近,展开于社会领域的实践活动,也涉及双重关系。体制、组织既超越于人,又无法离开人。体制本身是无生命的,其运行与人以及人的活动难以分离:可以说,体制的背后是人。与此相联系,人与社会实在的互动,总是关联着人与人的互动,在此意义上,以社会体制为背景的实践活动,无法略去主体间关系。然而,另一方面,社会的实在又并非仅仅表现为抽象的、观念性的存在,它同时有其形之于外的方面,后者往往取得物或物理的形态。政府,有办公大楼、各种保障政令落实的物质设施和手段;工厂企业,有厂房、机器、产品;军队,有武器、装备;学校,有教室、校园,等等。这种大楼、机器、装备,等等,无疑具有物理的性质,它们既将社会实在与观念世界区分开来,又从一个侧面赋予社会实在以客观的性质和对象性的品格。相应于此,社会领域的实践,同时关乎主客体的关系。如果说,以变革自然为指向的实践活动在主客体的互动之后蕴含着主体间关系,那么,以社会实在为背景的实践活动则在展示主体间关系的同时,又以主客体关系确证了自身。

人不仅内在于体制、组织等形式之中,而且以日常的生活世界为存在之域,后者构成了社会实在的另一重形态。从哲学的视域看,日常生活首先与个体的存在与再生产相联系[①],其基本形式表现为日常实践或日用常行。日用常行首先以生命的维系和延续为指向,所谓饮食男女,便从不同的方面体现了这一点。"饮食"泛指满足肌体需要的日常活动,它是个体生命所以可能的基本条件;"男女"则涉及

---

① 参见〔德〕赫勒:《日常生活》,衣俊卿译,重庆出版社,1990年,第3页。

以两性关系为基础的日常活动,它构成了个体生命延续的前提。维系生命的日常活动当然不限于饮食男女,但它们显然较为典型地展示了日常生活与个体生命存在的关系。广而言之,人既是生命的存在,又是社会或文化的存在。如果说,与肌体需要的满足等相联系的日常活动,主要从生命存在的层面担保了个体的再生产;那么,以语言及实践行动为形式的个体间交往,则从社会及文化的层面,为个体的再生产提供了另一前提。

以日常生活为内容,生活世界既是人的生存之域,又构成了人从事实践活动的基本背景。中国哲学从日用常行的层面理解生活世界,已注意到生活世界的如上特点:"常行"便可视为日常的实践活动。从饮食起居到洒扫应对,从家庭生活到邻里交往,从文化休闲到时事讨论,生活世界中的日常活动展开于各个方面。这种活动既是个体生命生产与再生产所以可能的条件,又以生活世界本身的和谐、有序为指向。就其基本形式而言,日用常行大致包括两个方面,其一,物质层面的消费与文化层面的消费,其二,多样的社会交往。物质层面与文化层面的消费涉及饮食起居以及文化活动过程中对各种生活资料及文化产品的使用和消耗,社会交往则表现为个体之间的沟通、互动。在生活世界中,以上两个方面具有相关性:物质层面与文化层面的消费过程往往伴随着个体间的交往,社会交往也以不同形式关乎物质与文化的消费活动。

生活世界中实践活动的以上内容,同时赋予这一领域的实践活动以内在的特点。相对于人或主体,生活资料与文化产品在广义上都属于对象性的存在,对这些对象的使用和消费,也相应地涉及主体与对象或主客体的关系。另一方面,以个体间的沟通、交往为内容的社会交往,则基于主体间的关系。这样,尽管生活世界中的日用常行与指向自然对象的实践活动以及社会体制之中展开的社会实践具有不同的特点,但在不仅关乎主体间的关系,而且涉及主客体的关系这一方面,又与后二者呈现相近之处。

可以看到,自然之域、社会体制、生活世界呈现为实践活动的不同场域,展开于其中的实践活动相应地包含彼此相异的内容。涉及自然之域的实践过程,首先以有效地变革自然为目标;社会体制中展开的实践活动,以体制本身的合理运作及更广意义上社会理想的实现为指向;生活世界中的日用常行,则更多地关乎日常生活的和谐展开。以上活动的最终目的,都指向人的存在:以成功地改变对象为目标的主客体之间的互动(所谓目的性活动),旨在使对象合乎人的需要和理想;体制之域中的实践活动,目标在于通过体制的合理运作,为人的存在提供理想的社会空间;生活世界中主体间的交往,其作用之一则在于通过日常生活的和谐展开,为人与人之间的共在提供更良好的背景。当然,需要指出的是,存在领域与实践形态的以上区分同时又具有相对性,不同的实践领域以及实践活动固然呈现不同的特点,但并非彼此截然分离。

哈贝马斯曾对以上领域及过程的不同特点作了较多的考察,并主要区分了目的性行动与交往行动。在他看来,与自然之域相关的实践主要是一种目的性行动:"物质的再生产通过目的性行动而发生"①,它所涉及的是主客体关系,其目标在于成功;生活世界中的活动,则主要表现为交往行动,它展开于主体之间,所指向的是主体间的理解和共识。然而,在关注实践领域以及实践活动之间差异的同时,哈贝马斯对其间的相关性却未能予以充分注意。从形而上的层面看,自然之域、社会体制,以及生活世界,都表现为属人的存在:自

---

① J. Habermas, *The Theory of Communicative Action*, Vol. One, Polity Press, 1984, p. 138.

然之域尽管更多地呈现对象性的特点,但作为人作用的对象,它已不同于本然之物,而是展现为人化的存在。人既通过知、行活动建构社会实在,又"赞天地之化育",在基于人的知、行活动这一点上,人生活于其间的现实世界同时呈现了其统一性。与之相联系,展开于不同领域的实践活动,也既具有不同的内容,又并非截然分离。①

如前所述,作用于自然对象的实践活动(如劳动)固然首先涉及主客体之间的互动,但这种互动又以不同形式的主体间关系为其现实的背景;同样,基于社会实在的实践活动(包括体制性的活动与生活世界的日用常行)诚然离不开主体间的交往,但作为现实的过程,它们也无法隔绝于主客体关系。从行动的方式看,作用于自然对象的实践活动不仅如哈贝马斯所言,应循乎自然法则,而且需要依照社会的规范。以改造自然的实践活动而言,其中既表现为一个以现实之道(存在法则)有效地作用于对象的过程,也涉及如何避免环境的破坏等问题,后者意味着遵循旨在保护环境的法律法规与道德规范。② 与之相近,社会之域(包括社会体制与生活世界)的实践活动

---

① 进而言之,以成功为目标的行动,与所谓工具理性相涉,以主体间的理解和共识为指向的交往行动,则更多地关联价值理性;目的性行动与交往行动的分离,逻辑上蕴含着两种理性之间的疏离。然而,从现实的形态看,正如不同领域的实践活动并非截然相分,实践过程中理性的不同形式也非彼此隔绝。诺齐克在考察理性的本质时,已注意到这一点。按他的理解,工具理性也具有内在价值(intrinsic value),可以延伸我们自己(extension of ourselves),并构成我们自我认同与存在(our identity and being)的重要部分(参见 R. Nozick, *The Nature of Rationality*, Princeton University Press, 1993, p. 136)。所谓"延伸我们自己"、我们的"自我认同与存在",显然包含价值意蕴,工具理性与之交融,同时体现了工具理性与价值理性的相关性。事实上,工具理性作为人自身存在、发展的重要担保,本身确乎有其价值的向度并相应地无法与价值理性相分,这种相互关联既体现了理性的统一,也从一个方面表明了人类行动和实践诚然有不同的形式,但难以判然划界。

② 即使在前现代的传统社会中,已出现了与维护生态相关的要求,如"树木以时伐"(《礼记·祭义》),"斧斤以时入山林"(《孟子·梁惠王上》),等等,这些要求对作用于自然对象的活动具有多方面的引导和规范意义。

也既以社会规范为依据,也需要遵循存在的法则。体制作为具有建构性的社会实在,固然在某种意义上通过合乎规范的行动过程而建构和运行,但社会实在又具有自在的性质,这种自在性使之同时表现为"一种自然史的过程"[①],在经济、政治、军事等活动中,都包含必然的法则,后者决定了展开于其中的实践活动离不开存在法则。20世纪50年代中国的"大跃进"之所以给社会经济带来严重的负面后果,就在于违背了经济活动的法则。就行动的指向而言,作用于自然对象的实践活动固然与成功地变革对象相关,但这一过程同样涉及主体间的理解和沟通:一方面,主体间的理解和沟通是变革对象之实践成功的前提,另一方面,这种理解和沟通本身又通过以上实践活动而得到深化和提升。与此类似,基于社会实在的实践活动(包括交往行动)诚然关乎主体间的理解和沟通,但这种沟通和理解本身又非抽象地停留于自身,而是进一步引向体制的有效运作和生活世界的有序、和谐展开。所谓有效、有序以及和谐,与广义上的成功显然并非毫不相关。就上述方面而言,不同实践形态之间的区分,不能等同于它们之间的截然划界。

从另一方面看,生活世界与非生活世界的区分,本身也具有相对性。生活世界中的活动并不仅仅限于衣食住行、饮食男女或邻里、朋友等日常的交往。按其内涵,生活世界不仅与空间相关,而且包含着时间的维度。在时间的意义上,生活世界既涉及个体持久性的行为,也包括占据个体日常时间的一切有关活动。以此而论,则通常列入工作之域的活动,如生产劳动、公共管理、市场经营、政治运筹等,以及文化领域的科学研究、艺术创作等,也与日常生活难以分离。事实

---

① 〔德〕马克思:《〈资本论〉第一卷(节选)》,《马克思恩格斯选集》第2卷,中央编译局编译,人民出版社,1995年,第102页。

上,当我们不仅从生命存在的层面,而且也从文化存在的意义上理解个体的再生产时,作为这种生产实现方式的日常生活,便以劳动及文化创作等社会活动为其题中应有之义。不难看到,在这里,生活世界呈现狭义与广义两重形态:狭义的生活世界与生命需要的满足具有较为直接的关联,广义的生活世界则内含个体日常从事的劳动、文化创造等诸种社会活动及与之相关的事物和对象。

广义视域中的生活世界,为理解人的实践过程提供了更具体的背景。事实上,在考察生活世界时,哈贝马斯也往往侧重于对其作广义的理解。在他看来,生活世界与文化再生产、社会整合、社会化过程相关,包括文化、社会、人格:"与文化再生产、社会整合、社会化过程相一致的生活世界的结构内容是:文化、社会与人格。"关于文化、社会、人格的具体含义,哈贝马斯作了如下解释:"我用文化这一术语表示知识的储存(stock of knowledge),从这种储存的知识出发,参与者在朝向对世界中某些事物的理解时,能够使自己参与解释。我用社会这一术语表示合法的秩序(legitimate order),后者担保着社会的凝聚。我将人格理解为使主体能够言说与行动的能力,它使主体处于能够参与旨在达到理解的过程,并由此确认自己的自我认同(own identity)。"[1]文化作为宽泛意义上的知识系统构成了主体理解的条件,而理解的过程又以文化本身的再生产为内容;社会表现为合法的秩序,它以规范系统担保了社会本身的整合与凝聚;人格以主体的言说能力与行动能力为内容,既使个体在参与理解的过程中走向社会化(个体的社会化),又为个体的自我认同提供了前提。不难注意到,以上意义中的生活世界,在实质的层面包含了不同的存在之域,与之

---

[1] J. Habermas, *The Theory of Communicative Action*, Vol. One, Polity Press, 1984, p. 138.

相关的实践活动,在逻辑上也关乎多样的形态:无论是知识背景,抑或个体能力,本身都可以影响、制约彼此相异的实践过程。

然而,哈贝马斯在将文化、社会、人格引入生活世界的同时,又把生活世界中的活动主要限定于主体间的交往、理解。对他而言,从文化再生产、社会整合,到个体的社会化过程,都基于主体间的这种理解和交往,而理解和交往又主要通过言语行动而展开。在此意义上,哈贝马斯认为:"生活世界与语言世界的结构具有内在联系。"① 按哈贝马斯的看法,生活世界中的交往旨在达到主体间的理解和共识,而"参与者之间共识的形成(consensus formation)从原则上说具有语言的本质"②。由此,语言和言语活动对生活世界中的交往行动便呈现主导的作用。事实上,哈贝马斯确乎将言语活动置于交往行动的核心地位,并由此主张"以形式语用学(formal pragmatics)重建交往行动的普遍、必然条件"③。在他看来,生活世界中的行动者可以提出各种具有可批评性的陈述,通过主体间的相互交往,包括彼此的对话、论辩、批评,参与者便可以达到一致或共识。要而言之,言说、批评、相互理解,由此达到一致或共识,构成了哈贝马斯视域中交往行动的主要内容。

作为社会性的活动,实践无疑离不开主体间的沟通,语言则在这一过程具有不可忽视的作用。主体之间平等的讨论、不同观点和意见之间的相互交流、批评,不仅有助于实践参与者之间的相互理解,而且对他们在行动中彼此协调、合作也具有积极意义。就这方面而

---

① J. Habermas, *The Theory of Communicative Action*, Vol. Two, polity Press, 1989, p. 124.

② J. Habermas, *The Theory of Communicative Action*, Vol. One, Polity Press, 1984, p. 94.

③ Ibid., p. 139.

言,哈贝马斯从语用学的角度对言语行动及其功能的考察,显然不无所见。然而,由肯定言语活动在交往行动中的作用,哈贝马斯常常将言语行动以及这一过程中所达到的理解、共识本身视为目的,由此把言语之外的现实行动推向边缘。这一点,从哈贝马斯对行动的理解中不难看到。按他的理解,行动主要表现为与世界相关的"符号表达",基于这一观点,哈贝马斯明确指出:"我将行动与身体活动以及操作区分开来,因为身体活动以及操作只是与行动同时发生的现象。"① 从现实的形态看,行动既涉及意向、动机以及可以通过语言加以表达的思想观念,也关乎身体的活动,从而具体表现为心与身的统一,有"心"而无"身"或有"身"而无"心",都不构成现实的行动。哈贝马斯将行动与身体活动以及实际操作分离开来,多少表现出把行动抽象化的趋向。事实上,即使是言说行动,也无法完全离开身体活动(如发音器官、听觉器官等等的功能性活动)的参与,广义的交往行动更不限于与身相分的观念之域。

哈贝马斯当然并非对行动的现实形态涉及身体活动这一点完全不了解,这里,更实质的问题关乎"言"与"行"的关系。如前所述,哈贝马斯区分了目的性行动与交往行动,前者以成功地变革对象为指向,后者则旨在达到主体间的理解、共识。作为变革对象的活动,目的性行动同时表现为包含身体活动的现实之行;主体间的理解和共识,则基于言语的交流,在此意义上,二者的区分,同时表现为"言"与"行"之辨。从基于主客体互动的实践活动看,"言"与"行"、"说"与"做"无法截然相分:对现实存在的变革,总是意味着由"言"引向"行"。同样,就主体间的交往行动而言,"言"与"行"也彼此相关:在

---

① J. Habermas, *The Theory of Communicative Action*, Vol. One, Polity Press, 1984, p. 96.

主体间的交往中,除了"听其言",还需要"观其行"。事实上,通过言语活动彼此达到的沟通、理解、共识,并不是主体间交往的全部内容,如果在言语层面的理解、共识不能同时在行动层面得到体现和落实,则主体间交往的意义便将受到内在的限制。哈贝马斯将言语行动视为主体间交往的核心,由此疏离与身体活动及操作相联系的具体实践过程,这一看法在逻辑上包含"言"与"行"、"说"与"做"彼此分离的可能。

从言语行动本身看,它所面临的问题不仅是言与行的关系,而且兼及名实之辨:言说过程既涉及言行是否一致,也关乎名实是否相符,后者进一步引向"怎样说"与"说什么"的区分。宽泛而言,名实关系中的"实"不仅指自然对象,而且兼涉社会领域的现实关系、价值立场和态度,等等。"怎样说"首先与言说的方式、程序相关,"说什么"则指向言说的内容与对象。前者体现了言说的形式之维,后者则展示了其实质的方面。在将言语行动视为主体间交往核心的同时,哈贝马斯又把关注之点更多地指向言语行动的程序、形式之维。除了真实性、正当性、真诚性、可理解性等宽泛层面的要求之外,哈贝马斯还引入了若干具体的言说规则,如言说者不能与自己所说的相矛盾,言说者应当表达自己相信的观点,每一个具有言说能力与行动能力的主体,都有权利参加讨论和对话,排斥任何内在与外在的强制,等等。① 所有这些方面都侧重于言说的程序,哈贝马斯以此将其对话伦理学与其他的认知主义(cognitivism)、普遍主义(universalism)等区分开来。② 作为人与人沟通的方式,言说无疑离不开程序,然而,撇开"说什么",仅仅关注程序方面的"怎样说",则言说难免显得空泛、

---

① J. Habermas, *Moral Consciousness and Communicative Action*, Polity Press, 1990, p. 108.

② Ibid., p. 122.

抽象。唯有同时关注"说什么",言说过程才能超出单纯形式层面的程序,进一步指向社会领域之中实际的人与人之间的关系、认识论意义上对客体的把握、价值层面的立场和态度,等等,从而获得实质的内容。在言说层面上,主客体关系与主体间关系、形式层面的程序与实质层面的认知内容、价值取向,都无法彼此分离。哈贝马斯虽然也肯定共识与理论性论辩及实践性论辩相联系,理论性论辩涉及真实性原则,实践论辩则关乎价值意义上的善,但从总的趋向看,他更多地侧重于理论性规范和价值性规范在"怎样说"这一层面上所具有的程序意义,对"说什么"所涉及的实质内容,则似乎未能给予充分关注。①

要而言之,实践过程展开于不同的存在之域,相应于存在之域的多样特点,实践过程本身在背景、目标、方式等方面也呈现各自的侧重。然而,以人与世界的互动为实质的内容,实践过程的不同形态之间同时又相互关联。哈贝马斯区分面向对象(客体)的目的性行动与主体间展开的交往行动,无疑有见于实践过程的不同趋向和特点,但就其现实性而言,根据对象性与主体间性的差异、成功变革客体与主体间的理解及共识的不同来划分实践过程,也存在其内在限度。主体间的交往渗入于并体现在自然之域、社会体制、生活世界等不同领域的实践过程,离开了以上的具体过程,交往活动便无从展开,在此意义上,交往行动并不构成独立的行动形态。过分强化交往行动,并以疏离于言行关系和名实关系的言语活动为其核心内容,在逻辑上容易导向实践过程的抽象化。

---

① 这里的"说什么",并非规定或限制言说的内容,亦即并不限定什么可说或什么不可说,而是指:在关注言说方式的同时,也应将言说的内容及其意义作为讨论、理解的对象加以考察,以避免将言说行动空泛化。

二 实践过程中的多重关系

作为人的存在方式,实践活动的展开涉及不同的关系。人与世界的互动首先表现为实践主体对实践对象的作用,与之相关的是主客体关系。以社会领域为背景,实践活动又伴随着实践主体之间的相互关联,后者具体表现为主体间关系。在实践过程中,主体不仅与客体和他人相涉,而且需要面对自我,由此进而发生主体与自我的关系。以上关系呈现多重形态,其交错、互动既构成了实践活动展开的前提,也赋予实践过程以现实的品格。

从实践活动的视域看,主客体的关系本身形成于主体作用于对象(客体)的过程中:主体与对象的关系并不具有本然性,二者的联系乃是通过主体对客体的作用而建立起来。宽泛而言,主体对客体的作用以变革对象、实现主体自身的理想为内容,在这一过程中,一方面,本然的对象成为真正意义上与主体相对的客体,另一方面,主体与对象(客体)的关系被纳入手段与目的之域:对象呈现为实现主体价值理想的手段。通过主体作用于对象的活动,对象由本然的存在(自在之物)转换为人化的存在(为我之物),实践过程的现实性、客观性也由此得到确证。

与主客体关系相对的是主体间关系。主客体关系涉及的首先是人与物,主体间关系则指向人与人之间,后者不仅表现为静态意义上的并存或共在,而且展开为主体间的互动过程。实践活动既面向对象,又以主体间的互动为背景和条件。主客体关系主要呈现目的—手段性质,比较而言,主体之间的关系同时包含互为目的之维。作为实践活动的背景,主体间关系可以从不同的层面加以理解。如前文已提及的,哈贝马斯主要将主体间关系与生活世界联系起来,并以语言为主体间交往的中介,以理解和共识为主体间互动的指向。对主体间关系的这种理解,似乎更多地限定在狭义的层面。

从现实的维度看,实践过程中的主体间关系并非以基于言语活动的理解、共识为其唯一或主要形式,而是多方面地体现于经济、政治、文化、日常生活等领域的活动之中。以主体在社会历史中的具体存在为背景,主体间关系并不仅仅限于以语言为中介的理性沟通,事实上,它同时渗入了价值的内涵,后者又直接或间接地涉及利益关系。在主体间的相互交往中,语言层面的理性沟通并不能涵盖价值意义上的利益互动,以主体之间在日常生活中的共处而言,语言层面的价值承诺或"口惠"固然可以使言者和听者彼此"理解"并达到某种共识,但若"口惠而实不至",则这种语言上的沟通便仅仅具有抽象的意义。在人与人之间依然存在利益差异的历史条件下,主体间的相处总是包含利益的协调:尽管主体之间的关系不能归结为利益关系,但利益的协调无疑构成了主体间关系的具体内容之一,并赋予主体间关系以现实性。与现实利益相关的主体间交往当然也涉及哈贝马斯所谓可批评的有效要求(validity claim)的提出、不同看法之间的相互讨论、通过对话而达到某种共识,等等,但这种主体间关系同时又总是超出言语行动,包含更具体的社会内容。从以下事实中便不难看到这一点:在涉及利益问题时,主体间在言语之域的"共识",无法等同于他们在实际利益方面的"共赢",后者实现于更广意义上的实践过程,这一过程既非囿于语义之域,又非言语行动所能限定。

按其本义,主体间的关系展开于不同的主体之间,这里涉及主体间关系的内在性与外在性。作为社会的存在或荀子所说的"群"的成员,主体并不是孤立的个体,在其现实性上,主体的存在无法与其他主体分离。就此而言,主体间表现为一种内在关系(internal relation)。关系的内在性或内在关系展示的是:作为关系项的主体只能存在于关系之中,而不能存在于关系之外。悬置了主体之间的真实关系,将导致主体的抽象化。然而,主体固然不能离开主体间关系而存在,而只能存在于关系之中,但主体总是包含着不能为关系所同化或消融的方面。关系相对于主体而言,具有为我而存在的一面。主体之间总是存在某种界限,这种界限不仅表现在时空间隔上,而且具体化为心理距离、利益差异,等等。特定主体所承担的某些社会角色固然可以为他人所替代,但其个体存在却具有不可替代性。存在与角色的差异从一个方面表现了主体不能完全为关系所同化。从以上方面看,主体间又表现为一种外在关系(external relation)。

主体间关系外在性的更实质的体现,与关系中的主体所具有的内在世界相关。主体间的相互理解、沟通固然需要主体内在世界的彼此敞开,但敞开之中总是蕴含着不敞开。"我"之中不敞开的方面不仅非关系所能同化,而且构成了理解和沟通所以可能的条件:当"我"完全敞开并相应地取得对象形态时,理解的主体也就不复存在。主体间的沟通至少包含着为他人所理解与理解他人两个方面,如果仅仅注重为他人所理解这一维度,则"我"便成为一种为他的存在(being-for-others)。即使主体在向他人敞开之时仍具有自觉的自我意识或主体意识,但只要向他人敞开成为交往的主要指向,则这种敞开便依然呈现"为他"的性质。从另一方面看,交往和理解既涉及主体间的行为协调,也关乎自我内在世界的安顿,仅仅以前者为指归,便很难避免主体("我")的工具化。

在这方面,哈贝马斯的看法似乎也包含需要关注的问题。从总的思维趋向看,哈贝马斯在强调主体间性的同时,对主体性多少有所弱化。按哈贝马斯的理解,主体间的交往行动以言说为条件或媒介,言说本身则需满足如下前提,即真实性、正当性、真诚性。① 这里特别值得注意的是真诚性,其具体要求在于言说应真诚地表达个体的意见、意图、情感、意愿等。主体间的真诚相对无疑有助于彼此的沟通,但其中也蕴含着主体向他人敞开自己的主观世界(内在世界)之意。事实上,哈贝马斯在肯定个体拥有"主观世界"(subjective world)的同时,又强调这种"主观世界"具有面向公众的一面:"主观世界是个体所具有并且可以在公众之前表达的经验的总和。"②对哈贝马斯而言,主观世界主要与戏剧或表演性的行动相联系③,表演意味着在公众之前亮相,主观世界的表演性,使之同时呈现外在性。与之相联系,如前所述,以言语活动为主体间交往的主要形式,哈贝马斯同时又将主体间的共识和一致(consensus)视为理解和交往的目标:"理解过程的目标是达成共识,这种共识取决于对有效性要求的主体间承认。这些要求可以在交往中由参与者相互提出并加以彻底的批评。"④在通过主体间的相互批评、认同而达到的这种共识和一致中,主体间的趋同似乎多少消融了个体的不同观念。个体的主观世界(内在世界)向共同体的敞开与共同体的一致对个体之百虑的消融相结合,无疑容易使主体性趋向失落。

主体与主体间的关系在语言的层面同时涉及独语和对话的关系。与突出主体间关系相应,哈贝马斯更侧重于以对话超越独语,在道德领域中,他便把通过交谈而非独语来论证规范和命令的合理性,

---

① J. Habermas, *The Theory of Communicative Action*, Vol. One, Polity Press, 1984, pp. 89-100.

② J. Habermas, *The Theory of Communicative Action*, Vol. Two, polity Press, 1989, p. 120.

③ J. Habermas, *The Theory of Communicative Action*, Vol. One, Polity Press, 1984, p. 86.

④ Ibid., p. 136.

视为交谈伦理学的基本预设之一。① 然而,从现实性的形态看,主体的存在过程,往往难以避免"独语":认识论意义上的默而识之、德性涵养层面的反身而诚、审美领域中自我精神的净化和提升,等等,都包含着不同形式的"独语"。在宽泛的意义上,"独语"以自我为对象,可以视为无声的言说。当然,个体在"思"与"悟"时,依然需要运用语言以及以往的认识成果,从而与个体之外的存在发生某种联系;同时,自我在思维过程中,也往往涉及对其他思想家相关观念的肯定或否定,后者也可看作是意识层面的"无声对话"。然而,作为内在的思维过程,以上形式毕竟不同于公共空间中主体之间的讨论,它在面向自我本身这一意义上呈现"独语"的形态。具体而言,以"思"或反省为形式,"独语"既意味着化外在的社会文化成果为个体的内在精神世界,又以自我人格理想的实现和潜能的完成为指向。面向自我的"言说"或反思,每每使个体逐渐扬弃自在的形态、由存在的自觉而走向自为的存在。从语言的沟通看,主体间的交往过程侧重于明其意义(meaning),主体的独语则同时涉及得其意味(significance),对同一语词、语句、陈述,具有不同生活背景、知识经验、意向期望的个体,往往会赋予或领悟出不同的意味;基于语言的主体间交流,总是表现为明其意义与得其意味的统一。主体之间的对话与主体自身独语的以上关联,从一个方面体现了主体间性与主体性的交融。

主体间交往中的主体性不仅体现于独语,而且以内在意愿、情感等形式表现出来。主体的内在世界(主观世界)并不单纯地由理性、逻辑所构成,其中包含多方面的情意内涵,后者也以不同的方式制约着交往过程。以语言层面的交流而言,言说的过程中常常既渗入言

---

① 参见 J. Habermas, *Moral Consciousness and Communicative action*, Polity Press,1990, p. 68。

外之意,又包含情感的负载。在某些情况下,主体之间充满深意的一个眼神,其含义每每超过千言万语。广而言之,人与人之间的共在往往涉及"情感的沟通",这种情感沟通中的独特意义并非仅仅以明晰的语言来传递,它需要主体以自身的感受、体验等方式来加以领悟,后者总是超乎语义层面的解释、说明。共在中的这种情感关联,使人真切地"感受"到友情、亲情或与之相对的疏冷之意,并获得"亲"与"疏"、冷与热、近与远的内在体验:个体之间尽管近在咫尺,但若情感疏远,却可能彼此"相距万里",反之,不同个体虽然天各一方,但若心心相印,仍可以有"天涯若比邻"之感,如此等等。在这里,主体的内在世界(包括情感世界)并不仅仅涉及向外敞开的问题,毋宁说,它在更实质的意义上表现为向内的建构:没有主体反身而诚的内在心理建构,便难以真正达到主体间的深层沟通。

从语言与主体间交往的关系看,以上问题同时涉及言意之辨。与言相关的"意"既指意义,也兼及意味,二者在广义上都包含价值的内涵,并进一步与情意相涉。所谓言外之意、弦外之音,都关乎情意的内容。这一层面的"意"与语言的外在形式相对,更多地表现为主体内在的意识、精神形态。言与意的以上相关,则相应地体现了语言与意识之间的联系。逻辑地看,与关注重心由主体性转向主体间性相联系的,往往是言意之辨上由注重意识向突出语言的转化。在哈贝马斯那里,便不难注意到这一点。从关注主体间的交往出发,哈贝马斯的注重之点,也更多地指向言语活动。在他看来,现代哲学经历了从意识哲学向语言分析的转化:"从意识哲学向语言分析的转换,是由形式语义学完成的,后者发端于弗雷格与维特根斯坦。当然,这还是第一步。"进而言之,卢卡奇、霍克海默、阿尔多诺等人的趋向也表明了"建立在意识之上的进路的限度,以及从目的行动向交往行动范式转换的理由。"①从这方面看,意识哲学向语言哲学的转换,似乎构成了突出语言优先性的历史前提。这一前提所蕴含的理论趋向之一,是以"言"消解"意",事实上,在维特根斯坦那里,这一点已表现得比较明显。维特根斯坦在后期将语言的意义与语言的运用联系起来,并把语言的运用理解为一个在共同体中展开的游戏过程,而这种游戏又以生活样式为背景。作为共同体中的游戏过程,语言首先被赋予公共的品格。然而,由强调语言的公共性,维特根斯坦多方面地对主体内在精神活动的存在表示怀疑。在他看来,内在的过程总是需要外部的标准:人的形体是人的心灵的最好的图像。理解并不是一个精神过程,即使言说中的遵循规则(如语法规则),也主要体现为实践过程,②而与主体自身的意识活动无关。由此出发,维特根斯坦进而将"我"(I)的语法功能区分为两种,即作为对象的用法与作为主体的用法,并认为后一意义上的"我"缺乏相应的指称对象。③ 这里已多少表现出悬置主体及其内在意识的趋向。哈贝马斯在突出主体间性的同时又强调意识哲学的限度,与后期维特根斯坦的以上进路多少有相通之处。

与言意之辩相联系的是理解过程的明晰性与默会性之间的关联。在主体间的交往中,语言的表达、交流趋向于明晰性,然而,理解的过程并不仅仅限于语言层面的明晰沟通,在实际的交往中,往往渗入了不同于明晰表达的默会之知。默会之知的特点之一在于尚无法以明晰的语言加以表述,按波兰尼的看法:"我们所能知道的,多于我

---

① J. Habermas, *The Theory of Communicative Action*, Vol. One, Polity Press, 1984, pp. 386-399.

② 参见〔奥〕维特根斯坦:《哲学研究》,§580、§202、II,IV,李步楼译,商务印书馆,1996年,第231、121—122、272页。

③ L. Wittgenstein, *The Blue and Brown Books*, Harper, 1958, p.67.

们所能表述的。""默会之知首先表现为一种方式,这种方式使我们可以获得比可表述之知更多的知识。"①在这里,默会之知与明晰的、可用语言表达的观念显现为认识和理解的两种不同形态,而理解的过程则始终包含着默会之知的参与。作为内在世界的构成,前文提到的情意等方面也往往融合于默会的意识,事实上,主体间的情感沟通,同时有其默会之维。对以上方面,哈贝马斯似乎未能给予充分的关注。按其看法,主体间交往的共性更多地与语言相关:"主体间通过交往而达到一致,其共性在于:规范的一致,共享命题性知识,对主体真诚性的相互信任。这些共性又可以通过语言的理解功能来解释。"②依此,则借助语言便可以达到主体间交往的普遍性(共性)。质言之,交往过程的普遍内容不能超出语言之外。从逻辑上看,如果将主体间的互动仅仅限定在言语行动的层面,则现实交往过程中的以上默会内涵便容易被忽略,而主体间的交往、互动也每每由此失去现实性品格。

引申而言,包含默会意识的内在世界往往以人格为其具体的存在形态。然而,对人格本身又可以有不同的理解。如前所述,哈贝马斯肯定人格为生活世界的重要构成,但是,与强调生活世界是主体间交往的主要场域相应,哈贝马斯同时又将人格的功能主要理解为实现个体的社会化。借用所谓适应方向(direction of fit)的表述,个体的社会化更多地表现为主体对社会的适应(individual to society),其内在的趋向在于从主体走向社会。对人格的以上看法与哈贝马斯要求主体敞开其内在世界的主张具有逻辑上的一致性,二者的共同特

---

① Michael Polanyi, *The Tacit Dimension*, Doubleday & Company, Inc, 1966, p. 4, pp. 17-18.

② J. Habermas, *The Theory of Communicative Action*, Vol. One, Polity Press, 1984, p. 308.

点在于强化主体间关系而弱化主体性。

与以上看法有所不同的是中国传统儒学的慎独观念。关于慎独,《大学》作了如下概述:"小人闲居为不善,无所不至,见君子而后厌然,揜其不善,而著其善,人之视己,如见其肺肝然,则何益矣。此谓诚于中,形于外,故君子必慎其独也。"类似的观念亦见于《中庸》:"是故君子戒慎乎其所不睹,恐惧乎其所不闻。莫见乎隐,莫显乎微,故君子慎其独也。"闲居即独处。① 人在日常生活中并非总是处于他人的视线之下,相反,个人往往在相对意义上"独"处,在这种独处中,他人的目光、社会的舆论都似乎暂时缺席或不在场,个人的行为也仿佛"隐"而不"显"。当个体独处某种特定境遇时,他已由面向外在的社会(公众),转向面对自我本身,尽管这里依然存在注重普遍道德原则的问题,但这种注重已由"为人"(为获得他人赞誉或避免他人谴责而遵循外在社会准则),转换为"为己"(以自我的实现或内在人格的完善为指向)。所谓慎独,也就是在直面自我之际,依然保持个体内在的道德操守,它在某种意义上表现为作为社会存在的主体向自身的返归:在经过社会化之后,主体在更高的层面走向自我。

主体的内在世界(包括以人格的形态呈现的精神世界)既包含社会文化、规范等内容,并相应地涉及个体的社会化,又与主体的自我认同、自我实现相联系。前者表现为从个体走向社会(individual to society),后者则蕴含着在确认社会性的前提下从社会向主体的回归(society to individual),二者的相互关联,意味着对主体性与主体间性的双重确认。单纯地注重个体的自我认同、以此排斥个体的社会化,无疑将疏离个体的社会规定和主体间性,但若仅仅强调个体的社会

---

① 参见(宋)朱熹:《中庸章句》,《朱子全书》第 6 册,上海古籍出版社、安徽教育出版社,2002 年,第 33 页。

化,由此弱化主体的自我认同以及自我实现,则容易导向消解主体性。哈贝马斯将主体人格主要与个体的社会化联系起来,多少表现了后一趋向。

与个体的社会化相联系的,是对普遍共识的追求。在哈贝马斯那里,主体间的交往既展开为主体之间的相互理解、沟通,又以达成共识为指向。从认识论上看,共识以观点和意见的一致为内容,其逻辑的趋向在于超越认识上的多样性、差异性。主体间的交往过程固然需要"求同",但同样离不开主体之间的"存异",后者既包括对事物的不同认识、看法,也涉及不同的价值取向、价值立场。如果单纯地以达成共识为目标,则可能导致以"求同"消解"存异"。就认识过程而言,仅仅按一定程序展开对话、批评和讨论,并不能保证一定会获得对于相关事物的正确看法,与一致的结论(共识)不同的意见,往往可能蕴含内在的真理。从价值观看,一定时期的某一共同体所形成的一致价值取向(价值观上的共识),并不必然地具有正当性(纳粹时期被普遍接受的某些观念,便表明了这一点),与这种共识相异的观念,却常常包含更多的合理内涵。当"求同"压倒"存异"时,在认识论上往往容易流于独断论、在价值观上则可能导向权威主义。以主体性与主体间性为视域,共识的追求同时又与主体内在世界的弱化具有相关性:当共识成为主要甚至唯一的目标时,主体在认识论和价值观上的自主意识及独立判断,便将消解于对主体间一致意识的追求中。

广而言之,实践过程中的主体性与主体间性,同时涉及公共领域与个体领域之间的关系。从当代哲学看,公共领域与个体领域往往被视为彼此相分的二重领域,公共领域更多地与普遍的规范、程序相关,个体领域则与自我的信念、德性、人格等等相联系。比较而言,主体间关系每每被置于公共领域,主体性则首先被理解为个体领域中的问题。当关注目光主要指向公共性领域时,主体间关系也常常会被提到突出地位,在哈贝马斯、罗尔斯等哲学家那里,便不难看到这一点;反之,以个体的本己存在(own being)或本真存在以及与之相关的个体领域为关切的对象,则聚焦之点便每每指向主体性,在海德格尔等哲学家那里,这一趋向得到比较明显的体现。对注重个体本己存在及个体领域的哲学家而言,公共性(与人共在)往往意味着沉沦于众人(海德格尔)、与之相关的主体间性则趋向自我本身的否定,所谓"他人即是地狱"(萨特)。与此不同,在关注公共领域与主体间性的哲学家看来,意识、自我、德性等作为私人性的规定,都与公共领域无涉,唯有语言、规范、程序等,才具有公共性,主体间的交往也主要基于这些具有公共性的规定。不难注意到,在主体性与主体间性的相分之后,是公共领域与个体领域的张力。从现实的存在形态看,作为个体性规定的意识、自我、德性等,其形成和作用无疑无法离开公共领域中基于语言的交往以及社会规范的引导、制约。然而,另一方面,公共领域以及展开于其中的主体间交往,也并非隔绝于意识、自我、德性等主体性规定。事实上,无论是语言的运用,抑或规范、程序之社会功能的实现,都离不开意识、自我、德性等作用。要而言之,主体性与主体间性、公共领域与个体领域并非彼此悬隔。

从实践的层面看,主客体关系、主体间关系以及主体与自我的关系所涉及的是实践活动中的客观性、主体性、主体间性。以主体间关系为存在过程中的主导方面并将其至上化,往往引向突出"应然"而疏离"实然"和"必然",哈贝马斯之强调交往行动的规范性、将必然的法则主要归之于目的性行动,多少表现出以上趋向。与强调规范性相联系的,是悬置对象意义上的存在,二者从不同的方面弱化了实践过程中的客观性。哈贝马斯曾认为:"在指向有效性要求的过程中,行动者与世界的关系被现实化了。"[1]这里的有效性要求(validity claim)主要涉及以语言表达的、可批评的观念,根据这一看法,则行动者与客观世界的现实关系,便是通过有效的语言沟通而建立起来。在这里,基于语言沟通的主体间关系,似乎呈现出某种主导或消解客观性的意义。突出主体间关系可能导致的另一逻辑后果,是主体性的失落。从公共性语言对个体性意识的超越、主体间共识对个体性意见和观点的扬弃、普遍程序对自主选择的优先性等方面,都可以看到这种趋向。就其现实性而言,实践过程的历史展开既需要对主客体关系、主体间关系以及主体与自我的关系加以适当定位,也离不开对蕴含于其中的客观性、主体性以及主体间性的内在确认。

三 "合理"与"合情"

实践过程在展开于多重现实关系的同时,本身又面临理性化或合理性的问题。理性化或合理性包含不同内涵,它既可以从价值层面或工具(手段)的意义上加以理解,也可以从实践过程所涉及的不同关系加以考察。就更实质的方面而言,理性化不仅指向狭义上的"合理",而且关乎广义上的"合情"。

从知与行互动的视域看,实践活动的理性化首先与广义的认识过程相涉。理性的认识既指向认知,也关乎评价。认知以真实地认识世界与认识人自身为目标,评价则首先表现为对价值关系的把握:以人的合理需要为关注之点,评价意味着基于利与害、善与恶的判定,以确认、选择广义的价值形态("好"或"善"——the good)。尽管

---

[1] J. Habermas, *The Theory of Communicative Action*, Vol. One, Polity Press, 1984, p. 136.

利与害、善与恶的内涵有其历史性和相对性,但在接受和肯定一定评判原则的前提下,唯有择善而去恶,才可视为理性的行为;反之,知其有害或不善而依然执意加以选择,则具有非理性的性质。不难看到,认知意义上对事(物)与理的把握以及评价意义上对价值的判断和确认,构成了理性的两个方面,实践过程的合理性或理性化意味着以此为行动的根据。

以上两个方面的统一,在实践层面进一步指向目的与手段(包括方式、程序等)的关系。作为实践过程的基本环节,目的与手段都存在合理与否的问题,当然,二者所涉及的合理性又有不同的内涵。目的的形成,以人的需要、欲求以及现实所提供的可能为根据,是否把握、体现人的合理需要和欲求,直接制约着目的之正当与否。从实质的层面看,唯有合乎人走向自由的存在形态这一历史趋向,需要和欲求才具有合理的性质,后者同时为目的的正当性提供了担保。在此,目的的合理性取得了正当性的形式。相对于此,手段的意义主要体现在如何实现目的,其合理性则相应地表现为如何以有效的方式,保证目的之实现。质言之,手段的合理性首先在于其有效性。这里,可以对实践意义上的有效性(practical effectiveness)与逻辑意义上的有效性(logical validity)作一区分。逻辑意义上的有效性一方面表现为命题的可讨论性和可批评性,另一方面又体现于前提与结论、论据与论点等关系,并以论证过程之合乎逻辑的规范和法则为其依据。实践意义上的有效性(effectiveness)则以实践过程所取得的实际效果来确证,并主要通过是否有效、成功地达到实践目的加以判断。当然,前文已论及,实践意义上的这种有效性,本身又基于认知层面的得其真与评价层面的明其善。这样,以实践目的的正当性与实践手段的有效性为指向,实践的理性化具体地展现为真与善的统一。

实践意义上的有效性与逻辑意义上的有效性,从不同的方面体现了广义的理性化。然而,在当代哲学中,与突出语言活动相联系,一些哲学家每每将逻辑意义上的有效性放在至上的地位,以此为进路,实践有效性意义上的理性化往往难以获得适当的定位。在这方面,哈贝马斯同样具有一定的代表性。如前所述,哈贝马斯以交往行动为关注的重心,而交往行动的理性化,又与有效性要求(validity claim)相涉,后者表现为提出可以批评的观点,通过对话、讨论、论辩,以达到相互理解和共识。这一层面的有效性——合理性,更多地呈现逻辑的意义,与之相辅相成,哈贝马斯将涉及实践有效性的所谓目的性行动置于理性化的视野之外,使之难以获得合理定位。对理性化的如上理解,似乎未能充分把握理性化的内涵。

前文已论及,实践过程展开于多重现实的关系。与实践活动所涉及的不同关系相应,实践过程的理性化也呈现不同的形式。以主客体关系为视域,实践过程的合理性具体关乎广义之"理"。从现实的存在形态看,"理"不仅与认知或评价层面的理性相涉,而且与对象世界相关。就后一方面而言,"理"包含二重涵义,即必然与当然。①前者(必然)涉及存在法则,后者(当然)关乎社会规范。与"理"的以上涵义相应,实践过程中的合乎理既意味着与存在法则一致,也意味着循乎社会规范。以旨在变革对象的实践活动而言,其展开不仅需要依乎存在的法则(必然),而且应当遵循社会的规范,包括实践过程本身的行动规则。前者使实践具有合乎事(物)与理意义上的正确性,后者则赋予实践以合乎社会准则意义上的正当性。同样,以社会

---

① 朱熹曾把"理"视为所以然与所当然的统一:"至于天下之物,则必各有所以然之故,与其所当然之则,所谓理也。"这里的"天下之物"是就广义而言,包括自然对象与社会实在,在引申的意义上,"所当然"与当然之则相关,"所以然"则可理解为必然。[(宋)朱熹:《大学或问上》,《朱子全书》第 6 册,上海古籍出版社、安徽教育出版社,2002 年,第 512 页]

体制的建构和运作为指向的实践活动,也既应合乎社会规范(当然),又应与存在本身的内在法则一致,以此保证行动的正当与正确。可以看到,在合乎必然与当然的层面,实践的合理性或理性化以正确性与正当性为其具体内涵。

相对于必然,当然与价值的规定具有更内在的关联;较之形式或程序的方面,价值的内容本身则更多地呈现实质的意义。与以上方面相联系,实践过程的合理性或理性化同时涉及形式与实质的方面。事实上,价值层面的正当性,往往同时体现了实质意义上的合理性;程序之维的合理性,则主要展现形式的意义。哈贝马斯在谈到生活世界的交往行动时,曾对金钱、权力对生活世界的渗入提出了批评:"金钱、权力这类中介依附于经验关系,它们体现了对待可计算的价值的目的—理性态度,它们使给予参与者的决定以一般的、策略性的影响成为可能,而使以共识为指向的交往边缘化。"以金钱、权力为生活世界中交往的媒介,必然引向"生活世界的技术化"(technicizing of lifeworld)①。在哈贝马斯看来,生活世界中交往的理性化在于以语言为媒介,金钱、权力向生活世界的渗入,不仅导致了生活世界的非理性化,而且使生活世界中的交往行动具有非理性的特点。可以看到,上述意义上的理性化与非理性化,既涉及价值内涵,也关乎实质的意义。就此而言,哈贝马斯对交往行动的考察,无疑也关涉实质的方面。

不过,如果作进一步的分析,便不难注意到,在哈贝马斯那里,实质层面的非理性(不合理)与形式层面的理性化(合理性)似乎构成了彼此相对的两个方面:金钱(money)和权力(power)作为价值规定

---

① J. Habermas, *The Theory of Communicative Action*, Vol. Two, polity Press, 1989, p.183.

具有实质的意义,行动的合理性在哈贝马斯看来本来在于以语言为媒介,然而,当实质层面的金钱和权力作为媒介渗入生活世界中的交往行动时,交往行动便开始偏离基于语言活动的理性化方向。要而言之,实质意义上价值规定(金钱和权力)的引入,导致的是交往行动的非理性化;通过语言的沟通而实现的理性化,则更多地呈现形式的意义。事实上,如前所述,哈贝马斯将交往行动的合理性主要与真实性、正当性,真诚性等联系起来,而所有这些方面又主要作为一种程序性的要求:它们首先涉及的是言说的方式("如何说")而非言说的实质内容("说什么"),而言说方式则以形式层面的程序性规定为其内涵。这样,尽管克服金钱、权力对生活世界的渗入体现了积极的价值取向,但就实践活动的理性化而言,哈贝马斯显然更多地关注于形式的层面。

与哈贝马斯考察交往理性的以上进路有所不同,罗尔斯区分了理性(the rational)与合理(the reasonable)。根据他的看法,理性主要关涉"单个的、统一(united)的行动者(或者是个体,或者是合作中的个人),这些行动者具有追寻其自身独特目的和利益的判断与慎思能力。这些目的和利益的认可、确认,以及其优先性的获得,都基于理性的运用。理性也用于手段的选择,这种选择受到以下那些耳熟能详之原则的引导:采用对达到目的最为有效的手段,或者在同样的条件下,选择更可能的那一项(the more probable alternative)"。"理性主体(rational agents)所缺乏的是某种特定的道德感(moral sensibility),这种道德感构成了从事公正合作的意欲之基础。"与之相对,合理的(reasonable)尽管并不一定是道德感的全部内容,但"它包含与公正的社会合作观念相关的道德感"[1]。具有合理意识的主体总是

---

[1] J. Rawls, *Political Liberalism*, Columbia University Press, 1996, pp. 50-51.

"考虑其行动对他人的利益产生的后果"①。可以看到,罗尔斯所说的"理性"与"合理"既涉及个体性与群体性的分野,也关乎功利的关切与道德的意识之间的区别,后者在某种意义上与工具理性和价值理性之分相关。罗尔斯将涉及道德内涵与价值关切的"合理"(the reasonable)与利益考虑与效率计较意义上的"理性"(the rational)区分开来,无疑体现了扬弃工具层面理性化的趋向。同时,在罗尔斯那里,"合理"与"理性"首先与行动主体的能力相联系,从而,二者既涉及实践过程的合理化或理性化,也关乎实践主体自身的合理化或理性化,这一看法注意到了实践主体自身的合理化或理性化对实践过程的合理化或理性化的内在制约。

以上论域中的合理与理性本身应如何定位?一方面,罗尔斯肯定理性与合理虽不同而独立(distinct and independent),但二者同时相互依存:仅仅具有合理性,则行动者便无从获得他们希望通过公正合作以达到的自身目的;单纯合乎理性,则行动者将缺乏正义感,②另一方面,罗尔斯又给予合理(reasonable)以更多道德上的优先性,后一趋向在"合理"与"理性"的以下区分中也得到了某种体现:"以'合理'与'理性'作为方便的术语来表示康德对纯粹的(pure)与经验的(empirical)这两种实践理性形式(two forms of practical reason)所作的区分是很有用的。前者可表达为绝对命令中的命令(an imperative in the categorical imperative),后者则是假言命令中的命令(an imperative in the hypothetical imperative)。"③如所周知,在康德哲学中,理性的纯粹形式相对于经验而言具有主导性,道德的命令按康德的理解

---

① J. Rawls, *Political Liberalism*, Columbia University Press, 1996, p. 49.
② Ibid., pp. 51-52.
③ J. Rawls, "Themes in Kant's Moral Philosophy," in E. Förster (ed.), *Kant's Transcendental Deductions*, Stanford University Press, 1989, p. 88.

本质上则是绝对的,而非假言的。罗尔斯将合理和理性分别与康德道德哲学中的纯粹形式与经验形态、绝对命令与假言命令对应起来,显然赋予他所说的合理以更为主导、优先的性质。尽管罗尔斯将合理与道德感、正义感联系起来,从而使之区别于工具层面的理性而涉及价值之域,但作为纯粹形式、绝对命令的对应者,"合理"本身的形式之维也得到了更多的侧重。在这方面,罗尔斯似乎又表现出与哈贝马斯相近的取向。

实践过程的理性化无疑包含形式和程序的方面,但同样无法忽视实质的内涵。从实质的层面看,实践过程的理性化既涉及"合理",也关乎"合情"。这里所说的"情"首先具有实在性的涵义,所谓"实情""情境"等,便体现了这一点。事实上,在中国哲学中,"情"的原始涵义便与实在性相关。孟子在谈到"物"时,曾将"物"与"情"联系起来,认为:"夫物之不齐,物之情也。"①这里的"情",主要指事物的实际状况:"不齐"即差异,在孟子看来,事物之间存在各种差异,这是事物的真实形态。《墨子》一书也从实际区分的意义上理解"情":"天地也,则曰上下;四时也,则曰阴阳;人情也,则曰男女;禽兽也,则曰牝牡、雄雌也。真天壤之情,虽有先王不能更也。"②天地之有上下,四时之有阴阳,禽兽之有牝牡,等等,都属不同对象固有的区分,"情"在此亦表示以上区分的实在性。荀子进一步从天人之辩的角度,谈到了"情":"故错人而思天,则失万物之情。"③万物之情即万物的真实形态,在荀子看来,如果悬置了人的能动作用,便无法把握万物的真实形态,将"情"与"万物"联系起来,则既突出了"情"作为真实、实在的含义,又强调了其与多样性的关联。与之相近,《易传》肯

---

① 《孟子·滕文公上》。
② 《墨子·辞过》。
③ 《荀子·天论》。

定"吉凶以情迁"①,"吉凶"是指行动结果所呈现的不同价值意义,在《易传》作者看来,这种不同的价值意义又根源于具体情境的差异("以情迁")。以上视域中的"情",不仅涉及对象世界,而且与社会领域相关,从孟子的如下看法中,便不难注意到这一点:"故声闻过情,君子耻之。"②这里的"情",便是指社会领域的具体事实(包括特定主体实际的所作所为),按孟子之见,真正的君子应当避免其实际的状况与外在的名声不相符合。作为与特定主体相关的事实,这里的"情"也涉及具体性、特殊性。综合起来看,在本体论的层面,"情"所表示的首先是事物多样规定的真实性,其中既涉及实在性,也关乎特殊性、差异性,在此意义上,"情"更多地与存在的真实情境相联系。相对于"情"的以上涵义,"理"所展示的,首先是普遍的法则、原则或规范。与"情"和"理"的以上涵义相应,实践过程中的合"情"与合"理",意味着既合乎普遍的法则和规范,又适合于特定的实践情境,二者的统一,构成了实践过程中理性化的具体形态之一。

从某些方面看,哈贝马斯也曾涉及情境的问题,不过,在他那里,情境更多地与规范、原则提出的背景相关,从其如下论述中,便可注意到这一点:"命题与规范的有效性要求超越空间与时间,但在每一种现实的情况下,这种要求又是在此时此地、在一种特殊的情境之中提出的,其接受和拒绝对社会互动具有真正的意义(real implications)。"③不难看到,这里的关注之点主要不是普遍原则、结构在其作用过程中如何与特定的情境分析相结合,而是命题、规范本身在不同背景下的呈现方式。前文已一再提及,哈贝马斯以交往行动为关

---

① 《周易·系辞下》。
② 《孟子·离娄下》。
③ J. Habermas, *Postmetaphysical Thinking*: *Philosophical Essays*, Polity press, 1992, p. 139.

注之点,这种交往过程又以语言为中介,与之相联系,语言的规范与结构对他而言具有特殊的意义,而他在总体上所强调的,便是在语言基础上形成的理解结构所具有的普遍性、确定性:"对于任何在语言所构成的生活形式之中宣称有效的东西,在语言中达到的可能的相互理解的结构(the structure of possible mutual understanding in language),都构成了某种不可改变的东西。"①在此,结构—形式层面的普遍性,依然被视为主导的方面。这种看法,显然有别于普遍之"理"与"实情"的交融。

"情"的另一基本涵义,涉及人的内在情感。② 情感具有实质的价值意义:如果说,普遍的规范、原则主要从形式的层面体现了一定的价值取向,那么,情感则从实质的方面展现了具体的价值意识。孟子曾指出:"君子之于物也,爱之而弗仁;于民也,仁之而弗亲。亲亲而仁民,仁民而爱物。"③这里的"仁""亲""爱",分别与不同的对象相关,并体现了不同的情感内容:"仁"作为人道之域的广义情感,首先体现于人与人(广义之"民")的相互作用过程;"亲"作为基于家庭伦理关系的情感(亲情),主要展现于亲子之间;"爱"作为宽泛意义上的珍惜、爱护之情,则更多地基于人与物的关系(表现为人对物的珍惜之情)。在此,无论是人我之间的"亲亲""仁民",抑或物我关系中的"爱物",其"亲"、其"仁"、其"爱"作为实践意向都不同于单纯的理性谋划、计较,而是内在地渗入了情感的关切。同时,这里所展现的情感的多样性("亲""仁""爱"分别体现于不同的实践关系,并相

---

① J. Habermas, *Postmetaphysical Thinking: Philosophical Essays*, Polity press, 1992, pp. 139-140.
② 就词义的历史演变而言,"情"的情感义较之"情"的实情义可能相对后起。这里所关注的主要不是"情"在词义上的前后衍化。
③ 《孟子·尽心上》。

应地具有不同的情感内容)、真切性,与物"情"(实际的存在形态)的特殊性、真实性,也呈现某种关联。情感的这种真切性和具体性,从一个方面体现了实质的价值内容。相应于此,"合情"意味着在实质的层面合乎一定的价值取向,与之相对的"合理",则表现为从形式的层面循乎价值原则,二者从不同的方面赋予相关实践活动以正当性,这种正当性本身同时体现了价值意义上的合理性或理性化。

就主体间的交往而言,除了通过对话、讨论、相互批评等语言活动而达到的彼此理解之外,还涉及主体之间基于情感的沟通。言说者对于聆听者不仅应当晓之以"理",而且需要动之以"情";不仅应当通过理性、逻辑的力量论而使聆听者不能不接受其所说的内容,而且需要通过"情"的感化,使之心悦诚服。从肯定或积极的方面看,"情"往往与"悦"相联系,所谓"凡人情为可悦也"[①]。情的这一特点同时为人与人之间的沟通提供了内在根据。对主体间沟通产生内在影响的这种情,在广义上包括追求真与善的真诚之情和热忱之意、愿意接受批评的恳切之心,等等。仅仅凭借理性和逻辑的力量,往往容易使言说成为冷峻的强制,难以使人乐于接受。唯有同时渗入真情实意,才能使人既"信"又"服"、达到"信—服"之境。另一方面,从听者对说者的态度看,则应当有同情理解的意向。此处所说的同情理解,既包括相信他人追求真理的诚意,也意味着从他人的视域考虑问题,包括设身处地加以思考,以把握他人的真切之意。事实上,主体间的沟通和理解,常常发端于情:"始者近情,终者近义。"[②]这里的"情"在宽泛的层面表现为直接、原初的内在意识,"义"则关乎理性层面的当然,在此意义上,始于"情"终于"义"同时意味着由"情"入

---

① 郭店楚简《性自命出篇》。
② 同上。

"理"。

广而言之,这里同时涉及人我之间的相"感"。在中国哲学中,"感"既指事物(对象)之间的相互作用,所谓"天地感而万物化生"①,又指人对世界、他人由"感"而"通",所谓"感而遂通天下之故"②。这里的天下兼及他人,与之相联系的"感"既不同于对物的静观,也有别于逻辑的思辨,"通"则不仅指理性层面的"达理",而且也包括情感层面的"通情",具体而言,由"感"而"通"也就是在"赞天地之化育"、成己与成物的具体过程中,达到对世界和他人之情理交融的领悟与把握,这种"感"—"通"既非囿于言语之域的交往,也不限于理性的论辩,其中不仅包含知与行的实质内容,而且表现为通"情"与达"理"的统一。与单纯的程序合理性不同,通"情"而达"理"以人我相感、情理交融的方式,体现了主体间交往过程的合理性。

主体间同情理解与彼此相感的进一步引申,便是推己及人。孔子在谈到如何贯彻仁道原则时,曾指出:"仁者己欲立而立人,己欲达而达人,能近取譬,可谓仁之方也已。"③所谓"能近取譬",也就是推己及人,其中包含二重前提:一方面,行动主体具有理性的推论能力,另一方面,主体应当对他人予以情感的关切,二者的结合,具体表现为一种情感的外推。孟子对此作了进一步发挥,并提出如下主张:"老吾老以及人之老,幼吾幼以及人之幼。"④这里同样既涉及由己及人的理性推论,又渗入了主体间的情感沟通。单纯的理性推论主要表现为逻辑层面的活动,其中并不涉及实质的内容,它固然具有理性的性质,但其中的合理性主要呈现形式的意义;基于情感沟通的外推

---

① 《周易·咸·彖传》。
② 《周易·系辞上》。
③ 《论语·雍也》。
④ 《孟子·梁惠王上》。

(情感的外推)则既体现了理性的形式(推论),又包含价值的内容(仁爱),由此展现的理性化,同时呈现实质的意义。对儒家而言,更广视域中的道德实践便建立在这一类的推论之上:"孩提之童,无不知爱其亲者,及其长也,无不知敬其兄也。亲亲,仁也;敬长,义也。无他,达之天下也。"①亲亲、敬长是一种包含伦理内容(仁义)并具有本原性的道德情感,"达于天下",也就是将这种包含仁义内涵的本原性情感普遍地推行于外。作为贯彻仁道等价值原则的方式,这种情感外推所体现的合理性,内在地制约着由此展开的实践活动,并赋予后者以实质意义上的理性化形态。

具体而言,以上论域中的"情"与"理"不仅统一于广义的理性化过程,而且其本身也具有彼此互融的特点。一方面,合乎必然与合乎当然意义上的合"理"既涉及"实情"之"情",也关乎"情感"之"情":合乎必然与合乎当然都基于对实情的认识和把握,这种把握又与追求真和善的内在之情相联系;另一方面,不仅对实情的认识受到"理"的制约,而且情感也需要"理"的引导。就情感的性质而言,往往有健全与否的区分,以人我关系而言,对他人的不幸有同情之感,这是健全的情感反应;相反,对他人的不幸遭遇感到幸灾乐祸,这种情感体验则缺乏健全的性质。形成健全的情感,便需要包括价值规范的理性原则的引导。同时,情感表达的过程还涉及适度性。《中庸》曾提出:"喜怒哀乐未发,谓之中;发而皆中节,谓之和。""未发"是就情感尚未呈现于外而言;"发而皆中节",则指在情感流露于外时,既合乎一定的价值原则(具有健全性),又保持适当的"度",避免"过"与"不及"。情感的这种"中节",同样需要"理"的内在引导。在以上方面,"理"与"情"无疑呈现相互渗入的关系。

---

① 《孟子·尽心上》。

从实践的具体过程看,"情"与"理"的互动涉及多重方面。以社会领域的实践活动而言,如果既合乎情,又依乎理,便能使这种活动趋向于合理:"夫能通天下之情,不违其理,守大中之节,不失其时,以此而行,则合圣人中正之道。"①这里涉及的首先是政治活动。"天下"包括天下之人,"天下之情"涉及天下之人心所向(包括情感趋向),"理"则是一定时代的价值原则、存在法则,"行"唯有顺乎天下之人心(包括情感趋向)、依循当然之则与必然法则,才能达到"中正"(合理)的形态。这种看法可以视为"仁民"观念的具体展开:"仁民"在实践的层面兼涉政治活动。社会领域的政治实践往往关乎变迁损益,这种活动如果不悖乎常理,则将呈现既合于情,也合于道的特点:"政有常,则其因革损益,莫不合于人情与夫先王之道。"②上述意义中的合"情"合"理",已不限于主体之间的情感沟通,而是体现并渗入于现实的践行过程之中。二者统一的形上前提,则是"道"与"情"的关联性:"大道者,所以变化而凝成万物者也;情性也者,所以理然不然、取舍者也。"③"然不然"("然否")属实践判断,"取舍"则是与行相关的选择,"道"所体现的存在法则与"情"所展示的实践意向,在现实的世界以及人的践行过程中彼此相关。

康德曾对规则(rules)与原理(principles)做了区分,在他看来,前者主要与知性相关,后者则涉及理性:"知性也许可以视为借助于规则(rules)使各种现象统一的能力,而理性则是使知性规则(rules)统一于原理(principles)之下的能力。"④知性虽然通过概念或范畴(纯

---

① (宋)胡瑗:《周易口义》卷十。此书由胡瑗口授,其弟子倪天隐录述。
② (宋)林之奇:《尚书全解》卷三十八。
③ 《大戴礼记·哀公问五义》。又,据相关考订,此句所含"然不然"中后一"然"字疑为衍,"不"读为"否","然否"与"取舍"相对应。(参见黄怀信:《大戴礼记汇校集注》卷一,三秦出版社,2005年,第67页)
④ Kant, *Critique of Pure Reason*, St. Martin's Press, 1965, p.303.

粹知性概念)赋予感性杂多以统一性,但仍有其界限,理性则进一步通过理念将指向不同的对象、彼此限于一定界域的知性统一起来。如果悬置康德关于知性与理性的特定界说而在引申的意义上运用规则(rules)与原理(principles)这两个概念,那么,便可以将规则与狭义的理性联系起来,而赋予原则以更广的涵义,使之同时涵盖"理"与"情"。在此意义上,仅仅与理性规则一致,还只是在"不违其理"的层面上呈现理性品格,合乎广义的原理,则进一步表现为"通天下之情"与"不违其理"的统一,从而真正达到了"中正之道"。

  上述意义上与规则相对的原理,近于"心同此理"中的"理"。这里的"理"既不同于特定的理性规定,也有别于超验的法则,而是与人的内在意识或观念相联系,所谓人同此心、心同此理。从实质的方面看,"心同此理"既关乎普遍之则,又表现为一种共通感(common sense),这种共通感不限于康德哲学中的审美意识,而是以共同的价值趋向为其内涵。① 孟子曾说:"心之所同然者何也?谓理也,义也。"②以理和义为内容的这种内在的相通意识(心之所同然),便可视为以共通感形式出现的普遍价值取向。与包含"理"与"义"相联系,这一层面的"心之所同然",同时又以普遍之则为题中之义。以上两个方面相互融合,构成了"心同此理"中"理"的具体内涵。不难看到,后者以相通意识与普遍之则互融的形式,体现了"情"与"理"的统一,而区别于狭义规则的广义原理,则可以理解为以上视域中的

---

 ① 在康德那里,共通感(common sense)首先与审美活动相联系,其特点在于关涉情感(feeling)。对康德而言,情感的普遍可沟通性便以共通感的存在为前提,康德以此区别共通的知性(common understanding),认为后者不是由情感,而总是通过概念作出判断(参见 Kant, *Critique of Judgment*, Hafner Publishing Co., 1951, pp. 75-77)。这里所说的"共通感"具有引申的意义,其中不仅涉及审美趣味,而且包含普遍的价值意识。

 ② 《孟子·告子上》。

"理"。

实践过程的合理性不仅涉及主体间的交往以及更广意义上的实践过程,而且关联着实践主体。作为具体的存在,实践主体包含多重规定。从精神形态看,这里关乎狭义的理性与情、意之间的关系。传统的理学曾区分人心与道心,作为与心性关系中的"性"相一致的内在规定,道心更多地体现了理性的品格,与之相对的人心则表现为与人的感性存在相关的情、意以及感性的意欲。在人心与道心二者之中,理学的关注之点更多地放在道心:"须是一心只在道心上,少间那人心自降伏得不见了。人心与道心为一,恰似无了那人心相似,只是要得道心纯一。"①"无人心"与"道心纯一"相联系,不仅意味着以道心为主导,而且趋向于排斥人心,其中蕴含着理性与情意等精神规定之间的内在紧张。在实践主体的内在人格或精神层面,广义的合理性或理性化以健全的精神形态为其表现形式:当理性与情意彼此冲突时,实践主体的内在人格便难以呈现健全、合理的形态。在其现实性上,人格的健全以理性(道心)与情意(人心)的统一为其题中之义,这种统一同时赋予实践主体的内在人格以广义的理性化或合理性的形态。从实践过程看,这里的人格包含二重意义:一方面,它构成了实践活动展开的内在条件,并相应地呈现功能性品格;另一方面,它又表现为实践过程的目的:从实质的层面看,实践活动以成己与成物为指向,成物主要是成就世界,成己则意味着成就实践主体自身。实践过程的合理展开既需要在程序、方式等方面合乎当然与循乎必然,也应当使实践主体自身达到健全、合理的形态,后者同样涉及"合情"与"合理"的问题。

---

① (宋)朱熹:《朱子语类》卷七十八,《朱子全书》第 16 册,上海古籍出版社、安徽教育出版社,2002 年,第 2666 页。

以上主要从实践过程中的主体间关系及主体性之维,考察实践过程理性化的不同内涵。从引申的意义看,上述过程所内含的"合情"与"合理",也关乎主客体关系以及与之相关的实践活动。前文提及的"仁民爱物",便包含对事物的珍惜、爱护之情:如果说,"仁民"是从人我关系或群己关系方面体现了如何对待他人或群体的实践原则,那么,"爱物"则从物我关系或天人关系上,展现了对待自然、他物的实践原则。张载的民胞物与之说,对此作了更具体的阐述:"乾称父,坤称母;予兹藐焉,乃混然中处。故天地之塞,吾其体;天地之帅,吾其性。民吾同胞,物吾与也。"①在此,张载将整个世界视为一个大家庭,其中既包含对他人的关爱之情,也体现了对他物的珍爱之意,尽管与孟子所说的"仁民爱物"一致,以上看法所涉及的情感具有不同的内涵,但这里又确实肯定了在"赞天地之化育"的践行过程中应当既合乎理(天道),又合乎情(人道)。后来理学所一再确认的"仁者与天地万物为一体",可以视为民胞物与说的引申,它所体现的观念,也与之前后相承。当代的一些伦理学说提出环境伦理或生态伦理的思想,其中所渗入的珍爱环境、保护自然、关心生态等意识,也涉及情境(物之情)与情感(人之情)。从上述观念出发,则变革对象的实践过程所涉及的合理性便不仅仅表现为合乎理性的谋划、计算(合理),而且在于它同时既关注具体的实践情境,也体现了基于"民胞物与"的"爱物"之情(合情)。

可以看到,实践过程的合理性或理性化既涉及形式之维,也关乎实质的方面。从实质的层面看,理性化不仅与"理"相关,而且也与"情"相涉。在积极的意义上,实践活动的理性化表现为合"情"合"理",这一论域中的"合"既意味着普遍之理(存在法则与社会规范)

---

① (宋)张载:《张载集》,中华书局,1978年,第62页。

与具体情境的交融,也展现为形式层面的理性程序与实质层面的情感沟通、情感关切的统一。理性化的以上内涵与前文所论的实践理性原则具有内在的一致性:如果说,实践理性的正当原则(the principle of rightness)主要表现为与"理"(作为当然之则的规范)相合、向善原则(the principle of goodness)内在地蕴含合乎"情"(体现价值取向的人之情)的要求,那么,有效原则(the principle of effectiveness)则既意味着合"理"(合乎作为必然的普遍法则),也趋向于合"情"(合乎体现实然的物之情)。① 在相近的意义上,实践过程的合理性或理性化与后文将讨论的实践智慧也呈现实质层面的相通性。当然,实践智慧侧重于从内在的观念之维体现"情"与"理"的交融与统一,相对而言,实践过程中的理性化则更多地在外在的实际活动中展现了上述统一。与积极意义上的理性化相对,消极意义上的"非理性化"或"不合理性",表现为实践过程中的悖"情"违"理"。

综合而论,正如对认识过程的理解应当超越单纯的认知而赋予其广义的内涵一样,实践过程中的理性化,也需要在广义层面加以把握,后者意味着赋予理性化以合"情"与合"理"双重内容。然而,理性化的以上意蕴,往往未能进入当代哲学的视野。在这方面,哈贝马斯的交往行动理论无疑具有一定的代表性。交往行动理论以如何达到交往过程的理性化为关注之点,但其主要趋向则是将交往行动与言语行动联系起来,并由此把与之相关的理性化首先归之为合乎规范等程序层面的合理性,这种看法延续了康德的进路,基本上忽视了合"情"与合"理"的统一。对理性化的如上理解无疑具有狭隘性。从现实的层面把握实践过程的合理性,需要从广义的视域出发,对"情"与"理"予以双重关注。

---

① 关于实践理性原则的具体内涵,参阅本书第六章。

第八章

实践智慧

实践理性以及实践过程的理性化从不同的方面展现了实践的内在向度。在更深沉的意义上,实践过程的展开同时关涉哲学视域中的实践智慧。① 按其本义,哲学层面的智慧,本身要求具体地落实于人的实践,人的实践活动及其展开,则在不同的层面受到智慧的内在制约。作为智慧的实践体现或智慧在实践之域的具体形态,实践智慧以观念的形式内在

---

① 作为哲学范畴,"实践智慧"(practical wisdom)可以追溯到古希腊哲学中的 *phronesis*,后者的涵义与实践背景下的明智(intelligence)、完美的判断(soundness of judgment)等相联系。本书所讨论的"实践智慧"既与以上的哲学史背景相联系,又不限于哲学史的论域。在实质的层面,本书对"实践智慧"这一概念做了引申性的理论考察,并赋予其以更广的内涵。

于人并作用于实践过程,其中既凝结了相应于价值取向的德性,又包含着关于世界与人自身的知识经验,二者融合于人的现实能力。价值取向涉及当然之则,知识经验则不仅源于事(实然),而且关乎理(必然);当然之则和必然之理的渗入,使实践智慧同时呈现规范之维。在成己与成物(成就世界与成就人自身)的过程中,实践智慧联结了对世界的解释与对世界的变革,展现为"是什么"的理性追问与"应当成为什么"以及"应当做什么"的价值关切之间的统一。它在赋予智慧以实践品格的同时,也使实践获得了智慧的内涵。

一 解释世界与改变世界:走向融合

就现实的形态而言,实践智慧首先体现于人和世界的互动过程。从人与世界的关系看,人一方面以不同的方式认识与理解这个世界,另一方面又不断变革世界,使之合乎自身存在的需要。这里既涉及宽泛意义上的知行之辨,又在更实质的层面关乎解释世界与改变世界的关系。解释世界与"是什么"的追问相联系,其中内含着关于世界的知识经验;变革世界则基于"应该成为什么"的关切,后者渗入了不同的价值取向并进一步引向"应当做什么"的追问。"纯粹"的理论理性或知识经验往往主要关注"是什么"的问题,"纯粹的"实践理性或价值关切则以"应该成为什么"为首要的关切之点[1],相对于此,在实践智慧中,"是什么"与"应该成为什么"以及"应当做什么"不再呈现为彼此分离的问题:"是什么"的理论性追问,以不同的形式(直

---

[1] 康德意义上的实践理性首先关涉"我应当做什么",然而,从更广的层面看,即使在伦理的领域,"做什么"最终也与"成为什么"(成就什么样的人格)相联系。

接或间接)落实于"应该成为什么"以及"应当做什么"的实践性关切;"应该成为什么"以及"应当做什么"这一实践问题的解决,则以"是什么"的追问为其现实的根据。需要指出的是,这里所体现的"是什么"与"应该成为什么"以及"应当做什么"的沟通,与休谟所质疑的从"是"之中推出"应当",涵义有所不同。休谟视域中"是"与"应当"的关系,首先涉及逻辑之域,休谟所质疑的,主要是两者之间是否具有逻辑上的蕴涵关系。实践智慧论域中的"是什么"与"应该成为什么"以及"应当做什么"之间,则不限于狭义上的逻辑蕴涵关系,而是关乎广义的知行过程以及价值关系。从逻辑的层面说,"是"与"应当"之间确实不存在逻辑上的蕴涵关系,从而,我们也无法在演绎推论的意义上,从"是"之中推出"应当"。然而,从价值论的角度看,"是"与"应当"之间则呈现价值的蕴涵关系:在价值论的视域中,凡是真正有价值者,便是"应当"成为现实的;当我们判断某种存在形态具有价值时,这一判断同时也蕴含了如下预设,即相关的存在形态或价值"应当"成为现实。引申而言,某种行为如果"是"好的或善的(具有正面价值意义),那就"应当"去做。在此,以价值的蕴涵为前提,"是什么"与"应该成为什么"以及"应当做什么"之间,不再截然分离。舍勒已注意到这一点,他提出了"理想的应当"(ideal ought)的观念,后者包含如下涵义:"凡是有价值(善)的,便是应当实现的(应当做的)。"①就更广的知行关系而言,基于成己与成物的实践目标,"是什么"与"应该成为什么"以及"应当做什么"之间也形成了内在的关联:以价值关切为内容的实践意向,使"是什么"的认识既不断引向"应该成为什么"以及"应当做什么"的行动选择,又为后者提供了

---

① Max Scheler, *Formalism in Ethics and Non-formal Ethics of Value*, Northwestern University Press, 1973, pp. 210-211.

根据。在实践智慧的意义上肯定"是什么"与"应该成为什么"以及"应当做什么"的关联,体现的便是以上视域。

与"是什么"与"应该成为什么"以及"应当做什么"的以上沟通相联系,解释世界与变革世界的界限,也开始得到扬弃:对世界的解释,构成了变革世界的理论前提,变革世界的历史需要,则为解释世界提供了内在动力。质言之,以变革世界的实践关切接引对世界的理论解释,以解释世界的理论观念范导对世界的实践变革,构成了实践智慧的内在特点,在这一互动过程中,实践智慧同时联结了对世界的解释与变革。

以人的行动和实践过程为视域,实践智慧与前文所讨论的实践理性同时呈现出某种相关性:在不限于"解释世界"、以"变革世界"为指向等方面,实践智慧与实践理性无疑具有相通之处。① 不过,就其深层的内涵而言,实践智慧的内在特点在于以智慧为题中之义。在哲学的意义上,智慧首先与知识相对。从人与世界的关系看,较之知识以分门别类的形式把握经验领域的特定对象,智慧所指向的是关于事物以及世界的整体性认识。就内在的精神或意识之维而言,智慧涉及意识的不同方面:它既以理性为内容,又关乎情、意、直觉、想象等方面,从而以综合的形态展现了人的精神世界。宽泛地说,智慧不仅有其理论的向度,而且体现于实践之域。智慧的理论向度或理论层面的智慧不同于把握特定经验对象的知识,而是主要展现于对世界的形上理解,智慧的实践之维或实践层面的智慧则同时体现于改变世界的过程;前者可以视为形上智慧,后者则表现为实践智

---

① 关于实践理性的具体论述,参阅本书第六章。

慧,二者既有不同侧重,又在成己与成物的过程中相互关联。① 与整体地把握对象相联系,智慧在实践过程中的特点具体表现为以道观之,与之相涉的整体视域同时构成了智慧作用于实践过程的观念背景,后者又进而与具体的情景分析相融合。基于综合的内在精神世界,智慧则如后文将论述的,以"度"的原则为实践取向。

从以上背景理解实践理性与实践智慧的关系,则可以注意到,前者(实践理性)既表现为理性在实践过程中的运用,又可以看作是实践智慧在理性层面的具体体现:较之"以道观之"的智慧视域,实践理性更多地体现于对实践过程中的相关原则及规范的把握,与行动的多样展开也具有更切近的联系。同时,与实践智慧内含精神世界的多重方面有所不同,实践理性以判断、推论等理性活动为主要内容,其特点不在于以综合的形态展现人的能力,而是首先将人的能力置于理性的层面,其着重之点也相应地体现于理性的普遍原则和规范,康德在实践理性的论域中一再将普遍准则和普遍法则提到突出地位,也从一个方面展现了实践理性的如上特点。要而言之,实践智慧与实践理性都既体现了说明世界与改变世界的交融,也关联着人的内在力量(能力)、普遍的原则和规范,但二者的侧重之点又有所不同。

当然,从更广视域中知与行的互动过程看,说明世界与变革世界又各有其相对独立性。在后一意义上,形上智慧和理论理性以广义的"是什么"为主要的追问对象,这种追问包含着为求真而求真的趋

---

① 如所周知,亚里士多德曾区分了哲学智慧(philosophical wisdom)与实践智慧(practical wisdom),并认为哲学智慧关乎"按其本质是最高层面的事物"(参见 Aristotle, Nicomachean Ethics,1140b30-1141b5, *The Basic Works of Aristotle*, Random House, 1941, pp. 1027-1028)。本书所说的智慧的理论向度或"形上智慧"与亚里士多德的"哲学智慧"在某些方面具有一定的关联。当然,亚里士多德同时强调哲学智慧涉及科学知识与直觉理性(intuitive reason)的交融(Ibid., 1141b.5, p. 1028),本书则更侧重于形上智慧与实践智慧的相关性。

向,后者尽管并不直接以变革世界为目标,但它不仅对于深化关于世界的认识具有不可忽视的意义,而且通过推进对世界的理解而制约着对世界的变革。事实上,实践过程中理论理性与实践理性、形上智慧与实践智慧的统一,本身以肯定上述视域中形上智慧和理论理性的相对独立性为前提。就此而言,实践智慧以及实践理性所体现的说明世界与变革世界的统一,并不排斥形上智慧及理论理性相对独立的展开。

人不仅与世界发生知和行的关系,而且面临认识自己与变革自己(成就自己)的问题。中国哲学在肯定"自知""知人"的同时,又将"成己""成人"提到重要地位,已注意到了以上方面。"自知""知人"从狭义上看涉及认识自己与认识他人,就广义而言则意味着把握作为个体的人与作为类的人;"成己""成人"作为对"应当成为什么"的具体回应,相应地关乎个体(自我)的实现与群体(社会)的完善。以成己与成人为指向,"是什么"的追问具体化为"何为人"的探索,传统儒学的"人禽之辨"便以"何为人"作为追问的对象。对人的理解(人"是什么"),进一步构成了考察人应当如何"在"("应当做什么")以及应当"成就何种人格"("应当成为什么")的前提。在这里,同样可以看到"是什么"(理解人自身)与"应该成为什么"以及"应当做什么"(改变人自身—成就人格、完善群体)之间的联系,这种关联从人自身之"在"这一层面,展示了实践智慧的品格。①

---

① 伽达默尔曾对"实践知识"作了考察,并将这种实践知识与"技术"区分开来。按他的理解,在科学的时代,"技术概念"往往取代了"实践概念"。(参见〔德〕伽达默尔:《真理与方法》下卷,第 3 版后记,洪汉鼎译,上海译文出版社,1999 年,第 739 页)这种有别于"技术"的"实践知识",近于这里所说的实践智慧。与亚里士多德以来的传统相近,伽达默尔所理解的实践,首先与道德、政治等领域的活动相联系,对他而言,这一视域中的实践知识,同时又涉及造就人自身。(参见同上书,上卷,1999 年,第 404 页)伽达默尔的以上看法从一个方面注意到了实践智慧与"成己"的相关性。当然,对于实践智慧在更广意义上沟通说明世界与变革世界的内在趋向,则伽达默尔似乎未能给予充分的关注。

以成己与成物为指向,实践智慧同时有其形而上的依据。亚里士多德在谈到实践智慧(practical wisdom)的特点时,曾指出:"善于考虑的人具有实践智慧。没有人会去考虑那些不可改变的事物,也没有人会考虑他不可能加以作用的事物。"①这里的"考虑"以事物的改变为内容,它构成了实践智慧的题中之义。不难注意到,按亚里士多德的理解,实践智慧的作用,乃是基于事物可以加以改变,在以下表述中,亚里士多德更明确地指出了这一点:"实践智慧处理可改变的事物。"②这里蕴含如下的逻辑关系:实践智慧体现于对事物和人自身的改变,这种改变的实现,又以对象和人自身的可改变性为前提。由此作进一步的考察,则可看到:对象和人自身的可改变性固然表现为一种本体论的规定,但这种规定的价值意义,又通过人的实践过程而实现,在影响、作用于实践活动的过程中,实践智慧的本体论根据与价值意蕴也呈现内在的相关性。

宽泛而言,"应当做什么"既关乎价值取向,又与自我认同相联系。价值取向具体落实于价值目标、价值方向的确认,它从总的方面规定着实践主体对行为的选择。以个体与群体的关系而言,肯定并注重群体价值者,一般不会选择危害群体的行为。自我认同则包括两个方面,其一,普遍层面的认同,包括承认自己为"人"(亦即肯定自己为"人"这一"类"中的一员)、肯定自己为一定社会共同体中的成员,等等;其二,具体关系、境遇中的角色认同,如确认自身为"教师""学生""父""子",等等。前者表现为普遍意义上的社会归属,后者则同时具有身份定位的意义。价值取向为行为的选择、实践方向的

---

① Aristotle, *Nicomachean Ethics*,1140a30, *The Basic Works of Aristotle*, Random House, 1941, p. 1026.

② Aristotle, *Nicomachean Ethics*,1141b1, *The Basic Works of Aristotle*, Random House, 1941, p. 1027.

确定提供了总体的范导,自我认同则从不同方面为一定存在境域中行为的选择、实践方向的确定提供了现实的根据。以中国传统社会中的家庭伦理关系与道德实践而言,仁道所确认的价值原则(肯定人的内在价值)以及社会归属和身份定位层面的自我认同,具体地规定了父慈子孝的实践方式:"父"之慈与"子"之孝既以普遍层面上确认人的内在价值为前提(儒家仁道原则的核心就在于肯定人不同于物的内在价值),又基于"父"与"子"不同的身份、角色认定,前者决定了为善的定向,后者则规定了"慈"与"孝"等不同的行为方式。在这里,普遍的价值取向与特定的存在境域、类与个体、社会关系与历史背景彼此交错,实践智慧则体现于对这些相关方面的具体把握,这种把握进一步制约着"应当做什么"的实践选择。

亚里士多德曾对实践智慧的内涵作了具体阐释,并认为,实践智慧既体现于了解何者对自我及一般意义上的人有益,又涉及"合乎逻辑的、真实的能力形态",并以此"为人的利益而行动"[①]。与利益相关,意味着实践智慧以价值的关切为题中之义,也是在相同的意义上,亚里士多德认为实践智慧指向"一种好生活",并关乎人"总体上的有益生活"[②]。合乎逻辑体现了理性的品格;"为人的利益而行动"则是与价值追求相联系的实践活动,它以作用于世界并使之合乎人的需要为目标,其中内在地包含改变世界的要求。不难看到,对实践智慧的以上理解,无疑也在某种意义上注意到其联结"说明世界"与"改变世界"、"是什么"与"应当做什么"的内在特点。

以世界的变革与"应当做什么"的追问为指向,实践智慧在不同的层面都涉及目的性问题。从逻辑上看,在确认"应当做什么"之后,

---

① 参见 Aristotle, *Nicomachean Ethics*, 1140b5-20, *The Basic Works of Aristotle*, Random House, 1941, pp. 1026-1027。

② Aristotle, *Nicomachean Ethics*, 1140a25, *The Basic Works of Aristotle*, p. 1026.

可以进一步追问:"为什么应当做所选择之事?"后者便关涉目的性。同样,对世界的变革,也基于一定的实践目标(理想),这种目标(理想)同时表现为相关的价值目的。与价值目的的如上关联,构成了实践智慧不同于"纯粹"理性或理论理性的内在特点。

就最一般的层面而言,实践智慧所指向的价值目标,具体表现为成己与成物。此所谓成己,在广义上指成就作为个体或类的人自身(自我的完成与群体价值的实现),成物则既指化本然的实在为合乎人需要的存在,也包括社会领域的变革。以成己与成物为实质的内容,"应当做什么"的关切与"为何应当做"的追问彼此交错与重合,二者统一于实践智慧。当然,在不同的实践背景中,实践智慧的目标指向往往有不同的侧重。在社会领域,成就自己(个体的完善)与成就群体(社会理想的实现),常常成为主要关注之点;在人与物的关系中,化"自在之物"为"为我之物"则构成了更为主导的方面。

从哲学史上看,对实践或行动的目的性,存在着不同的理解。在道德实践的领域,道义论强调以道德原则作为行为的出发点,排除对行为结果的功利考虑,由此,实质层面的目的,每每也被置于视野之外:在道义论的论域中,考虑与行为结果相联系的目的,便意味着偏离道德之界。较之道义论要求在伦理层面超越目的意识,中国先秦的道家在更广的意义上表现出消解行动目的性的倾向。在谈到人的行为性质时,庄子曾指出:"无为为之之谓天。"[1]所谓"无为为之",首先相对于目的性的追求而言,其特点在于非有意而为;以"无为为之"为"天"的内涵,相应地包含扬弃目的性之意。与之相联系,对道家而言,理想的行为方式便是"动不知所为,行不知所之"[2],亦即无任何

---

[1] 《庄子·天地》。
[2] 《庄子·庚桑楚》。

行为的目的与意向,这里既意味着超越利害的计较,也包含以自然原则扬弃目的性的要求。

相对于以上进路,另一些哲学系统更多地表现出对目的的关注,功利主义在这方面具有一定的代表性:与注重行为结果相联系,功利主义将指向行为结果的目的放在重要地位。在目的与行动的关系上,功利主义具有二重性:一方面,它以获得幸福等功利的结果为行动的目的,就此而言,其目的之追求呈现某种一贯性;另一方面,对具体情景中何者为有利、何者有助于实现幸福,等等,功利主义的理解又具有多样、变易的特点。与后者相应,功利主义视域中的目的,往往呈现某种偶然、外在的特点:对极端形式的功利主义(如行为功利主义)而言,所有特定情景中可能具有的功利结果,似乎都可以成为意向的目标。目的的这种偶然化、外在化,在逻辑上容易引向各种形式的机会主义:任何行动只要能够实现当下确认的功利目的,便都可加以选择。

与以上二重趋向不同,实践智慧以目的之承诺为其题中之义,从而有别于道义论与自然主义从不同方面对目的之消解,同时又以成己与成物为目的之实质内涵,后者基于人在本源层面的存在价值,具有确定的价值内涵,正是在此意义上,亚里士多德认为,具有实践智慧的人不限于特定的利益,而是善于有意识地考虑"总体上的有益"[1],相对于功利主义之将目的偶然化、外在化,实践智慧无疑体现了不同的趋向。

扬弃对目的之消解与克服将目的偶然化,主要从价值承诺这一层面体现了实践智慧的目的指向。目的本身与理想存在内在的关

---

[1] Aristotle, *Nicomachean Ethics*, 1140a30-35, *The Basic Works of Aristotle*, p. 1026.

联,理想可以在不同形式的目的中取得具体形式,目的也可以体现并转化为理想,事实上,在不少情况下,目的与理想往往具有交错、重合的特点,如人生的目的与人生的理想便具有一致性。目的与理想的形成既与一定的价值取向相联系,又基于对现实的具体理解和把握。具有不同价值取向的人,其追求的理想及实践的目的也往往各异,而在多样的实践背景或行动情景中,目的也会获得不同的内涵。肯定人的内在价值,可以视为一种基本的价值取向,这种取向在人我关系中具体表现为以人为目的而非手段,在面对自我时,则意味着以"为己"(自我的完成和实现)为指向,而超越"为人"(仅仅以获得他人赞誉为鹄的)。在不同的历史时期,相应于多样的社会现实,以上目的和理想的具体内容以及表现形态往往呈现彼此相异的特点。

目的性与现实存在形态之间更实质的关联,体现于目的与法则之间。实践的过程既具有目的指向,又本于存在的法则(包括因果法则)。目的性赋予实践过程以"有为"的性质:目的使实践过程自觉地指向一定目标,从而既具有方向性,又表现为"有意而为之"。以存在法则为本,则使实践过程呈现某种"无为"的性质:遵循法则,要求实践主体避免仅仅从内在意向出发展开自我之"为"。单纯地强调"有为",容易导致以合目的性否定合法则性,仅仅讲"无为",则往往将以合法则性消解合目的性。在这里,实践智慧的特点在于化解合目的性与合法则性、有为与无为之间的张力,使二者在不同的情景中达到具体的统一。

与内含价值目的与价值取向相联系,实践智慧同时在逻辑上涉及不同的作用方向。就现实形态而言,价值可以呈现不同的性质,通常所说的正面价值与负面价值、肯定的价值与否定的价值,便体现了这种相异的价值性质。同样,价值目的与价值取向本身也往往包含不同的内涵。从终极的层面看,唯有体现走向自由这一人类发展历史趋势的价值取向,才具有正面的价值意义。作为实践智慧的内在构成,价值取向既制约着行动的方向,也规定着实践智慧本身的性质。正如知识既可以为实现正面的价值目标发挥作用,也可以运用于负面的价值目标一样,实践智慧也包含着作用于不同价值目标的可能。在这里,赋予实践智慧以积极的价值内涵,无疑具有不可忽视的意义。

不难注意到,以上视域中的实践智慧不同于技艺或操作性知识。技艺或操作性知识有一定的程式或动作要领,从手艺等制作活动到体育竞技活动,呈现此特点。尽管仅仅懂得要领并不一定意味着做得好,但遵循要领(程序)却是技艺或操作性知识的前提。与之不同,实践智慧无法以程式、要领来限定。技艺或操作性知识往往运用于完成既定的目标、计划,实践智慧则体现于解决具体境遇中面临的问题,后者固然也涉及计划,但更侧重于解决计划实施过程中无法预期的各种问题。技艺或操作性知识通常基于已有的经验:经验对技艺的运用具有首要的意义,实践智慧则既与以往经验相联系,又关乎新的或特定的境遇、背景、情景,其运用更多地基于对特定情景的分析:如后文将进一步分析的,在实践智慧中,一般原理总是与特定情景相结合。技艺或操作性知识指向确定的结果,其内在要求是合乎一定的标准、规范:手工劳动要求合乎技术规范,体育等技艺活动要求合乎动作要领,如此等等。相形之下,实践智慧更多地涉及在不同的情景之下对规范的创造性运用。此外,技艺或操作性知识主要涉及人与对象的关系,实践智慧则既与人与对象的互动相关,也体现于更广意义上人与人的交往过程。

二 原则的引用和情景的分析

实践智慧所内含的目的之维,内在地规定了实践和行动的方向。从心物关系看,目的关乎存在的法则;以知与行的互动为视域,目的又与手段相联系。作为价值取向的体现,目的规定了"应当做什么";以目的之实现为指向,手段则主要涉及"应当如何做"的问题。"应当做什么"与"应当如何做"在逻辑上相互关联:前者以价值层面的理性关切为内涵,后者则更多地体现了工具层面的理性思虑。在实践智慧中,"应当做什么"所内含的价值理性与"应当如何做"所关涉的工具理性既对应于目的和手段,又彼此呈现相互交融的形态。

就实践过程而言,目的涉及实践的目标,手段则关乎达到目标的具体方式或途径。实践的目标与实践的方式之间本身并不存在直接的联系,二者的关联往往需要通过实践推理或实践推论的方式建立起来。实践推理或实践推论(practical reasoning)在逻辑上包含如下方面:形成某种目的,并希望实现这种目的;基于对具体条件的分析,以确定实现以上目的的方式和手段;选择这种方式和手段,以实现相关目的。这种推论不同于"是什么"的追问,而是着重于沟通"应当做"与"如何做",并由此联结目的与手段。从推论的方式看,由目的到手段的进展,并不仅仅表现为一种形式层面的程序性过程,而是涉及实质层面的情景分析。事实上,实践推论的一般特点便在于:就推论的指向而言,它主要不以说明世界为目标,就推论的方式而言,它则不囿于逻辑的形式,而更多地涉及实质的背景与条件。这里可以同时对实质的推论与形式的推论作一区分。与形式推论主要基于前提与结论之间的逻辑关联有所不同,实质推论(material inference)的特点在于不限于逻辑的形式而以存在的规定以及概念的内涵为其根据,布兰顿已注意到这一点,在他看来,实质的推论是一种与本体论相关的、"建立在内容之上的推理"(content-based reasoning),它"涉及前提与结论之间非逻辑的概念内容"①。非逻辑的概念内容既牵涉事物的现实规定,也关乎事物之间的实际联系。以日常生活而言,从"空中出现了闪电",可以推出"很快会听到雷鸣"。这种推论便属于实质的推论,它的依据不仅仅是概念之间形式的逻辑关系,而更多的是"闪电""雷鸣"这些概念所包含的实际内容,后者同时又涉及现实的事物(现实中的闪电、雷鸣)以及他们之间的关系:在现实的世界中,闪电和雷鸣具有事实层面的内在联系,实质的推论便基于如上的现实联系。在社会领域,可以进一步看到具有价值意义的实质推论,如"多行不义必自毙"。从"多行不义"引出"必自毙",这种推论同样不限于形式而包含实质的内容,其中涉及"不义""自毙"这些概念的具体内涵以及相关的存在形态:"不义"意味着完全悖离一定社会所普遍接受的规范,从而为社会所不容、为共同体所拒斥,如果所作所为一再"不义",则终将自绝于正义的人们、自绝于社会,并最后走向自我毁灭。实践推理(practical reasoning)在推论的具体进路上显然与实质推论(material inference)具有更内在的关联,其关注之点也相应地首先在于现实的存在背景。当然,这并不意味着实践推论与逻辑形式完全无涉,事实上,尽管实践推论不同于单纯的形式化推绎,但在基于现实的背景及实践需要的同时,其展开的过程总是同时蕴

---

① 参见 Robert B. Brandom, *Making It Explicit*, Harvard University Press, 1994, p. 101, p. 102。在布兰顿之前,塞拉斯(W. Sellars)已提出"推论的实质规则"(material rule of inference)这一概念(参见 W. Sellars, "Inference and Meaning", in J. Sicha, ed. *Pure Pragmatics and Possible World: The Early Essays of Wifrid Sellars*, Ridgeview Publishing, 1980)布兰顿关于实质推论的看法可以视为对塞拉斯相关观念的引申。

涵着对相关环节之间内在逻辑关联的确认。

通过实践推论而使目的与手段彼此沟通,同时可以理解为根据目的以选择手段的过程,这种选择,离不开实践智慧的作用。亚里士多德曾指出了这一点:"实践智慧则使我们选择正确的手段。""没有实践智慧,选择就不可能正确,正如没有德性,选择就不可能正确一样。"①在此意义上,与实质推论(material inference)相关联、将目的与手段联结起来的实践推论方式,可以看作是实践智慧在思维过程中的体现。

以实践推论为中介而沟通目的与手段,同时为扬弃目的之主观性提供了前提。目的在形成之时,往往呈现主观的形态,按黑格尔的看法,"目的最初仅仅是内在的东西,主观的东西"②。作为实现目的之具体方式与途径,手段将目的引向了现实的实践过程,并由此使之走出观念之域。通过实践的过程,目的之主观性进一步被克服和扬弃,事实上,目的实现的过程,同时也是目的之主观性被扬弃的过程。从存在的层面看,当人的实践活动尚未对其作用之时,事物常常呈现本然的性质。这样,运用一定的手段、通过某种方式而展开的实践活动,便获得了双重意义:一方面,它扬弃了事物的本然性,使之打上人的印记,成为合乎人的需要的存在;另一方面,它又扬弃了目的的主观性,使之化为现实的存在形态。这种双重扬弃既是实践推论从观念走向行动的过程,又是实践智慧作用于现实存在的过程,它在确认实践推论旨在改变世界的同时,也使实践智慧的"实践"品格得到了具体展现。

---

① Aristotle, *Nicomachean Ethics*, 1144a5, 1145a5, *The Basic Works of Aristotle*, p. 1034, p. 1036.
② 〔德〕黑格尔:《法哲学原理》,范扬、张企泰译,商务印书馆,1982年,第20页。

从另一方面看,手段诚然为扬弃目的之主观性提供了前提,但它本身又受到目的的制约。目的所具有的价值性质,往往为手段的选择规定了方向,具有正面价值意义的目的,总是要求将手段限定在合理的限度中,不容许"不择手段"。在某些场合,为了实现正当的目的,也许需要使用某种非常规的手段,这种手段甚至可能偏离既成的规范。然而,即使在这种情况下,手段的"非常规性"也有其限度:实践过程可以在目的正当的前提下灵活地选择某种非常规的手段,但后者不能悖离根本的价值原则。质言之,实践过程要求以正当的目的引导手段的恰当选择,不允许以目的之正当为手段的不正当辩护。事实上,就否定的意义而言,手段的卑劣,往往折射了目的的不正当。在这里,实践智慧既表现为以手段扬弃目的所内含的主观性,也体现在以正当的目的引导手段的合理选择,而目的与手段之间的沟通,则进一步呈现为二者之间的互动。

如前所述,目的既基于一定的价值原则,又展示了一定的价值取向,就此而言,它更多地与价值理性或理性在价值层面的运用相联系。相对于此,手段作为实现目的之方式和条件,其选择固然也涉及价值的取向,但它的作用较为直接地体现于能否实际地实现目的,从而也更多地涉及工具理性或理性在工具层面的运用。价值理性的问题首先是正当与否,相应地,对于目的,我们可以追问并判断其是否正当;工具理性的问题更直接的指向是否有效(能否有效地实现目的),从而,对于手段,我们所关切的主要是其有效性。在此意义上,当目的与手段在实践智慧中彼此沟通时,不仅"应当做什么"与"应当如何做"得到了内在的联结,而且价值理性与工具理性也开始呈现统一的形态。

作为目的之根据的价值原则,往往包含普遍的内涵,手段的具体运用,则关乎特定的情景,这样,目的与手段的互动,同时又涉及一般原则与特定情景的关系。以实现一定目的为指向的实践过程无疑离不开普遍的观念、规范,包括一般的价值原则、理论所蕴含的普遍规定或规则,等等,这些理论、观念、规范、规则从不同的方面,为行动过程提供了普遍的引导。然而,从现实的实践过程看,行动主体所处的社会关系、所面对的环境往往各异,行动由以展开的背景及所涉的境域也总是具体多样、变动不居;无论是变革世界的活动,抑或社会领域中人与人的交往,都是如此。一般的规范和原则无法穷尽行为与情景的全部多样性与变动性,那么,如何将这些一般原则和规范应用于具体的情景?这里,便发生了一般原则的引用与情景分析的关系。在具体的实践过程中,一般原则的引用与情景的分析、判断相互结合,是选择、确定适当行为方式的前提,而在二者如何沟通方面,不存在一成不变的程式,它需要诉诸实践智慧。具体而言,这里可以表现为根据现实的情景,对某种原则运用之域及运用方式作相应的规定。以"说真话"的原则而言,其运用便需要视具体情况而定。当恐怖主义者出于毁灭众多无辜生命的目的而试图了解有关的信息、一旦向他提供这方面的真实信息,便可能导致灾难性后果(众多人将被夺去生命)之时,"说真话"的原则便应当加以限定。当然,这并不意味着简单地否定一般的原则,事实上,在以上情况下,拒绝提供真实信息(对"说真话"的原则作出变通),同时意味着遵循更普遍的原则——维护人的生命存在这一基本的人道原则。可以看到,这里一方面表现为根据具体的情景对某种原则作适当限定,另一方面又展现为基于具体的情景分析,将某种行为准则纳入更普遍的原则,并以后者(更普遍的原则)引导人的实践活动。① 以上过程的展开,本身表现为实践智慧的具体运用。

一般原则与特定情景的关系,在"理一分殊"的观念中得到了某种折射。"理一分殊"是宋明时期的重要哲学命题,尽管其最初的涵义主要侧重于道德关系,但随着理学的演进,其义已不限于伦理之域。从广义看,"理一"涉及一般的原则,"分殊"则关乎多样的情景。作为一般的原则,"理一"以普遍性为其内涵;"分殊"则更多地与特殊或差异相联系。在理学看来,一般的原则固然不可或缺,但仅仅执着于"理一"而未能关注"分殊",则原则本身将流于空疏和抽象,从而难以落实:"不知万殊各有一理,而徒言理一,不知理一在何处。"唯有结合"分殊","理一"的意义才能充分展现:"盖能于分殊中事事物

---

① 康德曾在《论从利他动机出发说谎的假定权利》一文中强调,在任何情况下人都不应说谎。在他看来,说谎总是会伤害另外一个人:如果不是伤害某一个体,就是伤害普遍意义上的人类,因为说谎将有损于法则自身之源(it vitiates the source of law itself)。这里包含二重相关前提:其一,之所以不能说谎,首先在于说谎将伤害人(作为个体或作为类的人)。其二,说谎之所以伤害人,在于其有损法则自身之源。就第一个方面而言,它所体现的是人道原则(the principle of humanity),这与康德肯定人是目的无疑具有一致性,而从维护人的生命价值这一考虑出发不向恐怖主义者提供真实情况(或对其说谎),无疑在实质的意义合乎这一原则:它意味着在本源的层面避免伤害人。就第二个方面而言,这里的根本问题不是要不要法则,而是将什么样的法则放在更优先的位置:不说谎作为道德规则首先体现了交往的真实性要求,对恐怖主义者说谎则从维护人的生命价值这一层面体现了人是目的这一普遍的人道原则,就此而言,后者并非一般地否定道德的法则,而是把人是目的这一普遍法则放在更优先、更本源的层面。从以上方面看,康德无条件地反对任何形式的说谎,与这一主张本身所蕴含的前提显然存在内在的张力。康德在同一论文中也曾例举过是否应对凶手说谎的例子,但其分析主要侧重于以下可能的情境:你虽认定凶手试图谋杀的人在家,但却向凶手谎称那人不在,而事实上,那人也许确实出去了。结果,凶手可能在离开谋杀对象的住所时,在外面遇到那个他试图谋杀的人,并将其杀死。相反,如果你如实地按你所告诉凶手,那么,凶手可能在搜寻谋杀对象时被邻人发现,从而其行为也将由此被阻止(参见 Kant, On A Supposed Right To Lie From Altruistic Motives, in *Critique of Practical Reason and Other Writings in Moral Philosophy*, ed. and trans. by Lewis White Beck, University of Chicago Press, 1949, pp. 346-350)。这一分析主要着眼于各种可能的巧合以及由此形成的不同结果,而多少回避了其前述主张所涉及的实质关系及其内在张力。

物,头头项项,理会得其当然,然后方知理本一贯。"①"当然"与人之"行"相涉(应当做什么或应当如何做),在这里,"理一"与"分殊"统一的实践意义在于具体地沟通一般原则的引用与特定情景的分析,它从一个方面体现了中国传统哲学对实践智慧的理解。

在近代哲学中,康德对行为的规范性给予了较多的关注,这一点突出地表现在道德实践的领域。康德所肯定的基本道德法则之一便是:"仅仅这样行动:你所遵循的准则(maxim),同时应当能够成为普遍的法则(universal law)。"②按照康德的看法,"实践领域一切合法性的基础,客观上就在于规则及普遍的形式(the form of universality)"③。普遍的道德规范主要表现为形式因,由强调行为的规范性,康德进而将形式因(普遍法则)视为行为的动力因,强调道德行为决定于道德法则。对行动之规范性的肯定,无疑有见于实践需要规范的引导,但同时,康德对道德实践的情景性、具体性未能给予充分的关注:作为无条件的绝对命令,道德法则超越于一切情景。道德原则诚然具有超越特定情景的一面,但其现实的作用,又是在具体的道德境遇中实现的,对某一情景中"应当做什么"与"应当如何做"的判定和确认,既离不开一般法则的引导,也需要考虑相关的境遇。一般的法则如果游离于具体情景,便往往容易流于抽象的形式,其现实的规范作用也难以真正实现。

与以上进路相对,一些哲学家每每表现出另一偏向,即把关注之点主要指向特定情景。在实用主义者(如杜威)、存在主义者(如萨

---

① (宋)朱熹:《朱子语类》卷二十七,《朱子全书》第 15 册,上海古籍出版社、安徽教育出版社,2002 年,第 975 页。

② Kant, *Grounding for the Metaphysics of Morals*, Hackett Publishing Company, 1993, p. 30.

③ Ibid., p. 38.

特)那里,便不难看到这一点。杜威将具体情景中的探索与解题提到重要地位,并突出了行动的特殊性,认为"行动总是特殊、具体、个体化、独特的"①。萨特强调个体在行为选择中的决定作用,并将这种选择视为既无前例可循,又无普遍之则可依的过程,等等,都表明了这一点。由强调情景的特殊性及个体作用,实用主义和存在主义常常将情景的特殊性与规范的普遍性视为相互排斥的两个方面,并倾向于以前者消解后者。在否定普遍性的前提下突出特殊性,往往引向强化境遇与行动的相对性,后者在逻辑上无疑容易导致相对主义。

以实践智慧沟通一般原则与特定情景,意味着扬弃以上二重偏向。一般原则若停留于自身而不落实于具体情景,便往往不仅具有抽象的性质,而且容易衍化为超越的教条,在此形态下,其现实性的品格也每每难以得到体现;特定情景中的问题如果仅仅以经验的方式来解决,则常常也会呈现自发性和盲目性。当一般原则运用于特定的情景时,一方面,原则本身通过引导人们解决特定情景中的问题,开始由抽象向现实过渡,另一方面,特定情景中的经验在一般原则的规范之下,也逐渐由自发、盲目向自觉的层面提升。在这里,实践智慧的特点既在于扬弃一般原则的抽象化与教条化,使之在特定的情景中获得具体的内涵与现实的品格,又表现为克服经验的自发性与盲目性,使之在一般原则的引导下获得自觉的品格。从历史上看,亚里士多德在肯定实践智慧关涉总的利益的同时,又指出:"实践智慧不仅考虑普遍,而且考虑特殊,后者由经验而为人所熟知。"②总体利益每每体现于普遍的价值原则,特殊事物则涉及特定情景,这

---

① J. Dewey, Reconstruction in Philosophy, in *John Dewey:The Middle Works, 1899-1924*, Southern Illinois University Press, 1988, p.175.

② Aristotle, *Nicomachean Ethics*, 1142a10-15, The Basic Works of Aristotle, p.1030.

样,实践智慧指向具体事物,同时也意味着普遍原则与特定情景的沟通,而经验的引入,则包含着对一般原则抽象性的扬弃。在相近的意义上,黑格尔认为,"为了能够实现,善还必须得到特殊化的规定"①。这里的"善"也与一般的价值原则、义务相联系,善的特殊化,涉及一般原则、义务的特殊化,其中同样蕴涵着一般原则在具体情景中的现实化问题。伽达默尔在谈到实践知识时,也已注意到其与情景分析的关联。按他的理解,实践知识是"针对具体情况的,因此它必须把握情况的无限多的变化"②。这里亦涉及一般的观念与特定境域的相关性。不难看到,亚里士多德、黑格尔以及伽达默尔已从不同方面有见于实践智慧沟通一般原则与多样情景的内在特点。按其本来形态,实践智慧不同于个体的偶然意识,其中包含着对普遍原则和规范的认同和接受,这种认同和接受随着知与行的展开而逐渐内化、沉淀于主体的实践智慧。上述过程既使实践智慧本身获得了内在的规范意义,也为一般原则与多样情景在实践智慧中的沟通提供了现实的根据。

  从更广的层面看,一般原则与特定的情景之间的关系,并非仅仅呈现为泛然的互动。相应于知与行的不同过程,二者的关系往往具有不同的侧重。在以说明和解释世界为指向的理论活动中,认识过程更多地侧重于从特殊走向普遍,事实上,一般原则、规范的形成,总是伴随着对特殊、多样规定的扬弃。然而,在以变革世界为指向的实践活动中,一般的原则、规范却常常面临着从普遍走向特殊的问题,如黑格尔已从一个方面注意到的,后者在某种意义上意味着一般原则的特殊化。在实质的层面,上述意义上的"特殊化"既意味着一般

---

① 〔德〕黑格尔:《法哲学原理》,范扬、张企泰译,商务印书馆,1982 年,第 137 页。

② 〔德〕伽达默尔:《真理与方法》上卷,洪汉鼎译,上海译文出版社,1999 年,第 26 页。

原则在特定情景的运用,总是具有条件性;也表现在:通过与现实背景的结合,体现一般原则的抽象理论开始被具体化。这里需要对条件的作用给予特别的关注。在实践过程中,条件的引入,常常使实践过程及其方式具体化。以自然与人的互动而言,下雨对人的实践有益还是有害? 抽象地看,这一问题具有模糊性,但若引入抗洪或抗旱这类条件,则问题便变得清晰:在抗洪的条件下,下雨对人的行动不利;在抗旱的背景下,下雨则有益于人。同样,在经济活动中,是否应该降低银行的利率? 一般地提出这一问题,往往无法做出确定的判断,但若引入与经济发展的特定状态相涉的条件,则问题便变得具体化:在经济发展滞缓、物价处于相对低位等条件下,应该适当降低银行的利率;反之,经济运行如果过热,物价又居高不下,则利率便不宜降低。以实践的历史展开为视域,一般原则的特殊化,总是伴随着条件的引入。

　　一般原则特殊化的实质涵义,也就是一般原则的具体化。在这一过程中,一方面,原则的普遍引导意义不能被消解,另一方面,原则本身又需要与不同的条件、背景相融合而获得具体规定,适当地定位以上两个方面,构成了实践智慧的内在要求。从现实的情形看,对行动具有实际规范意义的往往既不是纯粹的普遍原则,也非单纯的特定情景,而是具体的实践判断,这种判断一方面以普遍的规范为根据,另一方面又基于特定的情景,它构成了规范的具体形态,并实际地引导相关的实践活动。在这里,特定情景与普遍规范的统一,具体地表现为从普遍原则出发,对特定情景作出包含规范性的实践判断,后者同时可以视为实践智慧在普遍与特殊互动中的表现形式。

　　综而论之,在实践过程中,一方面,普遍的原则需要特殊化,另一方面,特殊的经验则需要普遍化。康德曾区分了判断力作用的两种形态:在普遍的东西(如规则、原理、法则)被给予的前提下,判断力表现为通过这种普遍的东西(规则、原理、法则)将特殊收摄于其下;在唯有特殊被给予的情况下,判断力则需要找到普遍的东西。与第一种形态相关的是规定性的判断力,与第二种形态相涉的则是反思性的判断力。① 在引申的意义上,普遍原则的特殊化更多地与康德所说的规定性的判断力相关,其特点在于以普遍统摄特殊;特殊经验的普遍化则涉及反思性的判断力,其特点在于通过发现或确认普遍的原则而将特殊归属于这种普遍原则。以上过程的完成,以普遍原则与特定情景的结合为前提,在二者的如上互动中,普遍原则通过走向特殊而不断扬弃自身的抽象性,特殊经验则在普遍原则的引导下逐渐获得自觉的形态。

一般而言,实践(行动)过程既渗入了理论性的知识,又涉及实践性知识。理论性的知识更多地关乎"是什么"(knowing that),其内容通常不限于特定的行动情景:它既非形成于该情景,也非仅仅适用于该情景。实践性的知识则较直接地涉及"如何做"(knowing how),其内容与特定的行动情景具有更切近的关系:尽管其中也包含普遍的内涵,但这种内涵往往与具体的情景分析相联系,并融合了对相关情景的认识和理解。当然,理论性的知识与实践性知识本身并非彼此隔绝,事实上,当理论性知识运用于具体情景时,其本身便不仅取得了现实的品格,而且也被赋予实践的意义,当代哲学家冯契所提出的"化理论为方法",其内在的含义便是通过理论与具体实践情景的结合,使关于"是什么"的理论性知识,转换为关于"如何做"的实践性知识。广而言之,理论既源于现实,又还治现实,这里的"治"不仅是指认识论意义上以一定理论概念去整理经验材料,使之获得内在条理,而且也意味着在实践的层面为人的行动提供范导,由此进一步变

---

① 参见 Kant, *Critique of Judgment*, Hafner Publishing Co., 1951, p. 15。

革现实。以现实指向与情景分析的交融为进路,实践智慧既不断地化解理论性知识与实践性知识之间的张力,又从一个方面为理论之源于现实与还治现实的统一提供了现实担保,而通过现实化与情景化,实践智慧本身也取得较为具体的形式。

从实践过程考察一般理论与具体情景的关系,同时涉及理想性与理想化之辨。一方面,无论是成己(成就自我),抑或成物(变革世界),实践活动总是要求超越现实的形态、走向理想之境,在此意义上,实践过程无疑包含理想性。事实上,当一般的理论转换为规范实践过程的具体计划、方案之时,理想性的内容往往便渗入于其中。另一方面,实践所展开的特定背景,实践过程所涉及的问题,又具有多样、具体的形态,实践过程同时需要切实地把握这种具体性、特殊性,而不能以理想化的方式对其加以消解。在这里,显然应当给予理想性与理想化的区别以必要的关注。理想化所涉及的,主要是以理论的方式把握世界的过程,在自然科学的研究中,这一方式得到了多方面的体现。作为科学研究手段的实验,便常常使用理想化的方式,其特点表现为略去某些规定或关联,在比较纯化的条件下考察相关对象。这种理想化的方式也往往被运用于自然科学之外的领域,如分析哲学经常运用的思想实验,便可视为理想化的方式,现象学所提出的悬置判断,也具有某种理想化的趋向,即悬置具体的存在及思想背景。以上形态中的理想化,每每呈现抽象性的特点:在略去多样的规定、不同的关联以及现实背景之后,相关的对象往往同时被抽象化。从理论的视域看,以理想化的方式考察世界无疑体现了说明世界的某种需要,在科学的研究中,这一点得到了较真切的体现。[1] 然而,从

---

[1] 当然,在分析哲学的思想实验以及现象学的悬置判断中,理想化的方式每每由抽象化而导向片面化,它从一个方面表现了以理想化的方式说明世界所具有的限度。

实践的视域看,存在的具体形态却构成了现实的出发点:这里的重要之点,不是以理想化的方式以一消解多,相反,它所需要的恰好是对多样的规定、不同的关联以及现实背景的关注。由此,不难看到实践过程中理想性与理想化之间的张力,这种张力的化解,同样离不开实践智慧:在肯定理想性的同时,又扬弃理想化、从理想走向现实,构成了实践智慧的内在趋向。从另一方面看,理想的形成既以内在于现实的必然之道为根据,又渗入了人的价值关切,而在必然之道与价值关切之后,则蕴含着对普遍的存在法则与一般的价值原则的承诺,与之相联系,对理想性的肯定同时意味着确认普遍的原则。理想化的过程则如前所述,包含着对多样规定、现实情景的悬置,对理想化的扬弃,相应地意味着关注具体情景。要而言之,在理想化与理想性之别的背后,既存在着说明世界与改变世界的不同趋向,又不难注意到抽象与具体、一(一般原则)与多(多样情景)的分野,以实践智慧化解理想性与理想化的张力,可以看作是沟通一般原则与具体情景的逻辑引申。

三 "合度"与"中道"

以说明世界与改变世界的统一为指向,实践智慧在更为内在的层面上表现为对"度"的把握。作为哲学范畴,"度"的基本涵义是质与量的统一。黑格尔曾对此作了较为系统地阐释,在他看来,"质与量统一于度,存在由此得到完成"[①]。由此加以引申,则"度"又指一定事物的相关规定或相关方面之间适当而具体的融合,这种融合与

---

① Hegel, *Hegel's Logic*, Translated by William Wallace, Clarendon Press, 1975, p. 157.

统一既保证了事物性质的稳定性与延续性,又使事物处于一定条件之下最合适的形态。超出了一定的限度,事物的性质便会发生变化,这种限度,黑格尔称之为"临界线"或"交接线"(Nodal line)。① 对度的以上理解,主要侧重于本体论的维度。"度"同时蕴含实践的意义:实践过程中的判断、选择,基于存在形态本身的统一和限度,本体论层面的存在形态,则为实践过程中的判断和选择提供了根据。② 对"度"的如上把握,进一步涉及实践智慧的作用方式。

前文曾论及,在实践过程的展开中总是面临多样的关系,包括对世界的实践关切与理论解释、行动的合目的性与合法则性、应当做什么(目的)与应当如何做(手段)、一般原则的引用与特定情景的分析、理论性知识的参照与实践性知识的应用,等等。实践关系中以上方面的定位既无确定不变的标准,也无普遍一律的程式,其处理、协调离不开对"度"的把握。事实上,"度"作为实践智慧的作用方式,其意义首先便体现在对上述实践关系的合理处理。实践关系中的相关方面需要扬弃彼此的分离、对峙而达到内在的沟通,然而,如何以最适当的方式对其加以沟通?这里便需要把握具体的度:在以上方面,把握"度"的意义在于通过对一定条件下实践需要、特定背景、存在法则、普遍原理等等的具体分析,使实践关系所涉及的不同方面达到适合于或有利于实践过程展开的统一形态。中国哲学曾提出如下观念:"抱道执度。"③ 道表现为统一的原理,"抱道"也就是以统一的

---

① Hegel, *Hegel's Logic*, Translated by William Wallace, Clarendon Press, 1975, p. 160.

② 黑格尔在从本体论层面阐释"度"的观念时,也涉及了其实践意义,他曾以开支为例对此作了分析,认为一旦超过了一定的度,则"原来被视为节省的行为,便可能转化为奢侈或吝啬"。Hegel, *Hegel's Logic*, Translated by William Wallace, Clarendon Press, 1975, p. 159.

③ 《黄帝四经·道原》。

原理为知与行的根据，"执度"在此首先意味着把握普遍的准则和规范。引申而言，在"抱道"的前提下"执度"，既关乎存在的统一形态，也涉及实践过程中相关方面的内在统一。

从本体论上说，"度"与事物的存在形态和方式相联系。某物之为某物，有其一定的"度"：在一定的"度"之中，它呈现为某物，超出此"度"，则不复为原来意义上之物。进而言之，事物的内在之序及存在的稳定性，也关乎"度"，只有在一定的"度"之中，事物才能保持内在之序并获得存在的稳定性。在此意义上，"度"涉及事物存在的界限、范围。荀子在谈到"礼"的作用时，曾指出："礼起于何也？曰：人生而有欲，欲而不得，则不能无求，求而无度量分界，则不能无争，争则乱，乱则穷。先王恶其乱也，故制礼义以分之，以养人之欲，给人之求。使欲必不穷乎物，物必不屈于欲，两者相持而长，是礼之所起也。"① 这里所说的"度量分界"，便是指事物存在和变化的一定界限或范围。在社会领域的不同时期，生存资源的分配都有其"度"，对已有资源的索求如果超出此"度"，则社会便会无序化，而资源的分配又以社会成员各安其位为前提。礼的作用就在于将不同的社会成员安置于一定的"分界"之中，使之都按其特定之位索求和获取资源，彼此互不越位，由此保证社会的有序和稳定。荀子对社会结构、度量分界的理解无疑有其历史性，但这里或多或少已注意到了"度"的意义。从现实的层面看，对"度"的把握确乎表现为真切地了解事物有序存在的界限，而实践智慧则在于通过把握"度"，将事物的变化保持在一定的界限之内，避免由超越界限而走向无序。

作为实践智慧的表现形式，"度"的观念同时与"中道"相联系。从哲学史上看，儒家很早已提出"中道"或"中庸之道"的主张，孟子

---

① 《荀子·礼论》。

便要求"中道而立"①,荀子也肯定:"道之所善,中则可从,畸则不可为。"②此所谓"中",并不仅仅是量的概念。从量的概念去理解,"中"大致表现为与两端等距离的那一点,然而,中国哲学所说的"中",更多的体现为实践过程中处理、协调各种关系的一种原则。这种原则,与道本身的涵义具有内在联系。在天道的层面,道首先表现为多样的统一。从多样的统一这一视域看,"中"就在于使统一体中的各个方面彼此协调。千差万别的事物同处于一个系统,如何恰当地定位它们,使之各得其所?这就是"中"所涉及的重要方面。道同时体现于变化过程,表现为发展的原理。从过程的角度来看,"中"则关乎不同演化阶段、环节之间如何协调的问题。无论是统一体中各个方面的适当定位,抑或过程中不同环节的协调,都既无一定之规,也没有一成不变的程序,它需要根据实践生活的具体情形来加以把握。这种协调与定位作用同时体现了合乎"度"的实践智慧。

　　以中道为形式的实践智慧,展开于不同的方面。就个体的精神生活而言,如《中庸》已指出的,喜、怒、哀、乐等情感的流露,都要"中节",亦即把握适当的分寸,达到恰到好处。"过"与"不及"都是精神缺乏和谐、统一的表现,与之相对,精神层面的和谐应当保持在一定的"度"之上。在这里,"中道"与"合度"呈现为统一的形态,二者的交融体现了精神生活与人格涵养中的实践智慧。在引申的意义上,"中道"同时意味着合乎道,这里的道既指存在的法则,又表现为普遍的价值原则。作为存在过程中的最适宜形态,"中道"一方面与存在法则一致,另一方面又体现了普遍的价值原则,与之相联系,"中道"与"合度"的统一,也以合乎存在法则与合乎价值原则为其深层内涵。

---

① 《孟子·尽心上》。
② 《荀子·天论》。

在中国哲学中,上述意义上的"中道"常常又通过"经"和"权"的关系得到展示。所谓"经",主要是指原则的普遍性、绝对性,"权"则是对原则的变通,后者的前提是对不同境遇的具体考察。通过具体的情景分析使"经"和"权"之间得到适当协调,这也是"中道"的体现形式之一。孔子曾指出:"君子之于天下也,无适也,无莫也,义之与比。"①"义"本来指当然,但当它与"无适""无莫"相联系时,便同时带有了适宜之意。面对天下各种复杂的对象和关系,人既不应当专执于某种行为模式(无适),也不应绝对地拒斥某种模式(无莫),而应根据特定境遇,选择合适的行为方式。这种"无适"和"无莫",具体表现为在绝对地专执于某种行为模式与绝对地排斥某种模式之间保持中道,它既基于特定的境遇分析,又展现了把握"度"的实践智慧。

就现实的过程而言,对"度"的把握,既需要运用理性的能力,也离不开想象、直觉、洞察等方式,后者的共同之点,在于以不同于一般理性或逻辑思维的方式,展示了人把握世界与人自身的内在力量。就想象而言,其特点首先表现为基于现实及既成的知识经验而又超越现实的存在形态及与之相应的知识经验,并由此敞开和发现更广的可能之域(包括事物及观念之间可能的联系)。以可能之域为指向,想象同时为创造性的把握世界提供了自由的空间。同样,通过扬弃程式化的思路、简缩习常的探索环节、转换思维的方式,直觉使人不为已有界域所限定,以非推论的方式达到对世界和人自身新的理解和领悟。与想象和直觉相联系的洞察,则进一步指向事物根本的、具有决定意义的联系、方面和规定,并赋予理解以整体性、贯通性的品格。在判断中,人的能力得到了更综合的体现。判断基于人的诸

---

① 《论语·里仁》。

种能力,同时又涵摄了多方面的认识信息,从而,在更普遍的层面体现了实践智慧的综合性。具体而言,判断以理性、感知、想象、直觉、洞察等方面的交融和互动为前提,表现为直观、分析、比较、推论、决断等活动的统一。作为一种具有综合性质的能力,判断基于人自身存在的具体性:能力的综合统一,以人自身在身与心、个体规定与社会之维等方面的统一为本体论的前提。就作用方式而言,判断的特点首先体现于联结与沟通,后者既涉及上述不同能力之间的交融,也以观念形态与外部对象之间的关联为内容。引申而言,前文所提到的一般原则与特定情景的沟通,等等,都涉及不同能力的综合运用。尽管在形式的层面上,对实践过程中各种"度"的把握有时呈现出直接性、顿然性,但从实质的方面看,即使在以上情况下,依然渗入了不同能力的综合运用。

作为实践智慧的具体作用方式,"度"的观念一方面涉及价值取向或价值目标,另一方面又基于对世界的认识与理解,二者同时凝结并体现于人的现实能力。在明辨度量分界以及合乎中道、无适无莫的过程中,实践智慧与实践方式互融互动,从成己与成物的实践层面展示了其内在的方法论意义。

四 "神而明之,存乎其人"

作为实践智慧的具体表现形式,对"度"的把握难以离开知、行的主体:无论是确认度量分界,抑或经与权的协调,都是通过认识与实践的主体而实现。《易传》在谈到人的活动特点时,曾指出:"化而裁之存乎变,推而行之存乎通,神而明之存乎其人。"[①]"化而裁之""推

---

① 《易传·系辞上》。

而行之"都涉及广义的践行,"神而明之"的内在涵义,则是在智慧的层面深入地把握以上过程,后者最终通过知、行的主体而完成,所谓"存乎其人"便强调了这一点。实践智慧与实践主体的不可分离性,意味着对实践智慧的考察无法忽视实践主体。①

在论及实践智慧的特点时,亚里士多德曾指出:"那些理性的形态都可能被遗忘,而实践智慧不可能被遗忘。"②理性的形态首先与关于什么(knowing that)的具体的知识或意见相联系,它在形成之后,常常可能随着认识的发展而被悬置,实践智慧则同时表现为关于如何(knowing how)的能力,它不仅形成于知、行过程,而且也实际地存在并体现于知、行过程。作为内在于知行过程的现实力量,实践智慧已具体化为人的存在规定,而实践智慧的不可遗忘性也就在于它与人同在。可以看到,在实践智慧中,现实性品格与形而上的存在规定呈现彼此重合的形态,这种统一,同时构成了实践智慧作用的本体论前提:正是通过融入并内在于人的存在,实践智慧具体地制约和影响了人的实践过程。

与实践主体相融合,使实践智慧同时呈现综合的特点。较之单纯的理性形态,实践智慧包含更多的内容,后者首先与德性相关。亚里士多德已指出了这一点:"实践智慧是一种德性。"③这里所说的德性既包含本体论的意义,也具有价值的内涵。在本体论上,德性可理

---

① 麦克道威尔认为:"人知道做什么——如果他能知道——并不是由于他运用普遍的原理,而是在于他是某种个体:这种个体以特定的方式了解某种情景。"(John McDowell, *Mind, Value, and Reality*, Harvard University Press, 1998, p.73)这一看法也注意到了行动主体在行动中的主导性,后者包括对特定行动情景的具体把握。

② Aristotle, *Nicomachean Ethics*, 1140b25, *The Basic Works of Aristotle*, p.1027.

③ Ibid.

解为与人同在的内在规定,在价值论上,德性则呈现为一种善的品格。与后一意义上的德性相辅相成的,是人的能力。相对于德性的价值指向,能力更直接地表现为成己与成物的内在力量,前文所提及的理性、直觉、想象、判断,等等,即展现为能力的不同表现形式。德性与能力的如上统一,可以看作是实践智慧在实践主体中的体现形式,作为智慧的具体形态,它同时又为实践智慧沟通价值理性与工具理性提供了可能;如果说,实践智慧的德性规定使之始终内含价值的关切,那么,以能力为题中之义,则使之与变革世界和成就自我的现实过程息息相关。

进而言之,与价值关切相联系的德性更多地涉及"应当做什么",体现于变革世界与成就自我过程的能力则更直接地关联"应当如何做"。从现实的形态看,"应当做什么"的问题首先关乎行为的选择,"应当如何做"的追问则基于行为的落实、贯彻与展开。在行动的选择与行动的贯彻与展开之间,往往存在着某种逻辑的距离:基于一定的价值原则而倾向并选择某种行动,并不同时意味着将行动付诸实施;具有实施某种行动的能力,则往往不一定具有选择相关行动的意向。然而,当德性与能力统一于同一实践主体时,行动的选择与行动的贯彻、落实之间便不再彼此间隔。质言之,以德性与能力的统一为前提,"应当做什么"与"应当如何做"的关联获得了内在的根据。

从更广的视域看,在行动的选择与行动的落实之后,是知与行的关系。以实践为指向,实践智慧首先在宏观的层面呈现规范的意义:它引导着认识超越自身而向实践转化。就个体的层面而言,这里涉及认识、实践与主体的关系。在知行过程中,个体既是认识的主体,又是实践的主体,认识与实践通过人而彼此相关。不过,上述相关主要呈现本然的意义:人作为知与行的同一主体,使知与行彼此沟通。以人在存在形态上的二重性(既是认识主体,又是实践主体)为前提的这种沟通,往往缺乏自觉的内涵。然而,当实践智慧融入于人之时,知与行、认识与实践的联结,便获得了自觉的范导:以德性与能力、理论理性与实践理性的统一为实质的内容①,实践智慧既渗入了对世界的理解,又包含着实践的意向。在实践智慧的制约下,知与行的联结已不仅仅建立于认识主体与实践主体在本体论上(存在形态上)的同一性,而是进一步以认识旨趣与实践旨趣的内在交融为前提。

以德性与能力、理论理性与实践理性的交融为具体形态,实践智慧首先体现于个体的行动。在轮扁斫轮的著名寓言中,庄子曾借轮扁之口,对斫轮的特点作了如下描述:"斫轮,徐则甘而不固,疾则苦而不入。不徐不疾,得之于手而应于心,口不能言,有数存焉于其间。"②"得手应心"是手与心之间的协调、契合,这种协调、契合不仅仅基于有意识的计划、安排,相反,如果单纯地按计划、程式行事,行为往往难免艰涩、生硬。"不徐不疾""得手应心",意味着外在的"技"与"术"以及各种普遍的规范、程式已内化为个体的存在形态,作为内在于人的行为规定,这种存在形态同时取得了实践智慧的形式。与之相联系,此所谓"数"不仅是一种具有本体论意义的行为定势,而且也是实践智慧的凝结。庄子在庖丁解牛的寓言中,曾提到庖丁之所以能够使解牛过程达到出神入化之境,原因之一在于能够"依乎天理""因其固然"③,斫轮中的所谓"数",便表现为对象之固然(理)与行动之方式的内在契合。不难注意到,在个体的行动过程中,

---

① 宽泛而言,这里的理论理性和实践理性与康德所说的理性的理论运用与理性的实践运用相涉,理性的理论运用则并不仅仅关乎康德所侧重的数学、物理等普遍必然的知识,而且包括对世界的总体理解,后者与前文所提及的形上智慧具有相通性。
② 《庄子·天道》。
③ 《庄子·养生主》。

实践智慧既与人同在,又融合于实践过程,既表现为明觉的意识,又包含超乎名言("口不能言")的行动机能,以上方面彼此相关,同时又将德性与能力、理论理性与实践理性的统一进一步具体化了。

作为一个过程,实践活动既包含不同环节,也经历不同的阶段。实践环节之间所呈现的是彼此互动的关系,不同的实践阶段之间则前后相续,具有连续性与延续性。实践过程的这种连续性不仅与实践对象、实践背景的相对稳定性相涉,而且以实践主体的连续性为其本体论根据。从行动意向(动机)的形成到行动计划的拟定,从行动计划的实施到行动结果的形成,从行动本身的反思,到其结果的评价,不同的环节、阶段彼此交融,展开为一个统一、连续的过程,这一过程的完成,则以实践主体的连续性、统一性为前提。另一方面,实践活动的连续性,又以现实的方式,确证了实践主体的连续性与统一性:实践环节的彼此联系与实践阶段的前后相续,从不同的方面表征了实践主体的同一性质。实践主体的这种连续性与统一性,既为实践智慧扬弃抽象性、形成具体的观念形态提供了本体论前提,也为其影响与制约实践的整个过程提供了可能。

实践本质上并不仅仅是个体性的活动,其展开过程涉及个体之间的关系。在社会领域,实践过程需要个体之间在观念层面的理解与沟通。首先是实践目标的确认。对参与实践活动的诸个体而言,关于确立何种目标,便需要达成一致的意见,缺乏一致的目标,不同的个体往往难以共同行动。在"应当做什么"(实践目标)确认之后,进一步的问题是"应当如何做",后者所关涉的是行动的计划,对此,实践的主体同样需要形成共识。实践的目标与实践的计划在进入实际的行动过程之前,尚处于观念的形态,与之相关的一致与共识,也属观念层面的沟通。这种沟通的实现,既需要倡导者的引导、说服,也需要参与者的理解、接受;既需要明晰化的交流,也需要默会性的相契,这一过程不仅涉及理性辨析,而且也处处渗入了实践智慧:无论是实践过程中的引导、说服,还是对行动计划的理解、接受,都以说明世界与变革世界之间的关联为其前提,实践主体之间的交流与默会,同样基于这一点。

与观念层面的理解与沟通相联系的,是行动过程中的协调、配合。作为涉及多重方面、多种环节的过程,实践活动往往需要不同主体之间的合作。实践主体间合作的方式当然可以是多样的,但无论何种形式,都关乎彼此之间的协调、配合,后者既以对实践目标的理解为前提,又需要落实于具体的行动。从劳动过程中的相互协作、政治活动中的彼此支持,到体育比赛中的团队配合,等等,实践过程中的协调体现于各个方面。

在不同主体共同参与的行动中,行动的协调既基于共识,也需要默契。共识的形成往往借助于语言层面的对话、讨论、沟通,默契固然也渗入了理解,但这种理解并非仅仅以语言层面的讨论、对话为前提。相对于共识之表现为显性的理解,默契更多地以隐默的方式体现于行动过程中:事实上,观念层面的默会与行动中的默契,本身存在内在联系。共识并不一定直接落实于行动:它可以存在于行动之前、行动之外,默契则已内在于行动之中,与行动过程具有更内在的融贯性、一致性。共识可以表现为观念层面的一致,从而取得理性和逻辑的形态,默契则以行动者之间的相互了解、彼此互动为条件,与之相联系,默契离不开一定共同体中的社会联系,这种联系已超越了逻辑之域。作为观念的一致与沟通,共识具有自觉的品格;相对于此,默契往往表现为行动中的自然协调:后者包含自觉,但又超越了单纯的理性自觉。要而言之,默契唯有建立在共识之上,才具有稳定性、持久性;共识唯有化为默契,才能使行动过程出神入化、达到最完美的效果。不难看到,这里涉及多重关系,包括由语言交流而形成的合作与超乎语言的默契配合、观念及逻辑层面的一致与基于现实社会联系的相互呼应、理性的自觉与自然的融贯,等等。这些关系的应对与处理,也离不开实践智慧。事实上,与观念层面的理解和沟通往往借助于实践智慧相近,实践过程中不同方面的协调与配合,也并非仅仅表现为程序性的过程,它同样需要由实践主体具体地运用实践智慧。

从更广的层面看,在实践过程的展开中,行动的条件、背景每每具有多样性、变迁性,面对变动不居的情景,如何采取适当的步骤、选择适当的方式,以协调不同实践主体的行动?这里无疑需要诉诸具体的分析、权衡、判断,而这种判断、选择,便涉及实践智慧:以沟通"是什么"与"应当成为什么"、"应当做什么"与"应当如何做"为实质的内容,实践智慧同时也为具体实践情景之下的选择、判断以及行动中的协调提供了内在的根据。即使是某些似乎具有程序化特点的实践活动,常常也需要运用实践智慧,如生产过程中不同工序、环节之间的衔接以及整个过程的有效运转,便既有程序的规定,也包含参与者的默契配合。可以看到,无论是观念层面的理解与沟通(包含内在的默会),抑或实践中的协调与配合(包括行动中的默契),实践智慧都渗入其中,而以上作用同时又通过实践主体的知、行活动而具体展现。

在实践过程中,变革对象与成就自我往往构成了同一过程的两个方面,实践中的协调与配合既涉及实践主体之间的互动,也关乎自我的成就。从后一方面看,这里又涉及目的与手段的关系。人是目的,这是与人禽之辨相联系的基本价值原则,以此为前提,则每一主体都不仅应将自身视为目的,而且也应确认他人(其他主体)的目的性规定,在此意义上,主体之间呈现为互为目的的关系。儒家所谓己立而立人、成己而成人,已蕴含这一观念。然而,每一主体成就自我的过程,并不仅仅基于自身的努力:成己需要多方面的条件,其中也包括其他主体的作用。相对于自我成就这一目标,其他主体的作用无疑呈现某种手段性:其意义主要体现于为自我的实现提供条件。就此而言,主体之间的关系似乎又具有互为手段的性质。黑格尔在谈到自我与他人关系时,曾指出:"我既从别人那里取得满足的手段,我就得接受别人的意见,而同时我也不得不生产满足别人的手段。于是彼此配合,相互联系,一切各别的东西就这样地成为社会的。"①根据这一理解,人我之间的互为手段,主要体现了个体间关系的社会性质。引申而言,在成己(成就人自身)与成物(成就世界)的过程中,一方面,每一主体都将他人视为目的,另一方面,他人又为自我的成就提供了条件,由此,主体之间的关系也获得了双重性质:两者既互为目的,又互为手段。在这里,主体之间的互为手段与主客体关系中主体以对象为手段具有不同的价值内涵:前者以相互成就为指向,后者则表现为单向的工具化。作为主体之间相互成就的形式,主体之间的互为手段显然并非仅仅呈现功利性的消极意义。从实践智慧的视域看,实践主体之间的如上关系,乃是基于价值理性与工具理性、理论理性与实践理性的交融:以如上统一为实质的内容,目的即体现于手段之中。不难注意到,在这里,手段并不仅仅呈现消极的性质,也不再单纯地表现为外在的工具,它以目的(主体间相互成就)为指向,并构成了目的实现的内在环节,两者(目的和手段)在成己与成物的过程中彼此渗入,相互交融。如果说,与人同在主要从个体之维体现了实践智慧的本体论规定,那么,成己与成物过程中的目的与手段之辨,则从实践主体之间的关系上,进一步突显了实践智慧的具体内涵与实践意义。

---

① 〔德〕黑格尔:《法哲学原理》,范扬、张企泰译,商务印书馆,1982年,第207页。

以成己与成物为指向,实践智慧既展现了不同于形上之智的作用趋向,又非与之判然相分。相应于此,实践智慧融合了理论理性与实践理性,体现了说明世界与改变世界的统一。在制约和作用于实践的过程中,实践智慧既渗入了"应当成为什么"以及"应当做什么"的价值关切,又包含"应当如何做"的理性判断,既涉及"是什么"(knowing that),也关乎"怎样做"(knowing how)。基于"度"的观念,实践智慧进一步注重度量分界,由此沟通普遍的理论引导与具体的情景分析,并展示了独特的方法论意蕴。相应于德性与能力的统一,实践智慧以实践主体的存在为本体论前提,内在于人并与人同在。可以看到,在实践智慧中,价值取向、知识经验、行动定势彼此交融,形成统一的观念性形态,后者作为存在的规定而凝结于实践主体。在赋予智慧以实践品格的同时,实践智慧也为实践过程的合理展开提供了内在的担保。

后　记

　　我对行动和实践问题的关注,可以回溯到2006年至2007年。那一段时间,我在斯坦福大学从事学术研究,对行动理论亦作了多方面的涉猎。不过,其间及此后几年,我主要集中于意义及意义世界的思考。2010年之初,在完成《成己与成物——意义世界的生成》一书以后,我的研究重心转向行动与实践之域,本书可以视为这方面思考的阶段性结果。

　　与前此的几种著作相近,本书的部分内容,也曾在华东师范大学哲学系博士研究生讨论班上作过讲授,讨论班中的提问与回应,使我有机会对书中涉及的一些问题作进一步的阐释。成书过程中,若干章节曾在《哲学研究》《中国社会科学》《学术月刊》《文史哲》等刊物发表,由此,我对相关问题的思考,也从博士生讨论班进一步走向讨论班之外的学术共同体,后者同时也为更广意义上对话和讨论的展开提供了空间。

　　黄勇教授曾阅读了全部书稿,并作了具体的评论,宗德生教授也阅读了书稿中的二章并提出了相关意见。此外,郁振华、方旭东、陈赟、贡华南、刘梁剑、陈乔见诸位年轻学人也都曾通读书稿,并从不同方面表达了他们的看法。所有这些评论、意见、看法都有助于对本书相关问题作更深入的思考,在此,谨深致谢忱。三联书店的王基伟先生、朱蓓静女生为本书的出版,付出了种种辛劳,对此,也谨表示真诚感谢。

杨国荣

2013 年 3 月

新版后记

本书原由生活·读书·新知三联书店出版于2013，其所涉内容，则可以视为具体形上学的延伸，鉴此，借这次"具体形上学"再版之际，也将其收入其中。2016年，本书的英译本由 Brill 出版社出版。此次中文再版，除文字有若干校订之外，内容未作实质的修改。

杨国荣
2020年2月